U0940349

餐饮管理实用必备全书

徐宝良 编著

CATERING MANAGEMENT

图书在版编目（CIP）数据

餐饮管理实用必备全书 / 徐宝良编著. -- 北京：企业管理出版社，2019.1
ISBN 978-7-5164-1876-5

Ⅰ.①餐…　Ⅱ.①徐…　Ⅲ.①饮食业－商业管理　Ⅳ.①F719.3

中国版本图书馆 CIP 数据核字(2019)第 019131 号

书　　名：餐饮管理实用必备全书
作　　者：徐宝良
责任编辑：张　平　程静涵
书　　号：ISBN 978-7-5164-1876-5
出版发行：企业管理出版社
地　　址：北京市海淀区紫竹院南路 17 号　　邮编：100048
网　　址：http：//www.emph.cn
电　　话：编辑部（010）68701638　发行部（010）68701816
电子信箱：qyglcbs@emph.cn
印　　刷：大厂回族自治县益利印刷有限公司
经　　销：新华书店
规　　格：170 毫米×240 毫米　　16 开本　　20 印张　　314 千字
版　　次：2019 年 1 月第 1 版　　2019 年 1 月第 1 次印刷
定　　价：65.00 元

推荐语

餐饮行业的人习惯称所从事的工作为“勤行”。一个“勤”字，包含了经营者要手勤、腿勤、眼勤、脑勤，以及时间上的超限付出。然而，做到了这五点，企业就一定会成功吗？当然不是。指引经营者走向成功更重要的是“如何让自己正确地勤”，以及“如何判断下属勤得正确”。此书就是培养餐饮经营者这种能力的一本书。它让中高级管理人员知道自己是不是在正确地管理，同时也能看懂下级是否在做着正确的事。我的从业生涯中，曾在星级酒店中创办西餐、韩餐、泰餐等餐饮子品牌，由于及时和幸运地受教于徐宝良先生，均在短期内获得经营的成功。这些餐饮子品牌起到了酒店母品牌的外延作用，同时也极大地丰富了酒店母品牌的内涵，以致酒店在 2015 年，成功进入“全国星级酒店利税 20 强”。该书既接地气给方法，又有升华有思想，是一部值得拥有的餐饮经营管理人员案头典籍。

赵玉东　中视实业集团副总经理

现在餐饮业的竞争越来越激烈，只有优秀的餐饮品牌才能在竞争中立于不败之地。本书干货十足，没有装腔作势的虚架子，全是实践出真知的良知良能。学习这本书可以帮助餐饮创业者少走弯路，提升品牌竞争力，值得推荐。

苏华松　深圳市鑫泰餐饮管理有限公司董事长

本书是徐宝良先生的一部力作。与众不同的是，其着重从餐饮企业管理法则与品牌定位的视角来阐述餐饮管理，让我们不仅学习到餐饮管理知识和实战运行技法，而且还能够了解到提高收益的法则和技巧，是帮助餐饮企业改善运营环境的一本好书。

祖长生　北京都季酒店管理有限公司总经理

在阅读本书时深刻感受书中的经营智慧，内容章节丰富、案例实战落地，读来让人茅塞顿开。

徐宝良先生是我多年好友，他是一位资深餐饮管理专家，对餐饮经营管理有自己的独特见解。本书选用的案例都是餐饮人身边经历的实战经营案例，全面解读餐饮经营管理的真谛。我相信，餐饮领导者及管理者认真阅读本书内容，并融会贯通灵活运用，就一定可以给我们经营管理工作带来更大的变化。

易钟　浙江易店家网络科技股份公司董事长

徐宝良先生是一位有实战经验的餐饮管理专家，从实战经营的角度，系统全方位阐述了做品牌餐饮的经营秘籍，既可以让管理者避免很多误区，又能助力冲破管理瓶颈的天窗。此书涉及的管理战略，极大降低了企业管理的成本，是业界不可多得的实践指南，值得您仔细阅读。

闫复琴　内蒙古赤峰易达学院校长

本书从实践中来，又引导着餐饮经营者到实践中去，没有隐秘，也不深奥，对中国的品牌餐饮经营者来说，是一本不可多得的强化学习与指导实践的秘籍。从思想理念到工作实践，从企业文化到经营管理，从运作方法到经验，从操作流程到规章制度，从前厅管理到后厨管理，从财务管理到企业管理，不阔谈理论，细致入微地讲述了徐宝良先生的经营管理实践经历。因此，非常贴近于中国的餐饮经营者，避免劳而无功、处处碰壁，争取事半功倍、如鱼得水。愿更多的餐饮经营者能够学习和掌握这本秘籍中的三十六计，在复杂多变的餐饮战场中成为品牌经营“武林高手”。

杨琨　云南省婚庆行业协会秘书长

此书第一版发行时，我就有幸在书店购得，那时还不认识徐宝良老师。正是通过这本书，有幸邀请徐宝良老师来贵州省授课，给贵州的餐饮行业带来更多关于餐饮品牌的认知。对我个人来说更是获益良多！该畅销著作再版之际，特借此机会表达内心感谢！祝愿宝良老师能够有更多的作品帮助到中国餐饮人！

罗才渊　老凯俚酸汤鱼总经理

贵州醉苗乡餐饮投资管理有限公司总经理

句句干货！刀刀见血！我从事高、中端餐饮三十余载，拜读了徐老师的这本书，感觉徐老师讲的不仅是很有高度的战略，还是餐饮人的实用工具！他的理论，一定是从实践中来，作为餐饮人，的确实用开悟！

餐饮，是一场又苦又累又长的旅行；餐饮，是一个付出不一定有回报的行业。读了徐老师的著作，可以让我们在旅行的路上看清方向，少走弯路，避免回头，少吃苦头！

李健　成都茅庐酒楼投资者管理有限公司董事长

徐宝良先生是一个拥有丰厚实践经历、造诣很深的酒店人，他长期致力于推动酒店和餐饮的创新，并通过这本书，把自己的实践经历与行业中更多的人分享，这是一件惠及行业的好事！

杨海燕　赤峰敖汉国宾馆董事长

一本书，打开一个创业思路；一本书，点燃一个创新灵感；一本书，突破一个管理格局；一本书，也可以影响这个行业的方向。

张时　《餐饮时报》创始人

如今处在餐饮酒店竞争惨烈的时期，是这个行业最好的时代，也是最危险的时刻。因为，你不创新意味着要被淘汰，创新方向稍有不慎，就会被带入绝境，创新速度赶不上节奏，也会被竞争对手超越。正是本书，给餐饮人一个坚实而有力的声音。

韦正东　贵州富康实业集团公司副总裁

富康文旅集团总裁

序

心灵的起舞从味蕾的绽放开始！民以食为天，一个优秀的餐饮管理者肩负着让众人品味美味的使命。

这是个有趣又头疼的使命：一则对于美味的偏好，皆来自性情所属，或爱好个性鲜明，或喜欢家常从众；二则从田间到餐桌，从后厨到前厅，店门一开，八方客来，哪一个环节都离不开专业素养的支撑。高度竞争的行业属性决定了餐饮经营的难度，街头变换餐饮店，各领风骚三五年甚至三五天，正是市场快速迭代更新的表现。

徐宝良先生是一个融餐饮管理研究和实践于一体的知行合一者，我与他相识源于港中旅酒店学院的培训班。港中旅酒店学院是港中旅酒店公司在 2010 年为适应集团化经营管理的需要，逐步改变完全依赖引进外援或是院校培养的传统模式，打造自我“造血”“输血”人才培养模式而建立的具有港中旅特色的主题学院，主旨是培养酒店行业的专业高级管理人才。在 2012 年举办的“餐饮高级管理实务班”和 2014 年的“第三期总经理培训班”中，徐先生应我们邀请在培训班上讲授了“餐饮成本实效解决方案”“赢在营销——餐饮营销细节管理”和“餐饮经营与创新”课程，授课中他善于结合市场实际，深入浅出地为学员分享餐饮管理及营销方面的思路和案例。我特意聆听了徐先生的课程，内容引人入胜，学员们与他就餐饮管理的重点和难点进行充分的交流和探讨，大家不胜欢喜！后来我还专程带着公司的餐饮总监和财务总监去向他讨教。记得是在北大西门附近的海淀体育中心院内，锡华商务酒店一楼的淮香坊餐厅桃李周庭、华而不俗，可以算是徐先生的一个教学实践基地。在那里我们不仅品尝到淮扬菜“以味为核心、以养为目的”的精髓，也体验了他将餐饮管理的理论和实践糅合得炉火纯青的意境。

当今经济已进入以高质量发展为特征的新时代，这对餐饮业来说，是机遇也是挑战。消费需求的日新月异要求每位餐饮经营者做到别有用“新”。我觉得顾客对安全、健康、生态、社交、文化等属性的追求就是新的消费需求，而传统的作坊式经营管理模式很难满足，这就要依靠供给侧改革，包括理念、投资、人才、市场结构和经营管理模式等各个方面的变革，全面提升餐饮企业的服务质量和水平。“以专业求生存，向管理要效益”，在餐饮行业有巨大潜力可挖。徐先生的这本书将深入的理论研究和广泛的实践经验相结合，把企业管理的知识和方法运用于解决餐饮行业的管理与培训，问题设计系统全面，知识技能重在实操和细节。工匠的核心并非着意“制造”什么，而是一种追求卓越的“心态”。徐先生既广泛涉猎，又匠心独运，深耕餐饮行业多年铸此“宝典”，我相信对于培养懂专业、善管理的团队，对于提高餐饮行业基础性管理的专业化、规范化水平，都将发挥出重要作用。

港中旅酒店有限公司董事副总经理　黄燕

2018 年 6 月于北京

前　言

收到再版的信息心里甚是欣慰。回想多年前每天晚上开始敲打键盘至凌晨，电脑屏幕变黑的那一刻，心里如释重负，又激动万分。洗把脸，爬上床，久久不能入睡，那些场景历历在目。欣慰的是当初白天工作，夜晚总结的这些经验，今天还可以被市场、被读者认可。

餐饮行业在最近几年经历了太多的过山车式的发展和挑战，从“国八条”之前的畸形消费观到如今，不论是餐饮投资人、经理人，就连顾客都很难看懂。“互联网 +”的异军突起，无情地拥抱餐饮，从餐饮微薄的利润中狠狠地吃了一大口，而且不断地吸血，让餐饮企业在痛苦中依赖它的存在，变得又爱又恨。然后变成今天的主流趋势，你不依附于它，你就好像与世隔绝，不沾上互联网总像缺少什么一样。

于是，大家一起涌向商超餐饮，认为这是一个契机，这是一块刚刚被发现的宝地，把不同业态、不同形式都包装一下，然后塞进商超。结果发现一个月有一半的日子是饿着肚子，一小半的日子是撑得半死。在这样的假象状态中，自己不知不觉把身边的服装店一个一个替换掉，然后餐饮也在这样的假繁荣下隔三岔五地更换品牌。餐饮投资人前赴后继，顾客再来已经看不到你的存在。艰辛和痛苦，迷茫和无望，对于那些捧着真金白银的餐饮投资者们，这是多么痛的领悟！

历史的车轮就这样滚滚向前，它不会因任何人的消极缓慢而停止。时代抛弃你时，连一声再见都不会说。

现在的竞争是怎么样的呢？就像乌鸦喝水，一只老乌鸦经过长年累月的摸索，终于琢磨出了丢石子的方法，从此它就顺畅地喝到了水，并且它经常被人夸赞，方法还被写到教科书里！然而忽然有一天，飞来了另外一群乌鸦。这群乌鸦人家根本不会衔石子，但个个嘴里都带着一根吸管：这叫什么事嘛！

完全不按套路出牌。的确，这个世界接下来就是不按套路出牌！

现在传统方便面的销量急剧下滑，但它们的对手真不是同类品牌，而是新兴的互联网送餐平台，是散布在城市里的各种美食作坊。方便面质量并未出任何问题，只是外卖服务太便捷了，于是大家就改吃外卖了，又可口又方便，人们为什么非得去啃方便面呢？

在这个跨界打劫、迅速迭代的时代，经营餐饮简直就是十面埋伏，我们如履薄冰。因为你永远不知道你的竞争对手在什么时刻、从什么方向冒出来！他甚至是你从未谋面过的陌生人，他们和你无冤无仇，却顺手牵羊地就把你给打倒了。放眼现在的社会，无论你是谁、掌握了什么资源、积累了多少家业，都应该充满危机感。

没有一种模式是长存的；没有一种竞争力是永恒的；我们所有的经验和积累，都随时可能被颠覆、被清零。如果你想追求安稳，反而可能会被市场所淘汰。因为这个行业一直在创新，尤其是在资本和效益的催促之下，各种创新餐饮模式会一个个来袭，各种传统会被不断颠覆，进而导致餐饮行业秩序的不断重组。

坚守传统，融合现代，以不变应万变。

如果有一天你觉得很累，请不要难过，那是因为你正在走上坡路！

如果有一天你觉得太过安稳、顺水顺风，那可能意味着你正在走下坡路。

每一个餐饮从业的人，都应该勇于面对社会和行业的激流和变化，既要居安思危，也要居危思安，支撑起餐饮的未来！

徐宝良

2018 年 6 月于北京

目　录

第五章　开业运营

第六章　厨房管理

第七章　前厅管理

第八章　成本管理

第九章　财务管理

第一章

餐饮企业的定位与选址

第一节　餐饮企业的定位

一、餐饮企业市场定位及策略

如何开一家财源滚滚的餐厅？成功者的经验是，在经营之前，最重要的是选择好投资的地点。要是地点选择不当，空有高级的装潢、美味的食物、优雅的气氛，仍吸引不了顾客进门，其效果与预期的相差甚远。因此筹划前需要进行缜密的策划，了解与竞争对手之间的主、客观情势，慎重行动方能奏效。这就是为什么开店之前要确定经营定位的道理。

市场定位即根据主体所面对的消费群体在市场上所形成的固定位置。定位理论的核心思想是："去操纵已存在于顾客心中的东西，去重新结合已存在的联结关系。"通俗地说就是顾客希望获取什么样的需求，市场就提供什么样的产品来满足这种需求。

餐饮企业的市场定位是指为了让餐饮产品在目标消费群体的心目中树立明确及深受欢迎的形象而进行的各种决策及活动。通过市场定位，使餐饮经营者明白企业在市场中所处的位置，面对的是什么类型和层次的顾客，才能根据需求设计餐饮产品，展开促销活动。总之，餐饮经营的成败取决于对目标市场的研究与分析，而关键又在于企业的市场定位是否准确与可行。

（一）餐饮企业市场定位的过程

餐饮企业市场定位的过程大致可按以下四个步骤进行。

1. 选择适合的客源层次

餐饮企业在进行市场定位时，要根据目标市场不同层次顾客的不同需求进行有条件的挑选，明白不同层次顾客的关键利益所在，有针对性地投其所好。

2. 树立起与众不同的市场形象

在选择了具体的目标市场之后，经营者就应考虑树立什么样的形象来博取顾客的好感与信赖。决策时要从顾客的立场来思考问题，“忧顾客之忧，乐顾客之乐”。例如，旅游区酒店如果能体现出浓郁的民族风情和地方特色，就能引起顾客的好奇与喜欢。

3. 宣传媒介的选择

餐饮企业的市场形象一经确定，就应通过宣传媒介向目标客源市场传递和宣传。宣传要注重简练、具体，强调餐饮特色和顾客能获取的好处，与此同时，挑选合适的媒介也是十分必要的。在选择时既要注意媒介在目标市场的影响力，又要注意节约广告开支。比如，针对中青年女性，选择流行的时装杂志或微信公众号作为宣传媒介，就能收到较理想的效果。

4. 餐饮产品的设计

餐饮产品能否被顾客接受并使顾客满意是检验餐饮企业经营质量优劣的标准，也是进行市场定位的最终目的。同时通过产品的魅力又可加深餐饮企业在顾客心中的地位，巩固树立起的信誉。

（二）餐饮企业的市场定位策略

1. “避强就弱”定位法

餐饮企业应有意识地根据自身的接待能力而进行市场定位，切忌好高骛远。当然，这并不是在确定市场定位时排斥一些消费能力强的顾客，而是要把主要的精力放在具有相当规模、能给本企业创造经济效益的顾客群体上。

2. “避实就虚”定位法或“拾漏补缺”定位法

这是利用竞争对手市场定位的偏差或疏漏对目标市场进行定位。这就要求经营者必须了解市场竞争对手的主要定位方向，熟悉客源市场的构成，能够分析潜在市场的变化及变化的趋势，从而掌握定位的灵活性，做到既能吸引不同类型的顾客，又要主次分明。

3. “顺风转舵”定位法

这里的“风”指的是影响市场的主客观因素，其中国家的产业政策对餐饮业的发展影响最大。一些餐饮企业风险承受力较差，国家一些新的政策与措施可能会给其带来灾难性的后果。所以餐饮企业要利用自身经营的灵活性，只要根据国家政策的动向适时调整或转换市场定位的方向，就能在经营中掌握主动。

4. “由此及彼”定位法

这是以树立餐饮企业形象，提高知名度、美誉度为前提条件，也就是餐饮企业在确定了某一目标市场之后，期望由此目标市场带来新的目标市场。从营销角度看，这是一种十分重要的销售策略。一方面，顾客的多次光顾表示餐饮企业信誉良好；另一方面，老顾客又是餐饮企业的“活广告”，可以带来更多的可靠客源，这种方法的关键在于服务质量的提升和对常客提供的优惠措施。

（三）市场价格策略的制定

在餐厅经营的过程中，价格对于消费者和经营者来说都是极为重要的因素。成功的价格定位，是主客双方多次认可、双方受益的过程。

一般来说，餐厅在开办前，就要对主体价位进行策划和设计。一旦主体价位确定，则不能轻易变动。如果随意改变，就会使经营发生大起大落的现象，甚至会使餐厅毁于一旦。

社会环境和经济环境不断变化，市场也在不断运动，因而在餐厅经营的价格上，我们也不能一成不变，应该瞄准市场随时做出适应性调整。这种调整不是随意的，而是理性的、技巧性的。笔者以为它应该遵循以下原则。

第一，餐厅的价格调整不应该冲击主体价位。它应该在一两个菜品、一两类商品、一两个区域中动脑筋，或者在短时间内做特价处理，取得经验和顾客认可后，再逐渐渗透。

第二，在运用价格策略时，一定要遵循价值规律和经济规律。从理论上说，价格应该反映商品的价值和供求关系。但是由于主客双方所处的角度不一样，对餐厅的软硬件，包括对菜品质量的评价也不一致；至于供求关系更是一个变量，仅就需求动态而论，供求平衡是暂时的、相对的，不平衡是经常的、绝对的。在一定供求比例的影响下，商品就可能按照高于价值或低于价值的价格出售。市场经济条件下，我们不能简单地反对价格背离价值的情况。但经营者在制定价格时，应该注意避免出现没有根据的价格背离价值的情况和不反映供求关系的情况。也就是说，没有新奇特的菜品和服务举措，定价过高，必然会招致失败。

简单说来，价格策略是对两大原则问题的把握，但具体操作起来，却又是十分复杂的问题。下面就与大家一起探讨一下价格策略的具体运作方法和实例。

所谓平价策略是指按普遍的指标加价率确定价格的策略。

在发达国家，许多食品都有固定加价率。例如，一个汉堡包的成本是2美元，若固定加价率是40%，这个汉堡包的价格即为2.8美元。一般一个企业的商品固定加价率，都是参照市场普遍的加价率予以确定的。按照普遍的加价率确定的价格是中等价格，正常情况下，企业可以获得适当的利润。平价策略既便于企业进行标准化管理，又能增加可信度，容易受到大多数顾客的欢迎。这是一种较为平稳的价格策略，它一般不会使经营产生大起大落的现象。

平价策略最适用于快餐企业的定价。因为快餐企业最容易实行标准化、工业化管理。快餐的成功除了它在生产、管理上实行标准化以外，它在价格策略上也做到了标准化，它们的汉堡、炸薯条、饮料等食品基本上都是按照普遍加价率定价的。但是笔者看到许多中式快餐店，在售盒饭时，价格的随意性很大，20元的盒饭与15元的分量和质量差不多，于是许多类似的餐厅总是打不开局面。如果它们了解平价策略的好处，制定正确的固定加价率，经营中就不会那样被动了。

除了快餐企业外，绝大多数餐厅的酒水和标准化、工业化程度较高的食品，也应该实行普遍指标加价率确定价格。例如，目前餐饮企业都在供应的黄金糕、水饺、汤圆、包子等食品，随意定价马上就会招来非议，影响餐厅形象。曾经有一个经营小吃的餐厅，自诩为精品店，把抄手、饺子定为100元一碗，想出奇制胜。可是这抄手、饺子再奇也奇不到哪里去，顾客一眼就看穿了奸商的把戏，于是这个餐厅不到3个月就关门了。

二、餐饮定位取舍

定位，是由美国著名营销专家艾尔·列斯与杰克·特罗于20世纪70年代早期提出的营销概念，其核心观点是：定位是对产品在未来潜在顾客的脑海里确定一个合理的位置，也就是把产品定位在未来潜在顾客的心中。定位的基本原则不是去创造某种新奇的或与众不同的东西，而是去操纵人们心中原本的想法，去打开联想之结，目的是在顾客心目中占据有利地位。

从市场学的角度理解，定位就是在较多的消费者，以及消费者的多层次消费需求中，锁定要为之服务的人群，确定如何满足其需求层次的决策。它应该有如下思维步骤。

（一）"花儿为谁开？"

餐饮市场有着庞大的顾客群，从理论上讲，地球上有多少人口，餐饮市场的潜在顾客就有多少。一个餐饮企业是无论如何也无法同时满足形形色色消费者的消费需求的，因此，就必须进行市场细分。所谓市场细分，是指按照消费者欲望与需求把一个总体市场划分成若干具有共同特征的市场。分属于同一细分市场的消费者，他们的需求和欲望极其相似。通过细分市场，有利于餐饮企业合理地选择目标市场，集中力量提供有特色的产品和服务，更好地为目标客户服务。

美国品牌肯德基在进入中国市场时，将目标客户定位在大、中、小城市16～25岁的青少年群体，据此定位完成品种定位、价格定位、营销策略定位、服务观念定位等。其企业文化根据客户定位有机展开，取得了巨大成功。

经营实践中，餐饮企业的客户市场细分要从本企业所处的地理位置、经营环境等状况出发，在进行广泛市场调查分析的基础上，做出符合本企业的定位。也就是说，当企业所处环境的客户群特征相对集中时，企业客户群定位应力争细致准确；当企业所处环境的客户群特征相对分散时，企业定位也应有相应层次，既要有主导性的定位，也要有非主导性的定位。企业在选择主要目标市场的同时，还要从实际出发，选择若干细分市场作为企业的可争夺市场，尽可能满足几个消费群体的需求。

（二）"拿什么奉献给你，我的朋友？"

在目标市场确定之后，如何为目标客户提供相适宜的产品，就成了接下来思考的重点。有两种情形：A 情形，已有成熟产品及其完整营销策略；B 情形，需要确定满足目标客户需求的产品。

在 A 情形中，选址是最重要的工作，即选择与其产品和定位相适应的开店环境。肯德基对其快餐店的选址非常重视，选址决策有着严格的审批机制，从而确保了其几乎 100% 的成功率。肯德基进入某城市前，一定首先掌握该城市的商业环境，然后规划商圈，商圈规划时各种元素被赋予不同的分值予以加减等，总部或地区分部通过打分划分出不同类别的商圈，如市中心商务型商圈、区级商业圈、目标消费型商圈、社区商圈、旅游型商圈等。肯德基则只选择成熟商圈，因为肯德基的开店原则是：努力争取在最聚客的地方及其附近开店。

俗话说“一步差三市”，是说咫尺相望的店面，其人气兴旺度有时会有巨大差别。但这个“市”并非仅指繁华度，更多是指与定位相适应的“市道”。比如，许多高雅、讲求情趣的餐饮店开在喧哗闹市区的广厦中不见得是上佳选择。

在 B 情形中建立餐饮企业，设址一般会遭遇两种情景环境：一是生地；二是熟地。所谓生地，即尚未有其他餐饮企业或餐饮企业尚未成熟的区域；所谓熟地，是指餐饮业已经成熟的区域。在生地中，餐饮企业如果有足够的财力、人力、物力、智力，能够实现除餐饮本体功能外的其他附加功能，如旅游功能、景观功能、新概念诠释功能等，则完全可以建立不同寻常的产品体系；如果上述要素储备不够充足，则尽可能选择当地大众化产品，因为大众化产品毕竟有着牢固的消费者基础，经营风险系数低，与后进入该区域的企业比，容易建立品牌优势。在熟地中建立新的餐饮企业，则应仔细分析目标客户的需求状况。如果目标客户的需求已通过其他餐饮企业的产品得到满足，则应选择更具竞争力的同层次其他产品，如果该区域内普遍性产品、种类、经营店面等数量趋于饱和，则可选择与目标客户潜在需求相适应的外来产品品种，以满足目标客户的求新要求。

如果感觉该区域内经营某种风行产品的店面达到临界点时，则不可跟风趋近。正如经济学界著名的巴菲特定律所言，在其他人都投资了的地方去投资，你是不会发财的。该定律最重要的启示是，对于投资项目的选择一定要慎重，不仅应该事先准确地判断该项目的投资价值，最好还要到竞争对手少的地方去投资，不要盲目关注一哄而上的投资行业与项目。

（三）“一样的花朵不一样地开”

产品定位包括两个层次的内容，除了品种定位外，还有层次定位要求。比如，川菜，高端川菜、中端川菜、低端川菜分别满足的是目标客户的不同餐饮需求。如果列一张定位坐标，横向坐标应显示特定区域餐饮品种状况，纵向坐标应显示同区域餐饮档次状况。品种确定、档次确定才能最终完成餐饮企业的产品定位。

作为潜在目标客户，在未进入消费状态之前，都会依据各种经验和信息，以自己的需求、期望、利益为导向为所选择的餐饮企业描绘形象。而定位则是确定企业为潜在目标创造需求的方式，二者是统一的。当潜在目标的期望完满实现时，证明了企业定位的准确性和正确性。因此，企业定位、客户需求、产品表现的和谐均衡，是经营定位的理想状态。

（四）“黑暗中的眼睛”

餐饮市场的激烈竞争有目共睹。一个餐饮企业的市场定位与客户需求达到一致时，区域内的其他餐饮企业都在做着同样的努力。而特定区域的客户量相对固定，争夺客户份额的所有工作，是餐饮企业市场竞争的内容。因此，餐饮企业在市场定位时，只有同时定位竞争对手，才能保证定位目标的持续实现。

何谓竞争对手？一般是指在同一区域内与本企业经营范围、目标客户、产品形态等相似或相近的企业。

确定竞争对手后，必须回答一个问题。那就是，与其相比，你的缺陷和优点在哪里？从餐饮实务角度，供应链（成本、特许权）、地点（商圈价值）、环境（光线、照明、色彩、音乐）、餐具（风格要求）、菜式与饮品（专门化、综合化）、员工服务（上菜速度、着装、礼仪等）、销售渠道（如会员制、预定制等）、餐厅形象（主题、规格、品位）等元素，可成为分析的重点。得出分析结论后，企业应在总体定位的指导下，完成各要素的建设或运行定位，以便在竞争中占得先机，取得竞争优势。

当然，市场定位、竞争对手并不是固定不变的，因大市场环境的变化、区域市场牌局重洗、竞争对手更迭、企业战略整合等原因，市场定位有时也必须根据新的形势重新来过。

第二节　快餐店的选址经验

一、学习肯德基的选址策略

（一）肯德基的选址策略

肯德基对店面选址是非常重视的，选址决策一般是两级审批制，通过地方公司和总部两个委员会的决策、同意其选址成功率几乎是 100%，是肯德基的核心竞争力之一。

通常肯德基选址按以下几个步骤进行：

1. 商圈的划分与选择

（1）划分商圈。

肯德基计划进入某城市前，先通过有关部门或专业调查公司收集这个地区的资料。把资料收集齐了，就开始规划商圈。

商圈规划采取的是记分方法。例如，这个地区有一个大型商场，商场营业额为 1000 万元算 1 分，5000 万元算 5 分；有一条公交线路加多少分；有一条地铁线路加多少分。这些分值标准是多年平均下来的一个较准确的经验值。

通过打分把商圈分成好几大类，以北京为例，有市级商业型（西单、王府井等），区级商业型，定点（目标）消费型，还有社区型，社区、商务两用型，旅游型等。

（2）选择商圈。

要确定目前重点在哪个商圈开店，主要目标客户群是哪些。在商圈选择的标准上，一方面要考虑自身的市场定位，另一方面要考虑商圈的稳定度和成熟度。餐饮自身的市场定位不同，吸引的顾客群不一样，商圈的选择也就不同。

例如，马兰拉面和肯德基的市场定位不同，顾客群不一样，是两个“相交”的圆。有人吃肯德基也吃马兰拉面，有人可能从来不吃肯德基而专吃马兰拉面，也有人反之。马兰拉面的选址也当然与肯德基不同。

而肯德基与麦当劳市场定位相似，顾客群基本上重合，所以在商圈选择方面也是一样的。可以看到，很多地方同一条街的两边，一边是麦当劳、另一边是肯德基。

2. 聚客点的测算与选择

（1）要确定这个商圈内，最主要的聚客点在哪。

例如，北京西单是很成熟的商圈，但不可能在西单的任何位置都是聚客点，肯定有最主要的聚集顾客的地方。肯德基开店的原则是：努力争取在最聚客的地方及其附近开店。

过去古语说“一步差三市”。开店地址差一步就有可能差三成的买卖。这跟人流动线（人流活动的线路）有关，可能有人走到这，该拐弯，则这个地方就是顾客到不了的地方，差不了一个小胡同，但生意差很多。这些在选址时都要考虑进去。

人流动线是怎么样的，在这个区域里，人从地铁出来后是往哪个方向走的等问题，这些都要派人去记录、去测量，有一套完整的数据之后才能据此确定地址。

比如，在店门前人流量的测定，是在计划开店的地点记录经过的人流，测算单位时间内多少人经过该位置。除了该位置所在人行道上的人流外，还要测马路中间的和马路对面的人流量。马路中间的只算骑自行车的，开车的不算。是否算马路对面的人流量要看马路宽度，路较窄就算，路宽超过一定标准，一般就是隔离带，顾客就不可能再过来消费，就不算对面的人流量。

肯德基选址人员将采集来的人流数据录入，就可以测算出，在此地投资额不能超过多少，超过多少这家店就不能开。

（2）选址时一定要考虑人流的主要动线会不会被竞争对手截住。

人流是有一个主要动线的，如果竞争对手的聚客点比肯德基选址更好那就有影响。如果两个一样，就无所谓。例如，北京北太平庄十字路口有一家肯德基店，如果往西一百米，竞业者再开一家西式快餐店就不妥当了，因为主要客流是从东边过来的，再在西边开，大量客流就被肯德基截住了，开店效益就不会好。

（3）聚客点选择影响商圈选择。

聚客点的选择也影响商圈的选择，因为一个商圈有没有主要聚客点是这个商圈成熟度的重要标志。比如，北京某新兴的居民小区，居民非常多，人口素质很高，但据调查显示，找不到该小区的主要聚客点，这时就可能先不开店。当什么时候这个社区成熟了或比较成熟了，确定其中某个地方是主要聚客点才开。

为了规划好商圈，肯德基开发部门投入了巨大的努力。以北京肯德基公司而言，其开发部人员常年跑遍北京各个角落，对这个每年建筑和道路变化极大，当地人都易迷路的地方了如指掌。北京肯德基公司开发人员一听地址就能随口说出该区域的商业环境特征，及是否适合开店。

有了店址的评估标准和一些成功案例，我们可以开发出一套店址的评估工具，它主要由下面几个表格组成：租赁条件表、商圈及竞争条件表、现场情况表、综合评估表。它们是我们进行连锁经营店址评估的标准化管理工具。

（二）参考肯德基选址

一项事业的成功往往离不开天时、地利、人和。一旦决定开店，一定要对所选地点做全面的考察，了解该区人口密度、人均消费水平等信息。开店选址是很讲究的，通常应控制下列10个细节。

1. 交通便利

在主要交通枢纽的附近，或在顾客步行不超过20分钟的路程内设店。选择哪一边较有利于经营，需要观察马路两边行人流量，以行人较多的一边为好。

2. 接近人们聚集的场所

商场、电影院、公园等娱乐场所附近，或大公司、写字楼附近，这些地方可吸引出入行人，也易于使顾客记住该店面的地点，来过的顾客向别人宣传介绍，会比较容易指引人光顾。

3. 选择人口增加较快的区域

企业、居民区和市政的发展，会给店面带来更多的顾客，并使其在经营上更具发展潜力。

4. 要选择较少有横街或障碍物的一边

许多时候，行人为了要过马路，因而集中精力去躲避车辆或其他来往行人，而忽略了一旁的店面。

5. 选取自发形成某类市场的地段

在长期的经营中，某街某市场会自发形成销售某类商品的“集中市场”。事实证明，对那些经营耐用品的店面来说，若能集中在某一个地段或街区，则更能招徕顾客。因为人们一想到购买某商品就会自然而然地想起这个地段。

6. 根据经营内容来选择地址

店面销售的商品种类不同，对店址的要求也不同。有的店面要求开在人流量大的地方，如小超市。但并不是所有的店面都适合开在人山人海的地方，如保健用品商店和老人服务中心，就适宜开在偏僻、安静的地方。

7. 要有求助意识

把店面开在著名连锁店或品牌店附近，甚至能够开在它的旁边。最好与超市、商场、24 小时药店、咖啡店、茶艺馆、酒吧、学校、银行、邮局、洗衣店、冲印店、社区服务中心、社区文化体育活动中心等集客能力较强的品牌门店和公共场所相邻。例如，你想经营餐饮，那你就将店面开在“麦当劳”“肯德基”的周围。因为这些著名的快餐在选择店址前已做过大量细致的市场调查，挨着它们开店，不仅可省去考察场地的时间和精力，还能够借助它们的品牌效应“捡”些顾客。

8. 位于商业中心街道

东西走向街道最好坐北朝南；南北走向街道最好坐西朝东，尽量位于十字路口的西北拐角。另外，三岔路口是好地点；在坡路上开店不可取；路面与店面地面高低不能太悬殊。

9. 要选择有广告空间的店面

有的店面没有独立门面，店门前自然就失去独立的广告空间，也就失去了在店前“发挥”营销智慧的空间。

10. 选择由冷变热的区域

与其选择现在被商家看好的店面经营位置，不如选择目前未被看好而不远的将来会由冷变热的街道或市区。

二、参考麦当劳的选址方法

（一）麦当劳的选址策略

麦当劳除了品牌优势外，在选址方面更具敏锐目光，进驻最具发展潜力的地区。以下让我们看一看麦当劳的选址策略。

1. 对地区作评估

做生意是长线的投资，所以在拣选落脚地前，麦当劳都会做市场调查，对据点做为期3~6个月的严密考察。考察的内容，包括进驻城市的规划与发展、人口变动、消费和收入水平等，如果发现是老化城市，则暂停计划。相反，若有兴建中的新型住宅区、学校和商场等，则会纳入考虑的范围。

2. 建频密网络

麦当劳的目标消费群是家庭成员和年轻人，所以在选址上，人群聚集地是最主要的考虑因素。例如，在儿童用品商店，或青少年运动连锁店附近，便会积极进驻；至于靠近繁忙地铁站的周边，在不同的出口，也会设置分店，为顾客提供方便作考虑，亦以频密网络，抢攻来自四面八方的顾客。

3. 不打急进牌

虽然不少品牌都希望抢得黄金铺位，但昂贵的租金往往在营运成本上占了很大的比重。麦当劳在中国的对策是不打急进牌，例如，在上海松江和金山区，便先发展其他二线据点，打响知名度和凝聚人流后，吸引代理高价店面的地产商，然后再做出议价行动，这样才能获得投资回报。

4. 抢眼装潢

除了地铺外，麦当劳也会在商场等一楼设店，而设店位置往往靠近玻璃窗，以落地玻璃窗反映顾客在店内的消费行为，借此吸引街外顾客的目光，以取得视觉上的优势。

5. 优势互动

麦当劳在百货公司也会开店中店，以吸引喜欢逛百货公司的顾客，尤其在知名度高的品牌旁边开店，如沃尔玛超市等，以达到优势互补的好处。至于年轻人喜欢逛的购物商场，如大悦城等，也会带来稳定的客源。

（二）麦当劳的商圈调查

麦当劳市场目标的确定需要通过商圈调查。在考虑餐厅的设址前必须事先估计当地的市场潜能。

1. 确定商圈范围

麦当劳把在制订经营策略时确定商圈的方法称作绘制商圈地图，商圈地图的画法首先是确定商圈范围。

一般说来，商圈范围是以这个餐厅为中心，以 1 ~ 2 千米为半径，画一个圆，作为它的商圈。如果这个餐厅设有汽车走廊，则可以把半径延伸到 4 千米，然后把整个商圈分割为主商圈和副商圈。

商圈的范围一般不要越过公路、铁路、立交桥、地下道，因为顾客不会绕过这些阻碍到不方便的地方购物。

商圈确定以后，麦当劳的市场分析专家便开始分析商圈的特征，从而制订公司的地区分布战略。即规划在哪些地方开设多少餐厅最为适宜，从而达到通过消费导向去创造和满足消费者需求的目标。

因此，商圈特征的调查必须详细统计和分析商圈内的人口特征、住宅特点、集会场所、交通和人流状况、消费倾向、同类商店的分布情况，对商圈的优缺点进行评估，并预计开店后的收入和支出，对可能净利进行分析。

在商圈地图上，他们通常注意下列数据。

（1）餐厅所在社区的总人口、家庭数；

（2）餐厅所在社区的学校数、事业单位数；

（3）构成交通流量的场所（包括百货商店、大型集会场所、娱乐场所、公共汽车站和其他交通工具的集中点等）；

（4）餐厅前的人流量（应区分平日和假日），人潮走向；

（5）有无大型公寓或新村；

（6）商圈内的竞争店和互补店的店面数、座位数和营业时间等；

（7）街道的名称。

2. 进行抽样统计

在分析商圈的特征时，还必须在商圈内设置几个抽样点，进行抽样统计。抽样统计的目的是取得基准数据，以确定顾客的准确数字。

抽样统计可将一周分为三段：周一至周五为一段；周六为一段；周日和节假日为一段。从每天的早晨7点开始至午夜12点，以每两个小时为单位，计算通过的人流数、汽车和自行车数。人流数还要进一步分类为男、女、青少年、上班和下班的人群等，然后换算为每15分钟的数据。

3. 实地调查

除了进行抽样统计外，还要对顾客进行实地调查，或称作商情调查。

实地调查可以分为两种。一种以交通枢纽为中心，另一种以商业区为中心。

同时还要提出一个问题：是否还有其他的人流中心，答案应当从获得的商情资料中去挖掘。以交通枢纽为中心的调查方法可以是了解交通路线，或从地铁购票处取得购买交通卡的人员数量。

以商业区为中心的调查需要调查当地商会的活动计划和活动状况，调查抛弃在路边的购物纸袋和商业印刷品，看看人们常去哪些商店或超级市场，从而准确地掌握当地的购物行动圈。

通过访问购物者，调查他们的地址，向他们发放问卷，了解他们的生日。

把调查得来的所有资料一一载入最初画了圈的地图。这些调查得来的数据以不同颜色标明，最后就可以在地图上确定选址的商圈。

“应该说，正因为麦当劳的选址坚持通过对市场的全面资讯和对位置的评估标准的执行，才能够使开设的餐厅，无论是现在还是在将来，都能健康稳定地成长和发展。”麦当劳香港总部负责人这样说。

三、星巴克的完美选址技巧

你想开一家自己的店吗？大家都知道，开店最重要的是地点，但要选在哪里好呢？星巴克前任副总裁亚瑟·鲁宾菲尔（Arthur Rubinfeld）以自己任内，将星巴克由100多家扩展到全球4000多家分店的经验，为每个想成功开店的人指引完美选址四步骤。

第一步，挑地方：确定人潮及流量。

首先，你必须清楚人们要往哪里去，而不只是在那里，像早餐店要在上班族会走过的地方，水果店则要开在回家的路上。你可以花点时间，在感兴趣的目标地区计算上午、下午、晚上各时段的人潮，统计进入附近店面的人数，看看经过的人当中，上班族、学生、家庭主妇的比例，而且至少要在工作日和周末各算一次，才能知道人潮真实的分布状况。

除了人们往哪里去，你还要考虑人们得花多久才会到达你的店面。越便宜的产品，顾客越不愿花时间。例如，便利商店是以3分钟来定义主要商圈；咖啡店大约是5分钟。除非是打算买汽车这种高单价商品，否则一般而言，顾客最远只能忍受7分钟的交通时间。

第二步，找地点：访查周遭环境。

有了预选的地点，第二步是先观察其周遭环境。这时要用两种角度来观察，首先是商人的角度：什么迹象显示该地点可以创造业绩？其次，从顾客的角度：你会不会到这个地点逛街？黄金地段有冷门的角落，次级商圈也有热门据点，找地点最忌讳只看到别人成功，就想在隔壁复制一家店，除非你有把握做出自己的优势。

此外，留意坐落在对角或不远处的竞争对手是否会抢走你的生意；你是否能在顾客行动路线上，抢先别人一步拦截顾客？随时注意对手的位置，寻找足以抗衡的地点，你一定要保持领先地位，不然，位于同性质商店的下风处，小心生意也会一直处于下风。

第三步，看店面：建筑等于活广告。

请抱着初次约会的心情看店面，要关心，也要抱着怀疑。先远看，再近看，想象你的店面在这个空间里的感觉。一旦店名放在招牌上，会很显眼吗？开车经过的人看得到吗？行人能从人行道上就注意到吗？好的店面就像活广告，不只是让人方便找到你，也能向路上行经的潜在客户展示自己。

此外，建筑设计也是一个重点。这个地点适合零售业吗？吸引人吗？该大楼的质量是否跟你的产品一样好？记住，一定要从品牌打造的角度来思考建筑物。

第四步，选邻居：好邻居让你少奋斗。

顾客会认为，彼此相邻的店面，其商品质量也相当类似。所以，跟类似的品牌坐落在同一地点十分重要，因此有些选址策略就是要“寄生”。在大百货公司旁开服饰店、在高级超市旁开生机饮食店，被大品牌所吸引的顾客，也会被你所吸引。

另外，如果能碰到一些中介店或干洗店之类的优质邻居那更好，因为这些店面都有着“两次到访”的机会。人们把衣服送去洗，隔几天必定会再回来拿；邮局、超市也是这种好用的人潮回力镖，若能沾到它们的光，那对你的生意绝对是大大加分。

四、快餐选址的几点思考

快餐在我国的发展步伐无疑是飞速的，而如今也几乎没有孩子不知道麦当劳叔叔、肯德基爷爷。有人说，这是快餐的本土化策略带来的结果。确实有这方面的原因，快餐会根据当地人的口味适当调整自己的配方，但这只是一小部分，不管到哪里，它都有自己的特色。但本土化只是它成功的一个方面，快餐最成功的地方在于选址，它只在适合自己生存的地方开店，所以它的每个店都非常成功。

以先标准后本土的思想建立的快餐，首先寻找适合自己定位的目标市场作为店址，再根据当地情况适当调整。它们不惜重金、不怕浪费更多的时间在选址上。但它们一般不会花巨资去开发新的市场，而是去寻找适合自己的市场；它们不会认为哪里都有其发展的空间，而是选择尽可能实现完全拷贝母店的店址。用一个形象的比喻来说，它们不会给每个人量体裁衣，它们需要做的只是寻找能够穿上它们衣服的人。

连锁企业发展的标志就是规模扩张，它的前提是总部统一控制发挥整体优势。而实现这一目标的第一步就是通过选择合适的店址，进行最大限度的拷贝，使分店更加标准化，使总部经营管理更加简单化。快餐连锁经营发展成功的三个首选条件是“选址、选址、选址”，它们就是要选择目标市场以加快连锁经营度的步伐。

地点是餐饮经营的首要因素，餐饮连锁经营也是如此。连锁店的正确选址，不仅是其成功的先决条件，也是实现连锁经营标准化、简单化、专业化的前提条件和基础。

商圈的成熟度和稳定度也非常重要。比如，规划局说某条路要开发，在什么地方设立地址，将来有可能成为成熟商圈，但肯德基一定要等到商圈成熟稳定后才进入。例如说这家店 3 年以后效益会多好，但对现今没有帮助，这 3 年难道要亏损？肯德基投入一家店要花费好几百万元，当然不会冒这种险，一定是遵循稳健的原则，保证开一家成功一家。

快餐的选址要诀，其实对我们个人投资者来说也有不少的借鉴意义。虽然我们不可能像它们一样做那么多繁杂的测算，但其许多有益的思路还是值得我们学习的，能够让我们自己经营商铺选址时把握得更加准确。

第三节　餐饮企业的终极定位及选址

一、餐饮企业的终极定位及选址

店面选址的首要秘籍——“扣对你的第一颗纽扣!”

店面的成功经营涉及 16 大环节要素，这些环节环环相扣，缺一不可。但在其中最重要的是——选址。如果这个首要环节做得不好，即使在后续的定位、筹建、培训管理、销售服务等各方面做得非常好，也很难做到目标销售业绩。

如果经营不理想，去更换名字和店面或者重新定位，不但将花费更多的人力、物力和财力，并且会给经营者带来难以弥补的巨大损失。

其实，餐饮店的选址，就像我们早上起床穿衬衫时必须系准确第一颗纽扣，否则，下面的纽扣无论你系得如何认真、准确，整件衬衫的纽扣仍然都是错位的！

关键秘籍——你的“心上人”在哪里？

通常在店面选址的过程中，总希望找人流最集中的地段，认为人流量越大越是好的地段；甚至有些人认为租金越贵店面就越好。其实这些认识都比较片面而笼统，找店面仅仅看人流量或者租金很有可能就会把你带入一个陷阱：租金贵、成本高、客流量大，但就是进店率低、成交率低、利润低。这“三高三低”现象就会明显使你“入不敷出”。

人流量固然重要，但更重要的是，该地段的人流量是不是有效人流量，即目标消费群聚集的地方。品牌的定位是有着一定区域范围的，从顾客的年龄、职业、社会角色、经济收入、文化背景等要素中区分目标消费群。

例如，小餐饮、低价位的品牌一般适合于学生、刚参加工作且收入不高的群体、部分中低家庭等；而中高餐饮、高价位的品牌一般适合于参加工作时间长、收入较高的群体。这两部分顾客的就餐场所也自然形成了差异：年轻而收入不高的群体喜欢逛人流量大、整体价位比较低的街区；而另一部分则偏向于高消费，讲究享受，喜欢环境好、配套设施齐全，人流量不太大的位置。

从哲学理解，任何一件事物是具备利弊两方面的。“双刃剑”会时刻存在于你的经营中，店面的选址也是同样的道理。那么，在选地址时，如何看待你的竞争对手呢？从经营上来讲，在产品定位上类同的竞争对手会在销售上“分一杯羹”，并给餐饮的经营带来竞争压力，这是弊端的一方面。

但从另一方面讲，在聚集了同类竞争品牌的商圈环境中，也大量地吸引了同类的目标顾客。对于二线餐饮品牌选址特别需要考虑的重要因素是：该地段是否有同类竞品的一线品牌？在一线品牌旁边开店，求助带动目标消费群的光顾，从而使本品牌得到顾客的惠顾，这是有利的一方面。

在茫茫人海中要找到你“朝思暮想”的“心上人”还真不容易！不但要用心，还要采用一些巧妙的技巧，即选址中专业的“人流活动路线”测算工具。

带上秒表、诚实的员工、笔、笔记本以及具备洞察能力的“火眼金睛”，站在你要选择的店面前，如实地记录过往的人流、车流、通过的时间、目标消费群的数量、竞争品牌的进店率等数据，最后可采用如表 1－1 所示工具表格进行一定时间段的收集、汇总分析，用科学的数据帮助你做出餐饮经营中首要也是非常重要的决策——选址！从而有效地避免你在选址上的感性与冲动，也避免了你在经营中的“致命陷阱”。

表 1－1 营业时间车流量记录表

时间段	客流数量	车流数量	目标顾客数量	占比/%	主客流方向	竞争对手进店数量	聚客点数量	备注
10:00～11:00								
11:00～12:00								
12:00～13:00								
13:00～14:00								
14:00～15:00	如果是休闲餐饮，营业时间长的可以继续观察这个时间段							
15:00～16:00								
16:00～17:00								
17:00～18:00								
18:00～19:00								
19:00～20:00								
20:00～21:00								
21:00～22:00								
观察表格的应用说明（该表格可以收集 3～4 周）								

“时间段”是指按餐饮经营的一天时间来算，通常是 10:00～22:00，那么在此经营时间段内以一小时作为测评单位，来分析每个不同时间段中过往的人流、

车流以及相关指标的变化。从而判断出该地段客流的高峰期和目标顾客的主要集中时间以及客流行走方向等数据。当然，测评的时间单位也可采用2～3小时或半小时，如果你需要详尽仔细反映客流指标的规律，可采用半小时为单位；如果你只要大致了解客流状况，也可采用2～3小时为单位。

“客流和车流数量”是指在测评时间段内，经过目标店面的人和车辆的总数量。该指标反映的是：目标店面位置的商业氛围以及聚客能力水平。不过这只是一个总的数量指标，如果要详细深入分析，还要了解“目标消费群数量”。从“目标消费群数量”指标中可分析出该店面的针对性是否强。这个指标的占比数据越高，则反映该店面经营的成功概率也越高！

一定记住，不是大街上所有的人都是你的顾客，要找准属于自己的顾客。

“主客流方向”是指该店面门口的人行街道上，来往两个方向中，哪个方向是人流行走的侧重？这个指标对于该店面后续开业后的店名悬挂、广告灯箱朝向等决策有非常重要的作用。例如，某店A店面，左右两边有竞争对手B、C、D店面。如果广告宣传，A店面在左右两边的“视线点”应如何主推呢（见图1－1）？

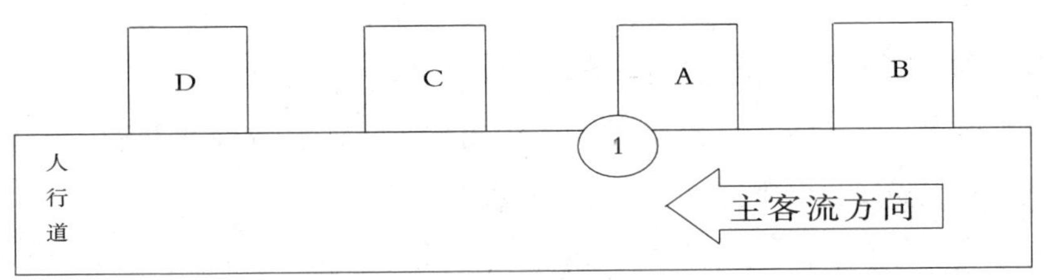

图1－1　主客流方向图

主客流方向是由右至左，根据人体工程学的规律：人体在行进过程中观察物体，视线是斜前方30°～45°，因此，A店面主要集中顾客视线点就在1号位置，该位置是A店面吸引顾客进店的“黄金视线区”。新品上市，A店面就要将其强项产品（比B、C、D店面产品有优势的系列）主推陈列在1号位置。另外，这个指标反映的也是该位置是否会被竞争对手截流，因为人们现在对品牌的忠诚度还没有很高，不会说我就去A店面消费，除此外前面的B店面看也不看。如此的话，如果顾客在 B 店面消费了，那么，到 A 店面就没有机会了。

“竞争对手的进店数量”一定程度上可以比对反映出同类产品经营的适应性。如果竞争对手门头和橱窗、灯光都没有大问题，进店率却很低，那么实际上无形中已经给你敲了警钟：这条街针对目标消费群的适应性是否存在问题？当然，也可帮助你在该店面的后续经营中，对比你自己的进店率，从而切实找到经营上的差距。

“聚客点”是指聚集客流的地点，如公交车站、地铁站、出租车站、商场、大型超市、停车场、休闲娱乐广场、带横道线的十字路口等。聚客点越多，说明人流量就越大，“人气”就越旺。所以，附近的聚客点每增加一点就为你的选址增加一分，当然，相应的租金费用也会随之增加。

选址的时候，要考虑到店面的周边环境是否有“斑点”一样的东西，是否影响了顾客的购物情绪。

店面选址时，还要考虑顾客进出店面的方便性。如门口台阶是否过高或过低？门口道路是否阻碍顾客的行走安全？店面旁边是否有公厕、垃圾筒或不洁气味？

店面选址时也需要分析店面的地形特点，选择能见度高、不被周边建筑物、广告牌、树木等遮挡的地点建店。大树挡住了 LOGO 标的店面，其进店率明显地会受到限制，销售业绩也会受到影响。

综上所述，选址的准确是至关重要的因素，可以有效地帮助经营成功。当然，选址不仅需要充分掌握技巧，还是一种艺术！

二、选址参考图表

表 1－2　餐饮选址调查分析表

编号：　　　　　　　　　　　　　地址：　　　　　　　　　　年　　月　　日

项目/环境		调查项目	调查结果	评分	评价 A	评价 B	评价 C
第一经商环境	1	人、车流量	稠密□　一般□　稀少□				
	2	繁华度	白天繁华度□　晚上繁华度□				
	3	行人类型	路过□　住户□　消费□				
	4	附近人口情况	学生□　工薪族□　外来人员 □				
	5	居民饮食习惯	喜欢在外就餐□　很少在外就餐□				
	6	该社区餐饮业状况					
	7	企、事业单位	学校□　写字楼□　医院□				
	8	区域类别	住宅区□　商业区□　饮食区□				
	9	居民经济情况	富裕□　较富裕□　普通□				
	10	竞争状况	同类型餐厅　间，规模：　平方米				
	11	同类型餐厅经营方式					
	12	同类型餐厅经营状况	火爆□　一般□　冷清□				
第二经商环境	13	劳动待遇及状况					
	14	主要道路					
	15	公司及娱乐业状况					
	16	产权转让形式					
	17	权威机构特殊要求					
	18	发展可行性					
合计	19	综合评价：					

表 1－3 餐饮店环境评估表

<table>
<tr><td rowspan="5">商圈资料</td><td colspan="3">地址</td><td colspan="10"></td><td colspan="2">表单编号</td><td colspan="2"></td></tr>
<tr><td colspan="3">分区代号</td><td colspan="3"></td><td colspan="3">行政区域</td><td colspan="4"></td><td colspan="2">商圈类型</td><td colspan="2"></td></tr>
<tr><td colspan="3">行人流通</td><td colspan="14">每日尖峰　时至　时，共　时　分，□A 级　□B 级　□C 级</td></tr>
<tr><td colspan="3">营业时间</td><td colspan="14">平时　点　分至　点　分，星期六　点　分至　点　分，假日　点　分至　点　分</td></tr>
<tr><td colspan="3">道路状况</td><td colspan="4">□双向线道
□单行道</td><td colspan="3">停车场</td><td colspan="7">□无　□门口可停　□统一停车
□会被拖吊</td></tr>
<tr><td rowspan="12">商圈位置图</td><td></td><td></td><td></td><td></td><td></td><td></td><td></td><td></td><td></td><td></td><td></td><td></td><td></td><td></td><td></td><td></td><td></td></tr>
<tr><td></td><td></td><td></td><td>1</td><td>2</td><td>3</td><td>4</td><td>5</td><td>6</td><td>7</td><td>8</td><td>9</td><td>10</td><td></td><td></td><td></td><td></td></tr>
<tr><td></td><td></td><td>1</td><td colspan="10" rowspan="7"></td><td></td><td></td><td></td><td></td></tr>
<tr><td></td><td></td><td>2</td><td></td><td></td><td></td><td></td></tr>
<tr><td></td><td></td><td>3</td><td></td><td></td><td></td><td></td></tr>
<tr><td></td><td></td><td>4</td><td></td><td></td><td></td><td></td></tr>
<tr><td></td><td></td><td>5</td><td></td><td></td><td></td><td></td></tr>
<tr><td></td><td></td><td>6</td><td></td><td></td><td></td><td></td></tr>
<tr><td></td><td></td><td>7</td><td></td><td></td><td></td><td></td></tr>
<tr><td>1</td><td>2</td><td>3</td><td>4</td><td>5</td><td>6</td><td>7</td><td>8</td><td>9</td><td>10</td><td>11</td><td>12</td><td>13</td><td>14</td><td>15</td><td>16</td><td></td></tr>
<tr><td></td><td></td><td></td><td></td><td></td><td></td><td></td><td></td><td></td><td></td><td></td><td></td><td></td><td></td><td></td><td></td><td></td></tr>
<tr><td></td><td></td><td></td><td></td><td></td><td></td><td></td><td></td><td></td><td></td><td></td><td></td><td></td><td></td><td></td><td></td><td></td></tr>
<tr><td colspan="2">主管核示</td><td colspan="5"></td><td colspan="4">填表时间</td><td colspan="3"></td><td colspan="4">填表人</td></tr>
</table>

表 1－4　店面环境评估图

<table>
<tr><td rowspan="7">现场情况</td><td rowspan="4">店面装潢</td><td>店面</td><td colspan="4">□窄形　□宽形　□方形　□圆弧形　□其他　面宽　　公分，纵深　　公分</td></tr>
<tr><td>开窗</td><td colspan="4">□正面开窗　□正面右侧开窗　□正面左侧开窗　□前后开窗　□落地窗　□其他</td></tr>
<tr><td>门店</td><td colspan="4">面宽　　公分，梁下高　　公分，边柱宽　　公分，门　　公分，□玻璃门　□其他</td></tr>
<tr><td>室内</td><td colspan="4">高　　公分，梁下高　　公分，梁高　　公分，楼梯　　公分，□－形　□L 形　□U 形　□弧形</td></tr>
<tr><td colspan="2">资料收集</td><td colspan="4">提供□相片　　张，□录影带　　卷，□原建筑平面，管理线图　　张</td></tr>
<tr><td>特殊情况</td><td colspan="5"></td></tr>
<tr><td>现场平面图</td><td colspan="5"></td></tr>
<tr><td>主管核示</td><td colspan="2"></td><td>填表时间</td><td></td><td>填表人</td><td></td></tr>
</table>

注：1 公分 =1 厘米

第二章

筹备开业

第一节 筹备工作的开始

一、酒店组织架构图设立

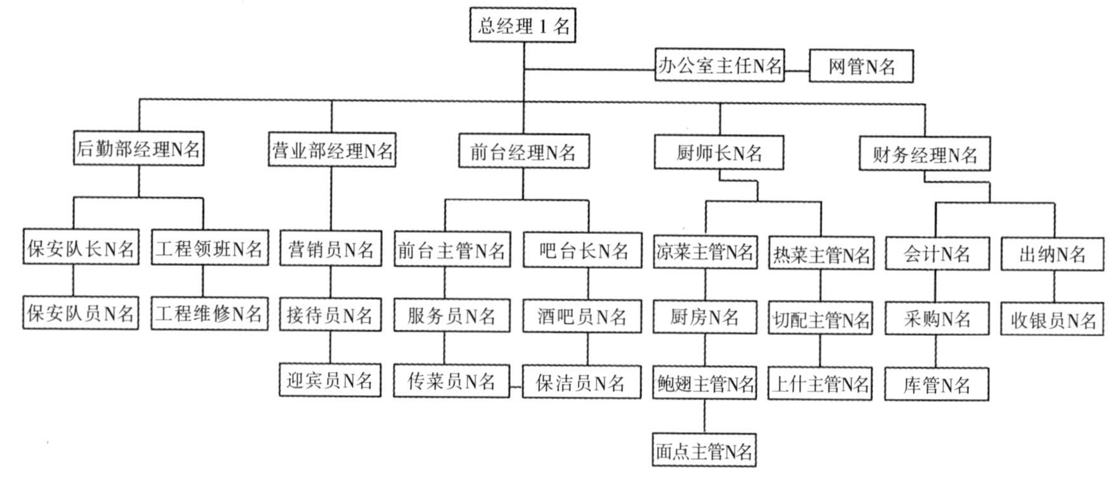

图2－1 酒店组织架构图

二、筹备工作开始的几个工作

做好酒店开业前的筹备工作及开业计划，对酒店开业及开业后的工作具有非常重要的意义；餐饮店开业前的准备工作，主要是建立部门运营系统，并为开业及开业后的运营做好各方面充分的准备。

作为一家新开酒店，营业部前期筹备工作千头万绪。尤其是有一定规模的大型酒店，在实际筹备时，涉及面广，内容多，稍有不周，将对开业后的管理产生较大的影响。为此，需拟写一份筹备工作计划，内容尽可能翔实而具体。

营业部的工作任务：营业部主要负责餐厅产品销售和宴会服务工作，满足不同类型用餐顾客的物质和心理享受需要。营业部是酒店的重要创收部门。在酒店各部门中，营业部员工集中，业务环节繁多，技术水平要求高，牵涉知识面广。因此，加强营业部管理，对整个酒店的经营管理都有非常重要的意义。

（一）营业部开业筹备的任务与要求

营业部开业前的准备工作，主要是建立部门运转系统，并为开业及开业后的运营在人、财、物等各方面做好充分的准备。

具体包括：

1. 确定营业部的管辖区域及责任范围

营业部经理一般要提前 2 个月到岗。

到岗后，首先要通过实地察看，熟悉店的平面布局；并根据实际情况，确定营业部的管辖区域及营业部的主要责任范围，以书面的形式将具体的建议和设想呈报总经理；最高管理层将召集有关部门对此进行讨论并作出决定。在进行区域及责任划分时，营业部管理人员应从大局出发，有良好的服务意识。

按专业化的分工要求，酒店的清洁工作最好归口管理。这有利于标准的统一、效率的提高、设备投入的减少、设备的维护和保养及人员的管理。职责的划分要明确，最好以书面的形式加以确定。营业部管理范围较大，为综合利用所有设施，发挥最大的效能，员工餐厅由营业部统一管理。

2. 确定营业部各区域主要功能及布局

根据酒店总体建筑布置和市场定位，对餐饮区域进行详细的功能定位。在进行区域分布时，要合理考虑餐饮各项管理流程。如送餐线路、服务流程的合理性；厨房工作流程的合理性；餐具收拾和洗涤的流程；足够的仓储场所和备餐间。

3. 设计营业部组织结构

要科学、合理地设计组织机构，营业部经理要综合考虑各种相关因素，如酒店的规模、档次、建筑布局、设施设备、市场定位、经营方针和管理目标等。

4. 制定物品采购清单

酒店开业前事务繁多，经营物品的采购是一项非常耗费精力的工作，仅靠采购部去完成此项任务难度很大，各经营部门应协助其共同完成。无论是采购部还是营业部，在制定采购清单时，都应考虑到以下一些问题。

（1）酒店的建筑特点。采购的物品种类和数量与建筑的特点有着密切的关系。

（2）行业标准。最低产品标准是营业部经理们制定采购清单的主要依据。

（3）酒店的设计标准及目标市场定位。餐饮管理人员应从本企业的实际出发，根据星级标准、本酒店的目标市场定位情况，考虑目标客源市场对餐饮用品的配备需求。

（4）行业发展趋势。餐饮管理人员应密切关注本行业的发展趋势，在物品配备方面应有一定的超前意识，不能过于传统和保守。例如，餐饮部减少金色、大红色的餐具与布置，增加一些淡雅的安排等。

（5）其他情况。在制定物资采购清单时，有关部门人员还应考虑其他相关因素，如上座率、资金状况等。采购清单的设计必须规范，通常应包括下列栏目：部门、编号、物品名称、规格、单位、数量、参考供货单位、备注等。此外，部门在制定采购清单的同时，就需确定有关物品的配备标准。

5. 协助采购

营业部经理虽然不直接承担采购任务，但这项工作对营业部的开业及开业后的运营工作影响较大，因此，营业部经理应密切关注并适当参与采购工作。这不仅可以减轻采购部经理的负担，而且还能在很大程度上确保所购物品符合要求。营业部经理要定期对照采购清单，检查各项物品的到位情况，而且检查的频率，应随着开业的临近而逐渐增高。

6. 参与制服的设计与制作

营业部的岗位较多，不同等级的服装要突出明显，特别是直接服务于顾客的员工的服装更要体现人性化，给人以亲切感。

7. 编写部门员工手册

员工手册，是部门的工作指南，也是部门员工培训和考核的依据。一般来说，员工手册可包括岗位职责、工作程序、规章制度及员工表格等部分。

8. 参与员工的招聘与筛选

通常，营业部员工的招聘与培训，需由人力资源部和营业部共同负责。在员工招聘过程中，人力资源部根据酒店工作的一般要求，对应聘者进行初步筛选，而营业部经理则负责把好录取关。

9. 抓好开业前培训工作

开业前培训是营业部开业前的一项主要任务，营业部经理需从酒店的实际出发，制定切实可行的部门培训计划，指导培训部门编写具体的授课计划，督导培训计划的实施，并确保培训工作达到预期的效果。

一般的培训计划以倒计时的方式编定。一般要求员工两个月前到位，经过酒店整体的半个月军训后，由培训部门安排培训。餐饮培训的主要内容有：餐饮的基础理论知识；基本功练习；餐饮服务规范流程的训练；酒店主菜单培训；为培训团队的凝聚力，可在培训期间穿插一些团队合作的学习和训练。培训结束，可组织一次大型的培训成果汇报会，也可从中发现一些优秀的服务人员。

10. 建立餐饮档案

开业前，开始建立餐饮档案，对日后的餐饮管理具有特别重要的意义。很多酒店的营业部就因在此期间忽视该项工作，而失去了收集大量第一手资料的机会。最好能与最初确定餐饮定位和功能划分的人进行一次沟通，领会他们对餐饮设计的意图。

11. 跟进酒店装饰工程进度并参与营业部各部门验收

酒店各部门的验收，一般由基建部、工程部、营业部等部门共同参加。营业部参与验收，能在很大程度上确保装潢的质量达到酒店所要求的标准。营业部在参与验收前，应根据酒店的情况设计一份验收检查表，并对参与的部门人员进行相应的培训；验收后，部门要留存一份检查表，以便日后的跟踪检查。

12. 负责开业前基建清洁工作（开业垦荒）

开业前卫生工作的成功与否，直接影响着对酒店成品的保护。在全店的基建清洁工作中，酒店各部门除了负责各自负责区域的所有基建清洁工作外，还负责大堂等相关公共区域的清洁。营业部应在开业前与酒店最高管理层及相关负责部门，展开全面的清洁工作，共同确定各部门的基建清洁计划，并由后勤部对各部门员工进行清洁知识和技能的培训，为各部门配备所需的器具及清洁剂，并对清洁过程进行检查和指导。

13. 酒店的模拟运转

营业部在各项准备工作基本到位后，即可进行酒店模拟运转。这既是对准备工作的检验，又能为正式的运营打下坚实的基础。

（二）开业准备计划

制定营业部开业筹备计划，是保证酒店开业前工作正常进行的关键。开业筹备计划有多种形式，酒店通常采用倒计时法，来保证开业准备工作的正常进行。

1. 开业前第 10 周

营业部负责人到位后，与工程承包商联系，这是工程协调者或酒店经理的职责，但营业部经理必须建立这种沟通渠道，以便日后的联络。

2. 开业前第 10 周 ~ 第 9 周

（1）参与选择制服的用料和式样。

（2）了解酒店的营业项目、餐位数等。

（3）了解酒店其他配套设施的配置。

（4）熟悉所有区域的设计蓝图并实地察看。

（5）了解有关订单与现有财产的清单。

（6）了解所有已经落实的订单，补充尚未落实的订单。

（7）确保所有订购物品都能在开业前一个月到位，并与总经理及相关部门商定开业前主要物品的贮存与控制方法，建立订货的验收、入库与查询的工作程序。

（8）检查是否有必需的设备、服务设施被遗漏，在补全的同时，要确保开支不超出预算。

（9）确定组织结构、人员定编、运作模式。

（10）确定餐饮经营的主菜系。

（11）编印岗位职务说明书、工作流程、工作标准、管理制度、员工手册等。

（12）落实员工招聘事宜。

3. 开业前第 9 周 ~ 第 8 周

（1）按照酒店的设计要求，确定餐饮各区域的布置标准。

（2）制定部门的物品库存等一系列的标准和制度。

（3）制定部门工作钥匙的使用和管理计划。

（4）制定营业部的卫生、安全管理制度。

（5）制定清洁剂等化学药品的领发和使用程序。

（6）制定餐饮设施、设备的检查、报修程序。

（7）建立餐饮质量管理制度。

（8）制定开业前员工培训计划。

4. 开业前第 7 周

（1）审查管事组洗碗机等设计方案，审查厨房设备方案。

（2）与清洁用品供应商联系，使其至少能在开业前一个月将所有必需品供应到位。

（3）准备一份餐饮检查验收单，以供餐饮验收时使用。

（4）核定本部门员工的工资报酬及福利待遇。

（5）核定所有餐具、茶具、服务用品、清洁用品、服务设施等物品的配备标准。

（6）实施开业前员工培训计划。

（7）与总经理商定员工食堂的运行方案。

5. 开业前第 6 周 ~ 第 5 周

（1）展开原材料市场调查分析，制定原料供应方案和程序。

（2）与厨师长一起着手制定菜单。菜单的制定是对酒店整体经营思路的体现，也是酒店出品档次的体现，要经过反复讨论，基本方案制订好后报总经理。菜单设计程序：①明确当地的饮食习惯（依据市场调查分析报告）。②酒店餐饮的整体经营思路和目标客户群。③原料供应方案。④厨师队伍的实力。⑤综合制定菜单。⑥印刷，要求开业一周前印刷品到位。

（3）确定酒水、饮料的供应方案；与财务部一起合理定价，报总经理。

（4）各种印刷品如各种报表、筷套、牙签套、酒水单、单据等设计印刷。

（5）与财务部联系制订结账程序并安排两个课时以上的培训。

（6）邀请财务部予以财务管理制订培训。

（7）与保安部制订安全管理制度。

（8）与市场部联系建立会议、宴会工作程序。

（9）建立营业部的文档管理程序。

（10）继续实施员工培训计划。对餐饮服务基本功进行测试，不合格的要强化训练。

6. 开业前第 4 周

（1）与财务部合作，根据预计的需求量，建立一套布件、餐具、酒水等客用品的总库存标准。

（2）核定所有餐饮设施的交付、接收日期。

（3）准备足够的用品，供开业前清洁使用。

（4）确定各库房物品存放标准。

（5）确保所有餐饮物品按规范和标准上架存放。

（6）与总经理及相关部门一起重新审定有关家具、设备的数量和质量，做出确认和修改。

（7）与财务总监一起准备一份详细的货物储存与控制程序，以确保开业前各项开支的准确、可靠、合理。

（8）继续实施员工培训计划，安排员工实习。

7. 开业前第 3 周 ~ 第 2 周

（1）与工程部经理一起全面核实厨房设备安装到位情况。

（2）正式确定营业部的组织机构。

（3）确定各区域的营业时间。

（4）对所有餐位进行全面的统计。

（5）根据工作和其他规格要求，制定出人员分配方案。

（6）按清单与工程负责人一起验收，验收重点：装修、设备用品的采购、人员的配置、卫生工作。

（7）拟订餐饮消费的相关规定。

（8）编制营业部基本情况表（应知应会）。

（9）着手准备餐饮的第一次清洁工作（招收专业人员或临时工）。

（10）空调系统安装与调试。

（11）电器、通信系统安装与调试。

8. 开业前第 1 周

（1）全面清理餐饮区域，进入模拟营业状态。

（2）厨房设备调试。

（3）主菜单样品菜的标准化工作。

（4）准备模拟开业的筹备工作。确定模拟开业的时间，明确模拟开业的目的，召开部门会议，强调模拟开业的重要性。

（5）制订宴请名单与计划、制订开业典礼方案。（正式开业）

（三）开业前的试运行

开业前的试运行往往是酒店最忙、最易出现问题的阶段。对此阶段工作进行特点及问题的研究，有利于减少问题的出现，确保酒店从开业前的准备到正常营业的顺利过渡。营业部的管理人员在开业前试运行期间，应特别注意以下问题。

1. 保持积极的态度

在酒店进入试营业阶段，很多问题都会显露出来。对此，部分酒店管理人员会表现出急躁情绪，过多地指责下属。正确的方法是保持积极的态度，即少抱怨下属，多对他们进行鼓励，帮助其找出解决问题的方法。在与其他部门的沟通中，不应把注意力集中在追究谁的责任上，而应研究问题该如何解决。

2. 经常检查物资的到位情况

前面已谈到了营业部管理人员应协助采购人员检查物资到位的问题。但不少酒店的营业部往往会忽视这方面的工作，以致在快开业的紧要关头发现很多物品尚未到位，从而影响部门开业前的工作。

3. 重视过程的控制

开业前，营业部的工作量非常大，各级管理人员要坚持在一线检查督导，控制作业过程，防止个别员工走“捷径”，损坏装修材料等；对一些设备的使用要在工程或厂家的专业人员指导下进行；管理人员在布置任务后的及时检查和纠正往往能起到事半功倍的作用。

4. 加强对成品的保护

对餐厅地毯、墙纸、家具等成品的最严重破坏，往往发生在开业前这段时间。因为在这个阶段，店内施工队伍最多，大家都在赶工程进度，而这时营业部的任务也是最重，容易忽视保护，而与工程单位的协调难度往往很大。尽管如此，营业部管理人员在对成品保护的问题上，不可出现丝毫的懈怠，以免留下永久的遗憾。为加强对酒店成品的保护，营业部管理人员可采取以下措施。

（1）加强与装璜施工单位的沟通和协调。敦促施工单位的管理人员加强对施工人员的管理。

（2）尽早接管酒店包房、餐厅等区域，加强管理，要对酒店内的设施、设备的保护负起全部责任，营业部需对如何保护设施、设备做出具体、明确的规定。

5. 加强对仓库和物品的管理

开业前及开业期间部门工作特别烦杂，管理人员容易忽视对一些物品以及钥匙的管理工作，对物品的领用要建立严格的制度。

6. 确定物品摆放规格

在接手了包房、餐厅后，营业部经理就要与餐厅副理等一起马上确定摆台规范、物品摆放规格工作，并拍照制作标准化图案，进行有效的培训；对其他如备餐间、工作柜等区域的使用也要明确规范，以取得整齐划一的管理效果，使后期的服务都能按一定的秩序进行。这段时间如果不能形成统一的规范，往往会造成服务员重复返工、餐厅布置无序的局面，需要较长时间才能调整过来。

7. 工程部和营业部共同负责验收

作为使用部门，营业部的验收对保证后期质量至关重要。营业部在验收前应根据酒店的实际情况设计验收表，将需验收的项目逐一列上，以确保验收时不漏项。营业部应请被验收单位在验收表上签字并留备份，以避免日后的扯皮现象。有经验的营业部经理在验收后，会将所有的问题分类列出，以方便安排施工单位的返工。

8. 注意工作重点的转移，使部门工作逐步过渡到正常运转

开业期间部门工作烦杂，但部门经理应保持清醒的头脑，将各项工作逐步引导到正常的轨道。在这期间，部门经理应特别注意以下的问题。

（1）按规范要求员工的礼貌礼节、仪表仪容。开业期间对员工习惯的培养，对今后工作影响极大。

（2）建立正规的沟通体系。部门应开始建立内部会议制度、交接班制度，开始使用表格；使部门间及部门内的沟通逐步走上正轨。

（3）注意设备的保养。

9. 加强安全意识培训，严防各种事故发生

10. 加强对酒店内设施、设备使用注意事项的培训

11. 加强菜肴咨询的培训

特别是开业期间的菜肴、主要特色菜等。很多酒店开业很长一段时间，服务员对顾客询问特色菜都无法回答，这主要是培训不到位。厨师长要定期在餐饮例会上对服务员进行有针对的培训。

12. 模拟开业日程安排

（1）初级阶段。

前12天：熟悉环境。服务员进入场地，熟悉餐饮及酒店整体环境，要给予员工十分充足的时间。厨师进场后，能够对设备熟练使用。

前11天：熟悉台位。对餐厅布局、服务流程、上菜流程等予以熟悉。

前10天：熟悉菜谱。模拟点菜、迎宾等环节。厨房演练叫菜、出菜。

前9天：熟悉就餐。熟悉就餐的一系列工作。

（2）提高阶段。

前8天：流程演练。在进一步熟悉的基础上，提高效率。

前7~6天：特殊情况处理。加强协调能力的培训，并适当提高劳动强度。

（3）熟悉阶段。

前5~2天：熟练操作。完全掌握摆台、上菜、服务等各个环节，并熟悉巩固。

（4）筹备开业。

前1天：全面筹备开业。

模拟开业阶段：要按正常运作召开班前例会，摆台、清理等；并在每次模拟后，召开分析会，并形成会议纪要。模拟开业的评审团一般由管理公司餐饮总监、酒店营业部经理、培训部经理、餐厅经理等高级行政人员组成，客观评价餐厅的服务和出品，纠正错误，保证开业后的正常营运。

模拟开业后期：也可适当邀请酒店总经理或管理公司驻店人员进行试菜，对菜式进行指导。

以上是对酒店开业筹备做的工作计划，具体操作以实际情况与装修的进度做调整，努力使开业筹备工作做得更为全面、周密，使酒店在开业时能“一炮打响”，做好企业的品牌效应，成为整个区域的顶级餐饮酒店。

第二节　筹备进度计划

一、筹备进度计划表的编写与细节实施

1. 酒店筹备工作进度计划表（见表2－1）

表2－1　酒店筹备工作进度计划表

总计划

序号	项目＼时间	年6月			年7月			年8月			年9月			年10月			落实情况	计划调整	备注
		上旬	中旬	下旬	上旬	中旬	下旬	上旬	中旬	下旬	上旬	中旬	下旬	上旬	中旬	下旬			
1	确定初始化数据，POS机、电话分机数量、型号																		
2	编写酒店简介																		
3	编排各分部门工作计划（根据实际在必要情况下可进行修正）																		
4	确定赴外地培训人员岗位、领队及时间																		
5	对地区餐饮进行考察，确定经营方式及菜系																		
6	对酒店的特殊岗位人才列出需求表，并开始注意招聘专业岗位人才																		
7	出采购清单																		

续表

序号	时间 项目	年6月			年7月			年8月			年9月			年10月			落实情况	计划调整	备注
		上旬	中旬	下旬	上旬	中旬	下旬	上旬	中旬	下旬	上旬	中旬	下旬	上旬	中旬	下旬			
8	培训经理到位																		
9	确定餐厅、包间等服务场所名称（中英文）																		
10	进行市场调查，了解本地酒店业员工工资及福利待遇，制定开业前人员福利方案报批																		
11	拿出各部具体的培训计划、方案及安排																		
12	酒店管理层、美术兼策划人员学习 VI 设计手册（视觉识别系统）																		
14	酒店管理骨干培训课																		
16	与员工签订培训合同																		

续表

序号	时间 项目	年 6 月			年 7 月			年 8 月			年 9 月			年 10 月			落实情况	计划调整	备注
		上旬	中旬	下旬	上旬	中旬	下旬	上旬	中旬	下旬	上旬	中旬	下旬	上旬	中旬	下旬			
17	员工培训																		
18	确认各部 VIP 程序，送行政部																		
19	确定供应商，进行全面采购，并与供应商签订采购合同																		
20	确定各餐厅特色菜单，团队餐价制成完整资料送销售部																		
21	酒店各部门管理人员熟悉掌握程序																		
22	完成员工食堂厨房设备及物品采购工作																		
23	举办公关活动，以提高酒店对外知名度																		

续表

序号	时间 项目	年6月			年7月			年8月			年9月			年10月			落实情况	计划调整	备注
		上旬	中旬	下旬	上旬	中旬	下旬	上旬	中旬	下旬	上旬	中旬	下旬	上旬	中旬	下旬			
24	酒店消防安全控制体系建立，收集安全通道，疏散路线图																		
25	确定各部电脑安放位置																		
26	编写各种菜式分量、构成标准制，做成本卡送财务部、成本控制组																		
27	配合各部门培训进度，安排计划，确定各部门实地操作培训日期及地点																		
28	设计酒店运转所必须表格，交财务汇总印刷																		
29	市场酒店情况及周边市场情况调查，了解市场客源，了解主要竞争对手的销售策略，提出销售策略报批																		

续表

序号	时间 项目	年6月			年7月			年8月			年9月			年10月			落实情况	计划调整	备注
		上旬	中旬	下旬	上旬	中旬	下旬	上旬	中旬	下旬	上旬	中旬	下旬	上旬	中旬	下旬			
30	印刷所有对客表格																		
31	验收酒店电梯,进行测试																		
32	确认各部各级员工制服款式																		
33	制定酒店销售预算,送总经理审批																		
34	办理酒店开业所必须的各种营业执照许可证等																		
35	综合布线情况的跟催及测试																		
36	审核客房、餐饮、娱乐设施以及合同价格,送总经理审批																		
37	确定酒店各级员工工资明细项目																		
38	确定 VIP 服务程序,送总经理审批																		

续表

序号	时间 项目	年6月			年7月			年8月			年9月			年10月			落实情况	计划调整	备注
		上旬	中旬	下旬	上旬	中旬	下旬	上旬	中旬	下旬	上旬	中旬	下旬	上旬	中旬	下旬			
39	与花卉供应商联系，确定酒店所需布置面积并尽快签订合同																		
40	确定洗衣房设备到位及安装，安排供应商对洗衣房员工进行操作培训																		
41	成立消防委员会																		
42	配合工程部，验收酒店消防及安保系统，安排供应商对安全部员工进行培训，并开始接受酒店保卫消防工作																		
43	统一编写酒店服务指南，送总经理审批后，交财务部发外印刷																		
44	验收电话总机房，进行测试																		

续表

序号	时间 / 项目	年6月			年7月			年8月			年9月			年10月			落实情况	计划调整	备注
		上旬	中旬	下旬	上旬	中旬	下旬	上旬	中旬	下旬	上旬	中旬	下旬	上旬	中旬	下旬			
45	安排各部员工接受相关的特别培训																		
46	制定各部接收工作计划																		
47	配合电脑供应商彻底完成电脑系统的安装																		
48	消防主机,湿式消防系统,烟感消防系统,消防联动柜,加压风机及排烟风机等设备的测试																		
49	各部员工到岗,进行实地练兵及电脑培训操作																		
50	确定保洁设备到位时间,安排供应商对保洁人员进行操作培训																		
51	验收卫星、广播、闭路、背景音乐等系统,进行测试																		

续表

序号	时间 项目	年6月			年7月			年8月			年9月			年10月			落实情况	计划调整	备注
		上旬	中旬	下旬	上旬	中旬	下旬	上旬	中旬	下旬	上旬	中旬	下旬	上旬	中旬	下旬			
52	制定、订做酒店制服计划,并发放到位																		
53	安排公安、消防等相关机关人员向酒店全体员工进行安全知识培训																		
54	验收酒店监控系统,进行测试																		
55	验收锅炉蒸汽、排水等系统,并进行测试(测试供冷部分)																		
56	验收供电系统,进行测试																		
57	验收酒店整套空调系统,并进行测试																		
58	确保门锁系统的设置正确,并登记记录																		
59	确定电脑系统的培训时间并安排供应商进行电脑培训																		

续表

序号	时间 项目	年6月			年7月			年8月			年9月			年10月			落实情况	计划调整	备注
		上旬	中旬	下旬	上旬	中旬	下旬	上旬	中旬	下旬	上旬	中旬	下旬	上旬	中旬	下旬			
60	加强各部门员工的技能培训																		
61	采购员工衣柜,宿舍设备																		
62	各系统工程师到位,收集线路图纸,留工程部存档																		
63	各部门理通程序,以确保程序的组织流畅性																		
64	酒店停车场及内部用车手续送总经理报批																		
65	各部门接受及检查所管辖范围并进行卫生清洁工作																		
66	联系有关部门完成酒店开业前所有手续																		

续表

序号	时间 项目	年6月			年7月			年8月			年9月			年10月			落实情况	计划调整	备注
		上旬	中旬	下旬	上旬	中旬	下旬	上旬	中旬	下旬	上旬	中旬	下旬	上旬	中旬	下旬			
67	根据酒店开业日期，开始接受预订																		
68	制定酒店试营业开幕典礼计划																		
69	确保所有防火及灭火器材到位																		
70	对酒店各项物资进行登记造册																		
71	各部门领取开业所需一切物品,妥善保管																		
72	完成酒店的相关保险手续																		
73	按酒店施工,实际装修及机电设备系统，绘制图纸并及时归档																		
74	办理酒店员工劳动合同事项																		
75	组织举办新闻发布会,广泛派发酒店宣传资料																		

续表

序号	时间 项目	年6月			年7月			年8月			年9月			年10月			落实情况	计划调整	备注
		上旬	中旬	下旬	上旬	中旬	下旬	上旬	中旬	下旬	上旬	中旬	下旬	上旬	中旬	下旬			
76	发放酒店开业典礼邀请函																		
77	申请、配合ISO1400认证的相关检查，并做整改直至通过认证																		
78	进行一次全面性“火警演习”，模拟紧急疏散情况																		
79	落实完成开业典礼方案要求的所有准备工作																		
80	公司对各部的工作进行全面验收																		

2. 餐饮企业开业前筹建计划进度表（见表2－2）

表2－2　餐饮企业开业前筹建计划进度表

序号	项目	工作内容 \ 起、始日期	6月			7月			8月			9月	备注
			上旬	中旬	下旬	上旬	中旬	下旬	上旬	中旬	下旬	上旬	
1	经营模式、管理模式定型	根据“酒店”目标消费群、建筑风格、档次、服务理念，制定与其相匹配的、先进的、科学的经营和管理模式											第一阶段
2	制定各部门工作程序与标准	根据“酒店”经营理念、目标消费群的就餐特点和服务需求取向，制定人性化、个性化、细腻的、新颖的、有亮点的服务全流程模式											第一阶段
3	企业文化建设	总店、各分店原有企业文化沉淀，着手开发挖掘新的企业文化，建设成有本企业特色的，能对外、对内展现企业风采的企业文化，并在日后的经营管理中得以宣传和弘扬											第一阶段
4	员工手册的撰写与印刷	根据企业文化的特点、经营理念、职能要求撰写符合“××餐饮企业”经营与管理需要的《××餐饮企业员工手册》											第一阶段
5	规章制度的建立	各部门规章制度、食品卫生制度、管理制度、考勤制度、会议制度、采购制度、各项财务制度、卫生检查制度、宿舍管理制度等规章制度的建立											第一阶段
6	设计各种工作表格、单据并制作	设计并印刷各种内部员工表格和各种客用表格											第一阶段

续表

序号	项目	起、始日期 / 工作内容	6月			7月			8月			9月	备注
			上旬	中旬	下旬	上旬	中旬	下旬	上旬	中旬	下旬	上旬	
7	饭店组织结构的建立	根据饭店经营、管理需要制定“饭店组织结构图”，计算出饭店各岗位人员需求编制情况											第一阶段
8	制定培训计划	开学典礼计划、军事训练计划、员工公共课培训计划、员工部门专业培训计划、情景训练计划、实习计划等计划的制定；厨师长制定厨师培训计划。泊车员另进行培训											第二阶段
9	实施培训前准备	培训课表的制定，培训教室、员工寝室、员工食堂、员工生活设施的落实。笔、笔记本、员工餐具、培训证的申购与采买											第二阶段
10	落实员工待遇方案	进行市场调查，了解本地酒店员工工资待遇，制定开业前以及开业后各岗位员工工资及福利方案报批											第二阶段
11	招聘	根据岗位编制情况和各岗位素质要求撰写招聘简章，在电（视）台、报刊、网站、校院发布招聘信息（或联系旅游学校），并实施招聘工作，录取各岗位合格人员（前厅、后厨、后勤）											第二阶段后厨普通员工招聘陆续展开

续表

序号	项目	起、始日期 工作内容	6月			7月			8月			9月	备注
			上旬	中旬	下旬	上旬	中旬	下旬	上旬	中旬	下旬	上旬	
12	实施培训计划	根据培训计划实施各岗位“理论知识”“实际操作”“情景训练”“菜品知识”“点菜技巧”“电子点菜系统”等培训课程(为期1个月)											第二阶段
13	员工实习	根据实习计划安排各岗位员工到“其他分酒店”相应岗位实习(为期15天),要求熟练掌握各岗位技能要求和工作服务全流程,能独立、熟练、出色完成高标准服务及接待任务											第二阶段后厨厨师与阳光店厨师融合学习,交流
14	公关活动	举办一系列公关活动,介绍餐饮企业建筑风格、硬件优势、餐饮企业效果图、经营特色、菜肴菜系、菜肴特色、服务宗旨、服务理念、地理位置等											第二阶段
15	订做菜单	确定菜系结构、菜系份额、菜价结构、菜品毛利、定价,拍照制作菜谱											第二阶段
16	餐具订购计划	前厅、后厨制定餐具、厨具、厨房设备、前厅设备、用具、酒具等采购计划并实施采买(订购)。制定桌面、转台、餐椅、家私柜的配备计划及采买(订做)											第二阶段

续表

序号	项目	起、始日期 / 工作内容	6月			7月			8月			9月	备注
			上旬	中旬	下旬	上旬	中旬	下旬	上旬	中旬	下旬	上旬	
17	家具配置与订购	根据主体风格及包房格调（走廊等公共区域格调）设计与订购家具											第二阶段
18	订做员工制服	联系前线员工制服设计厂商，根据餐饮企业风格，设计与餐饮企业相适合的员工制服，服务员、迎宾、传菜员最好每人两个款式，体现常变常新的服务理念											第二阶段
19	洽谈酒水，订做酒单	了解当地酒水消费习惯，联系畅销酒水供货商，洽谈酒水进场事宜，对确定销售的酒水、香烟、果汁等进行定价并做酒单											第二阶段
20	洽谈原材料、调料供货	对各种肉类、鸡禽类、海鲜（河鲜）、山珍、鲍翅参类、时蔬水果类、调料类对外公开招商，确定原材料供货商并签订合同											第二阶段
21	确定花卉	联系花卉供应商，确定花卉供应品种、数量、价格，签订花卉供应合同											第二阶段
22	低值易耗品供货洽谈	联系各类低值易耗品供货商，洽谈供货事宜并签订合同											第二阶段
23	办理各类许可证	按程序办理各类经营许可证											第二阶段
24	制作会员卡、VIP卡	制定会员卡（VIP卡、积分卡）消费章程、使用方法、优惠办法，并联系制卡单位按要求进行制作											第二阶段

续表

序号	项目	起、始日期 / 工作内容	6月			7月			8月			9月	备注
			上旬	中旬	下旬	上旬	中旬	下旬	上旬	中旬	下旬	上旬	
25	制作各种铭牌、提示牌	联系铭牌生产单位，对包房铭牌、部门标识牌、温馨提示牌、上菜口、员工工号牌等铭牌的设计与制作											第二阶段
26	采购各类电器	对各类电器进行采购计划并订购											第二阶段
27	订餐电话号码的落实	与电信局联系申请吉祥电话号码											第二阶段
28	工程验收，消防验收	对装修工程、电梯运行及水、电、气系统按施工图纸与功能设置进行验收，邀请消防安全部门对消防工作进行验收											第三阶段
29	营销宣传	制定开业前营销方案并加大营销宣传力度，通过电视台、报刊、网站等媒体对酒店优势、特点、持色、菜肴、服务、经营理念、餐饮企业地理位置、开幕时间等进行进一步宣传										试业前	第三阶段
30	内部营销	成立餐饮企业营销小组，开始有针对性地对目标消费群进行上门营销、宣传，并开始与目标消费群单位签订餐协议，办理会员卡、VIF 卡等										开业前	第三阶段

续表

序号	项目	工作内容 \ 起、始日期	6月			7月			8月			9月	备注
			上旬	中旬	下旬	上旬	中旬	下旬	上旬	中旬	下旬	上旬	
31	宴请贵宾名单	确定开业宴请市各级领导、各机关团体、企业家、社会名流、知名人士、餐饮界知名人物的姓名、人数及分段宴请日期。确定请柬的样式并按宴请单位、姓名、宴请日期进行打印并送出											第三阶段
32	开业方案	制定开业庆典方案											第三阶段
33	清洁垦荒	全体员工进店清洁											第四阶段
34	物品入库	采购的各种家具、设备、餐具、用具、物品办理入库手续											第四阶段
35	物品出库	对餐饮企业进行布局、摆设、布置,做好物资登记工作并建立账目											第四阶段
36	调试厨房设备	对厨房设备进行验收式调试并进行试运转											第四阶段
37	员工体检	组织前厅、后厨员工到医院进行健康体检											第四阶段
38	前厅调整	对布置好的餐厅各包间、走廊等公共区域进行验收性调整,开始模拟运转											第四阶段
39	员工大会	对开业庆典活动进行部署,安排开业工作事宜											第四阶段
40	开业大吉	确定试营业吉日,餐饮企业开始试运营											第四阶段

二、筹备中的安全、卫生管理

（一）安全管理

安全管理是指在意外事故还未发生前，餐厅运用一些制度与管理方法预防意外事故的发生，以确保餐厅的财产安全及顾客与员工的人身安全。

一般来说，餐厅安全管理包括防火、防盗、防抢，停水、停电等一些意外事故的处理等。

1. 关于防火

在餐厅经营中，防火是一个不可忽视的方面，火灾所带来的后果是严重的，轻则损失财产，使自己经营多年的心血付诸东流；重则危害员工及顾客的生命，给家庭带来无限的伤痛。所以说，防火于未然是非常重要的。只要管理者和员工自觉遵守安全操作规范，提高防火安全意识，火灾是可以预防和避免的。

餐厅经营者应高度重视防火工作，避免火灾的发生，应该按照本餐厅的布局和规模制定出一套方案，让每一位员工都知道火灾发生时该采取怎样的措施。当餐厅内发生火灾或发出火灾警报时，餐厅内所有员工应按照平时规定的流程做出相应的反应，切勿惊慌失措、乱了方寸。

餐厅一旦发生火灾，要尽快把餐厅内的人员和重要财产及文件资料撤离到安全的地方，这是一项很重要的工作，组织不当会造成更多的人员伤亡和财产损失。火灾时的疏散工作需要在平时按照本餐厅的建筑格局特点，制定一个较为详细的方案，并且要经常性地组织培训，这样才能做到临阵不乱。

得知餐厅内发生灾情时，保安管理人员应马上携带必需物品赶赴现场指挥。首先要做的就是清理餐厅周围的场地，方便消防车进入。另外，要严禁闲杂人员进入，尤其要防范那些趁火打劫者。在火灾发生时，保安人员要保护好餐厅内的现金及其他贵重物品；要保护好公共场所的贵重物品；护送会计及出纳员，将现金转移到安全的地方。

2. 关于防盗

餐厅是拥有大量财产及物品的地方，这些财产及物品为餐厅的正常运行及顾客的享受服务提供了良好的物质基础。对这些财产及物品的任何偷盗及滥用都意味着餐厅的损失。此外，餐厅在营业过程中还保留有数目可观的现金及数量不少的各类物品，若不严加控制，同样会使餐厅遭受损失。因此，餐厅的安全管理中应制定周密的方法和措施，对餐厅的财产及物品加以控制，以保证餐厅财产及物资免遭损失。

3. 营运安全管理

作为餐厅员工，最先到达的人应先查看店面四周，并检查门窗是否开着。如发现被盗应立刻报警，然后查看餐厅内所丢失的物品，并保护好现场。如没有异常情况，即可进行营业前的准备工作。

在打烊关门前，应确定所有顾客都已离开餐厅，将门窗关好。打烊后，员工要结伴离去。

4. 防止内部人员偷窃

餐厅员工在日常工作及服务过程中直接接触餐厅的各种财产与物品。为防止员工借工作之便偷盗餐厅财物，首先要严格把好录用员工关，并进行经常性的教育，制定严格的奖惩措施。一旦发生偷窃行为，应根据情节轻重情况进行严肃处理，绝不留情。

另外，还应通过各种措施，严堵管理漏洞，不给盗贼留下盗窃的机会。这些措施包括：明令规定贵重物品严禁携至餐厅中，如有必要，则交由柜台保管。

5. 防止外人偷窃

餐厅经营特点决定了餐厅每天都有大量的现金流入流出，并且餐厅经营必须库存大量原材料，这就成为许多不法分子进行偷窃的目标。为防止偷窃行为的发生，应采取以下措施进行防范：

（1）做好灯光照明，充足的灯光可以减少店内和店外犯罪行为的发生。

（2）经常检查门窗有无玻璃破损及螺丝脱落的情况，并及时找人修理。

（3）控制餐厅钥匙的数量，持有人只限于经理、副经理或开店及打烊的人员。

（4）建立钥匙记录簿，加强钥匙的管理。

（5）当钥匙数量多到无法控制时，应立即换锁。

（6）储藏间必须上锁，大型铁质垃圾桶应保持完好并紧闭。

（7）加强入口、楼层走道及其他公众场所的控制，防止外来不法分子作案。

（8）餐厅不要在没有安全措施的情况下，将有价值的物品放置于公共场所。

（9）外来办事人员、送货人、修理人员等只能使用员工入口处，并要得到值班人员允许后方可进入。这些人员在任务完成后，也必须经员工出口处离开餐厅，保安人员应注意他们携带的物品。

（10）餐厅的设备、用具、物品等需在外面修理的，必须具有所属部门经理的签名，并经值班人员登记后才能放行。

6. 关于防抢

抢劫事件大多发生在打烊后或夜深人静时，面对抢劫，当事人应想办法让歹徒尽快离去。因为抢劫者在餐厅内待的时间愈久，对员工及顾客所造成伤害的可能性也就愈大。因此抢劫发生时，最主要的事情就是避免暴力发生。

（1）遭遇抢劫的应变措施。

当餐厅发生抢劫时，管理人员应采取一些应变措施，使餐厅的财产损失降低到最低程度，并要保证员工及顾客的人身安全，具体的应变措施包括以下几个方面。

1）保护收银、出纳人员，并趁机记下抢匪的容貌、口音、身高、身材、服装特征及所持器械等。

2）若问及保险柜位置及号码，一概推说不清楚。

3）以保障人身安全为主，保护财物为辅。

4）注意匪徒逃离方向及其使用的交通工具，并记下车牌号码及车型、颜色。

5）尽快报警，并及时向经理或负责人通报具体情况。

（2）注意防抢讯号。

一般情况下，只要防范方法得当，让歹徒无机可乘，抢劫事件则不会发生。因此，在日常营业时，餐厅里的每一位员工都应注意防抢讯号。防抢讯号包括以下几个方面。

1）餐厅外有人闲逛或逗留。作为餐厅员工，应仔细观察此人是否可疑，并记下身材特征。最好的办法就是说服对方让其离开，若对方不听劝告，则可视具体情况采取相应的措施。

2）在进餐高峰期，有人进出餐厅好几次。餐厅员工可礼貌地询问此人有什么需要帮助的地方，或通知其他工作人员注意观察。

3）当你在接收钱物时总是有人出现在你面前。你可以与这位顾客寒暄，使他知道你在注意他，可设法打听其住处、姓名、工作地点等。最好的办法就是避免钱财外露，勿在顾客面前数钞票。

4）餐厅门口或停车场上所停的车内有人在等候。你应该将该车车号、车型、颜色及停留时间一一记录下来，并试着确认车上的人是否是正在等候餐厅内用餐的顾客。

5）单独用餐的顾客用餐完后久久不肯离去。餐厅员工可以礼貌地上前询问有什么可以效劳的地方，或与顾客聊聊家常，说不定能打消犯案念头。

6）打烊后，有人敲门。不论他的目的是什么，最好的办法就是勿让任何人进来。

（3）员工注意事项。

每个人在遇到抢劫时都会惊慌失措，这是很正常的事情。但是餐厅的员工，代表着餐厅的形象，必须注意以下几点。

1）勿与歹徒争执，以免带来杀身之祸。对歹徒提出的问题，只需做简短的回答，最好的办法是找借口推辞。

2）保持冷静，不要乱跑，以免歹徒受到惊吓，引发其暴力倾向，应尽可能地远离歹徒。要机警，仔细观察并记下歹徒的特征。

3）如果歹徒绑架了人质，不要惊慌，要沉着冷静，并尽量满足歹徒的要求。

（4）发生抢劫事件的处理原则。

餐厅一旦被抢，作为员工要离开案发现场，在警方人员到来之前不要触碰现场的任何东西。作为餐厅领导者，在案发后应采取以下措施。

1）立即通知警方抢劫案发的地点及时间，并提供有关抢劫发生的过程以及任何有关歹徒的线索。

2）让财务人员确定损失的金额。

3）尽量保持案发现场的完整，直到警方人员抵达。

4）要求员工镇静，不要讨论所发生的事件。

7. 关于意外事故

在顾客所发生的意外事件中，儿童所占比例最高。所以，儿童的安全应引起餐厅工作人员的注意。如果发现儿童乱跑、乱跳，应立刻规劝，并告之其父母看管好自己的孩子。

餐厅内应有警示性标语，以减少顾客发生伤害的可能，如明示“小心烫伤”或“小心地滑”“请您及小朋友下楼时小心”等。容易发生危险的建材及设计方案，在装修时就应注意避免，例如，楼梯须加骨边条，桌角须磨圆等。

餐厅内发生意外事故的种类有很多种，如滑倒、摔倒、扭伤、烫伤、割伤、触电，以及其他机械伤害、食物中毒、煤气中毒等。

（1）滑倒、摔倒。

不慎踩到地上的汤汁或食物、碰到地上的障碍物及有缺陷的桌椅等，都有可能使人滑倒、摔倒。其实，此类事故只要注意以下几点是可以预防的。

1）液体溢出，迅速擦干净。

2）掉了东西，马上捡起来。

3）保持地板清洁和干燥。

4）在瓷砖地面上应小心行走。

5）要走动，不要跑动。

6）通道有障碍物，要及时撤走。

7）设备滴漏要立即报告并维修。

（2）扭伤。

走路不慎或搬重物时不懂得使用正确的搬运技巧，都有可能造成扭伤。因此，只要你走路时稍加注意，掌握正确的搬运货物技巧，扭伤也是可以避免的。

（3）烫伤。

接触加热的物品很容易烫伤，所以，发生烫伤后应及时冷疗，防止创伤面继续加深，并可减轻疼痛、水肿。方法是将烫伤部位浸入冷水中，最好不少于半个小时。如果烫伤面积很大，则不宜冷疗，应及时去医院就诊。

（4）割伤。

正确使用刀叉、尖锐的器皿或厨房用具可以防止割伤。以下是安全使用刀具的方法。

1）使用刀时，思想集中。

2）刀口不要对着身体。

3）必须使用切板。

4）刀具使用后应妥善放好，切勿留在水槽里。

5）不同的食材要用不同的刀，如切骨刀、切肉刀或水果刀等。

6）刀是切东西的，不能用来开瓶或代替榔头。

7）大多数的割伤均伴有创口出血，创口原则上都应及时进行消毒、包扎。如果创口不大，用创可贴贴上即可。一般的割伤，用绷带包扎后方可止血。如果找不到绷带或急救包，可用当时认为最清洁的布类包扎。如有大面积出血时，可用止血带，并及时去医院就诊。

（5）触电。

接触破损的插座、插头、电线，或不正确使用电器设备等，都可能导致触电。所以，要掌握正确使用各种电器设备的方法，定期检查插座、插头、电线、电路开关等，发现破损，应立即请专人修理，可以预防及减少触电事故的发生。

（二）卫生管理

俗话说“病从口入”，人们的日常饮食卫生直接关系到身体的健康。饮食卫生是餐厅提供饮食服务非常重要的组成部分，餐厅必须提供给顾客安全、卫生的饮食，这点非常重要。它不仅关系到餐厅服务的好坏和信誉，更重要的是直接影响顾客的健康。有的餐厅虽然菜肴很可口，但餐厅的环境很差，连日常消毒都达不到卫生要求，这就直接影响餐厅服务的质量。所以餐饮经营者要特别重视餐厅服务的环境卫生，无论设备、条件多么有限，都要把好卫生关，为顾客提供安全的饮食，创造良好的用餐环境。

1. 餐厅卫生的重要性

提供合乎卫生标准的餐点及饮料是餐饮企业的重要职责。

人们对饮食的第一要求是“卫生”，其次要求食品营养均衡，再次是对食品“色、香、味”的要求。

卫生是餐厅生存下去的基本条件。若不注意餐厅卫生，不仅会影响顾客个人的健康，也可能波及整个社会，其中的严重性及重要性，是每个餐厅经营者都不可轻视的事情。

2. 餐厅整体的卫生管理

清新幽雅、整洁卫生的饮食环境给顾客一种温馨的感受，并能给餐厅带来更多的回头客。整体的卫生管理需要经营者制定一个全面的卫生计划。计划包括：清洁的程序流程、技术及方法、项目、区域、标准等。

（1）店面清洁。

店面对于餐厅来说是非常重要的部分，店面必须保持清洁。柜台上的各种饮料及酒水必须保持整齐，这样才能给人一种井然有序、有条不紊的感觉。店面保持清洁应做到以下几点。

1）地面须经常清洁打扫，并用拖把擦拭干净。如铺设有地毯，则每月应做彻底吸尘 2 次，并加以消毒处理，以免积尘藏垢。

2）桌上摆设品要保持清洁、干净，如有损坏，应立即更换。

3）桌面、椅子要每日擦洗，如有损坏，则应立即更换，以免造成人员伤害。

4）台布要每日换洗、消毒，如有破损，则应立即更换，不可继续使用。

（2）菜单清洁。

在餐厅进餐，经常会碰到这样一种情况：当你拿起菜单准备点菜时，却发现菜单上沾满了灰垢和油渍。由此可见，菜单不清洁是一种普遍存在的现象。而这恰恰是许多经营者在卫生方面的一个疏忽。

要知道，尽管菜单不是用来吃的，只是用来点菜的，但沾满油渍和灰垢的菜单同样会使就餐者对餐厅的卫生印象大打折扣。

保持菜单清洁同样是餐厅卫生的一个重要组成部分，必须给予足够重视。

（3）厨房清洁。

所有的饭菜都是在厨房里做出来的。所以，厨房卫生直接反映整个餐厅卫生水平的高低。也就是说，厨房卫生是餐厅里一切卫生的基础。

厨房卫生应做到以下基本要求。

1）厨房内应保持清洁、干净，不可堆放杂物。

2）保持空气流通，照明亮度适中。

3）工作台不可坐卧，厨房内禁止吸烟、饮食。

4）厨房内不应有灰尘及油垢堆积，垃圾应分类处理，并紧封垃圾袋口，以防虫害及鼠等扰乱。

此外，只有加强对厨师及厨房其他工作人员的管理，才能达到厨房卫生的标准。这必须做好以下工作。

1）厨房工作人员应注重个人卫生，养成良好的卫生习惯。

2）厨房工作人员患有传染性疾病时，应立即中止工作。

3）洗菜工、洗碗工要正确对待卫生工作。

4）必须严格要求厨房工作人员，经常向他们灌输搞好厨房卫生的思想和理念，让他们明确地认识到自己所做工作的重要性。

（4）设备清洁。

设备清洁对餐厅来说至关重要。有些设备是顾客能够直接看见的，若不注重卫生，会影响顾客的食欲和餐厅的形象；有些设备顾客虽然看不见，但若不注重卫生，不仅会影响顾客的身体健康，同时也是餐厅经营的隐患。设备清洁包括以下几个方面。

1）为了使空调设备达到合格的清洁标准，最好的办法就是制定每周清洗过滤系统计划。一套完善的空调系统，应能将可溶性物质、细小固体和悬浮物进行沉淀，并达到除去多余水气和恒温的目的，使相对湿度达到一定标准。

2）炉灶、烹饪器具应保持清洁，最好的办法就是用后立即清洗干净。

3）冷藏设备应定期除霜、清理，不要储存过期物品。

4）垃圾处理设备及抽油烟机也应定期清洗、保养。

5）洗碗机保养与清洗，可依厂商所附保养使用手册的程序操作。

6）洗碗盘前，先用橡皮刮刀将多余的油污残肴刮到馊水槽内，再放进洗碗机内清洗。这样比较容易清洗，并节约用水。

注意洗洁精的剂量，太少洗不干净，太多则会使碗盘残留清洗剂，伤害人体。因此，可先试洗几次，找出最佳的洗洁剂量，作为清洗标准。

3. 服务员的标准

餐厅服务人员的健康必须符合规定，患有皮肤病或手部有创伤、脓肿者，以及患有传染性疾病者不适合从事这个行业。

（1）服务员的外表形象。

服务员的外表形象就像餐厅的一面镜子，通过他们可以看出整个餐厅是否达到卫生方面的标准。试想一下，餐厅里的服务员蓬头垢面，个人卫生都不能保证，如何保证整个餐厅的卫生。所以，餐厅服务员应注重自己的外表形象，从而给顾客留下良好的印象。

对服务人员的整体要求是着装整洁，符合规范；剪指甲，保持手部、面部的清洁卫生；加强锻炼，保持健康的身体，展示良好的精神风貌。

（2）服务员的语言。

有些餐厅服务员虽然形象很好，但是一开口说话就会使形象大打折扣，因为他的语言不文明。

污言秽语、恶语伤人，当然是不卫生的，但具有这方面缺点的服务员却不是没有。即使不说非常过火的话，但其不恭的语言同样也会给顾客造成语言差的印象，使餐厅的形象受损。

从实际情况来看，大多数餐厅经营者在硬件卫生方面往往做得比较好，相比之下，在软件卫生方面表现较差的则比较多。这主要是因为餐厅的软件卫生还没有引起经营者足够的注意，很容易被忽视。

所以，为了全面提高餐厅人员的素质，努力做好餐厅软件卫生是必不可少的一个重要条件。

4. 培养员工的卫生意识

只有餐厅全体人员具有了高水平的卫生素质，才能搞好餐厅的全面卫生。所以，必须使餐厅员工具有卫生意识，只有做到这一点，才能谈得上全面提高员工的卫生素质。

（1）加强卫生管理。

只有通过有效的管理才能养成良好的卫生习惯。为了使餐厅里的每一个工作人员都能意识到卫生的重要性，餐厅经营者必须时时进行监管和督促。

餐厅管理人员必须经常检查餐厅内外的卫生状况、服务员的卫生状况，以及厨房和厨师的卫生状况。一旦发现问题，就责令其立即改正。

（2）员工之间相互监督。

人天生就有惰性，时间久了容易放松自己，特别是那些在餐厅工作过的员工，会因为自己“资格老”而忽视自己的卫生。

所以，餐厅经营者应该在员工中灌输“卫生素质，人人有份，互相监督，共同提高”的思想，使每一个员工都能既监督别人，又接受别人的监督。

（3）应注重提高员工卫生素质的培训。

餐厅卫生需要长期保持下去并不断得到提高，稍不注意，就会出现卫生状况下降的现象。只有时时刻刻教育员工在这方面加以注意，才会使良好的卫生习惯得以维持下去。

第三节　装修设计中的细节

一、餐厅种类的选择及装修

餐厅的总体布局是通过交通空间、使用空间、工作空间等要素的完美组合所共同创造的一个整体。作为一个整体，餐厅的空间设计首先必须符合接待顾客和方便顾客用餐的基本要求，同时还要追求更高的审美和艺术价值。原则上说，餐厅的总体平面布局是不可能有一种放诸四海而皆准的真理的，但是它确实也有不少规律可循。餐厅内部设计首先由其面积决定。由于现代都市人口密集，寸土寸金，因此须对空间进行有效的利用。从生意上着眼，第一件应考虑的事就是每一位顾客可以利用的空间。餐厅内场地太挤或太宽均不好，应以顾客来餐厅的数量来决定其面积大小。秩序是餐厅平面设计的一个重要因素。

由于餐厅空间有限，所以许多建材与设备，均应进行经济有序的组合，以显示出形式之美。所谓形式美，就是全体与部分的和谐。简单的平面配置富于统一的理念，但容易因单调而失败；复杂的平面配置富于变化的趣味，但却容易松散。配置得当，添一分则多，减一分嫌少，移去一部分则又失去和谐之感。因此，设计时还要运用适度的规律把握秩序的精华，这样才能取得完整而又灵活的平面效果。在设计餐厅空间时，由于设备用途所需空间大小各异，其组合运用亦各不相同，必须考虑各种空间的适度性及各空间组织的合理性。

有关的主要空间有如下几种。

顾客用空间：如通路（电话）、座位等，是服务大众、便利其用餐的空间；

管理用空间：如入口处服务台、办公室、服务人员休息室、仓库等；

调理用空间：如配餐间、主厨房、辅厨房、冷藏间等；

公共用空间：如接待室、走廊、洗手间等。

在运用时要注意各空间面积的特殊性，并考察顾客与工作人员流动路线的简捷性，同时也要注意消防等安全性的安排，以求得各空间面积与建筑物的合理组合，高效率利用空间。

（一）用餐设备的空间配置

店内设计除了要对店内空间做最经济有效的利用外，店内用餐设备的合理配置也很重要。诸如餐桌、餐椅以及橱、柜、架等，它们的大小或形状虽各不相同，但应有一定的比例标准，以求得均衡与相称，同时各种设备应各有相当的关系空间，以求能提供有水准的服务。

具体来说，用餐设备的空间配置主要包括餐桌、餐椅的尺寸大小设计及根据餐厅面积大小对餐桌的合理安排。餐桌可分西餐桌和中餐桌。西餐桌有长条形的、长方形的；中餐桌一般为圆形的和正方形的，以圆形居多，西欧较高级的餐厅都采用圆形餐桌。如空间面积许可，宜采用圆形桌，因为圆形桌比方形桌更富亲切感。现在餐厅里也开始用长方形桌作普通的中餐桌。餐桌是方形的或圆形的并不限定，以能营业内容与顾客的人数增减机动应用为佳；普遍都采用统一的方形桌或长方形桌。方形桌的好处是可在供餐的时间内随时合并成大餐桌，以接待没有订座的大群顾客。餐桌的就餐人数依餐桌面积的不同有所不同，圆形的中餐桌最多能围坐 12 人，但是快餐厅里更喜欢一人一个的小方桌。餐桌的大小要和就餐形式相适应。

现代生活中，人们并不是经常结伴成伙地去餐厅大吃一顿，多数还是普通用餐。所以对于一般餐厅来说，还应以小型桌为主，供二人至四人用餐，刚好符合现代中国家庭的要求。而快餐厅可以多设置一些单人餐桌，这样，顾客就不必经历那种和不相识的人面对而坐、互看进餐的尴尬局面。而且，快餐厅的营业利润依赖于进餐人数。一人一桌，即使是几个朋友一块来，也不便左右回顾去大声聊天，影响进餐速度。能让顾客快吃快走，才是最理想的餐桌形式。大型的中餐桌，往往是供群体就餐而设置的。中餐的菜谱复杂，从凉菜到最后上汤、水果，用餐结束，最快也要 40 分钟以上的时间。而就餐人一聊天，一餐时间往往只能接待一批顾客。

对于中餐厅来说，营业利润并不是依靠就餐人数，而是依据人均消费水平。为了能使餐厅的利润提高，包厢或包间就是一种好的形式。首先包间为顾客提供了一个相对秘密的空间环境，别人干扰不了他们，他们也不会干扰别人；其次，在这样一个小空间里，服务水平和服务设施可以有很大的提高；再者，顾客可以延长就餐时间，用餐消费的开支可以随之提高；另外，在包间内是品尝性质的慢就餐，每道菜送上来时，服务人员可以向顾客介绍菜的内容，因此在这里也可以充分体现饮食文化。

餐桌的大小会影响餐厅的容量，也会影响餐具的摆设，所以决定餐桌的大小时，除了符合餐厅面积并能最有效使用的尺寸外，也应考虑到顾客的舒适度以及服务人员工作是否方便。桌面不宜过宽，以免占用餐厅过多的空间面积。座位的空间配置上，在有柱子或角落处，可单方靠墙作三人座，可也变成面对面或并列的双人座。餐桌椅的配置应考虑餐厅面积的大小与顾客餐饮性质的需要，随时能做迅速适当的调整。

（二）餐厅设置

餐厅的布置包括餐厅的出入口、餐厅的空间、座席空间、光线、色调、空气调节、音响、餐桌椅标准以及餐厅中顾客与员工流动线设计等内容。

餐厅是人们就餐的场所。餐厅的形式是很重要的，因为餐厅的形式不仅体现餐厅的规模、格调，而且还体现餐厅的经营特色和服务特色。在我国，餐厅大致可分为中式餐厅和西式餐厅两大类，根据餐厅服务内容，又可细分为宴会厅、快餐厅、零餐餐厅、自助餐厅等。中式餐厅是提供中式菜品、饮料和服务的餐厅。我国是一个幅员辽阔，民族众多的国家。由于各地的物产、气候、风俗习惯及历史情况不同，长期以来逐渐形成了许多菜系、流派和地方风味特色。因此，各地经营的中餐厅也颇具地方特色。近年来，随着各地饮食、文化相互交流，各种风味的中餐厅竞相开业，又形成了一种新局面。

1. 中式宴会厅

这种餐厅应是多功能的。它可以用活动门间隔成许多小厅。有些大型宴会厅开宴会时可容纳 500 人以上，开酒会时可容纳 1000 人以上。在这里可以举行大、中型宴会，酒会，茶话会，冷餐会；也可开国际会议，举办服装表演、商品展览、音乐舞会等。这种餐厅应是高雅、华丽、设备齐全的豪华餐厅。

2. 零餐餐厅

零餐餐厅的特征主要体现在服务方式上。除了旺季，在这种餐厅用餐不用事先预订座位，顾客通常是随到随吃，服务也是按先到者先服务的原则进行。零餐餐厅的装潢都比较简洁明快，各种设备、器皿配置都比较实用，环境舒适，并具有时代的特点。在这类餐厅用餐，气氛比较轻松随便，更具有家庭式气氛，一般不会因环境压力而造成拘谨。

3. 快餐厅

由于目前经济生活节奏加快，许多人不愿意花太多的时间在吃饭上，快餐厅可满足这部分顾客的需要。快餐厅的内部装潢清洁而明快，所提供的食品都是事先准备好的，以保证能向顾客迅速提供所需食品。同时，菜品质量稳定、卫生安全、价格低廉以及分量充足。

4. 自助式餐厅

这是一种方便餐厅，它的特点是顾客可以自我服务，如菜肴不用服务员传递和分配，饮料也是自斟自饮。自助餐有西式、中式等形式。

5. 特色餐厅

（1）风味餐厅：这是一种专门制作富有地方特色菜式的食品餐厅，这些餐厅在取名上也颇具地方特色。

（2）海鲜餐厅：这是以活海鲜、河鲜产品为主要原料烹制食品的餐厅。

（3）野味餐厅：顾名思义，这是以山珍、野生动物为原料的餐厅，特别是春、秋、冬季很受欢迎。

（4）古典餐厅：这类餐厅从装饰风格、服务人员服饰风格、服务人员服务方式，直到所供应的菜品均为古典风格。而且它的古典风格往往还具有某一时代的典型特点，如唐代、宋代、明代、清代等。

（5）食街：这是供应家常小吃的餐厅。有南北风味食品，因营业时间长、品种多、有特色、供应快捷而受到顾客的普遍欢迎。这种餐厅虽消费低，但营业额高。

（6）火锅餐厅：专门供应各式火锅。此类餐厅的设备很讲究，安排有排烟管道、空调，一年四季都能不受天气影响品尝火锅。火锅厅内一般火锅品种式样较多，供顾客挑选。服务也有一套专门的程式，如上料添火等有专门的服务。

（7）烧烤餐厅：专门供应各式烧烤。这类餐厅内都备有排烟设备，在每个烤炉上方即有一个吸风罩，保证烧烤时的油烟焦煳味不散播开来。烧烤炉根据不同的烧烤品种而异，有的是专门的炉，有的是组合于桌内的桌炉。服务也有其自身的特点。

（8）旋转餐厅：这是一种建在高层酒店顶楼一层的观景餐厅。一般提供自助餐，但也有点菜的或只喝饮料吃点心的。旋转餐厅一般 1 个小时至 1 小时 20 分左右旋转一周，顾客进餐时可以欣赏窗外的景色。

（三）西式餐厅

西餐厅是向顾客提供西式菜式、放料及服务的餐厅。西餐大体上分为西欧和东欧两大流派，西欧以法式最为著名，此外还有英式、意式等；东欧以捷克、俄罗斯为代表。

西式餐厅的种类有如下几种。

1. 扒房

这是酒店里最正规的高级西餐厅，也是反映酒店西餐水平的部门。它的位置、设计、装饰、色彩、灯光、食品、服务等都很讲究。扒房主要供应牛扒、羊扒、猪扒、西餐大菜、特餐。同时还可举办西餐宴会等。

2. 咖啡厅

这是酒店必须设立的一种方便顾客的餐厅。根据不同的设计形式，有的叫咖啡间、咖啡廊等，供应以西餐为主，在我国也可加进一点中式小吃，如粉、面、粥等。通常是顾客即来即食，供应一定要快捷，使顾客感到很方便。

菜单除了有常年供应的品种外，还要有每日的特餐，供应品种可以少点，但质量要求高。顾客可以在这里吃正式西餐，也可以只饮咖啡、喝冷饮，随顾客自便。咖啡厅营业时间较长，一般从上午 9 时到晚上深夜 1 时。价格相对较便宜，但营业额却很大。

3. 酒吧

这是专供顾客饮酒小憩的地方，装修、家具设施一定要讲究。因为它也是反映酒店水平的场所，通常设在大堂附近。酒吧柜里陈列的各种酒水一定要充足，名酒、美酒要摆得琳琅满目，显得豪华、丰富。调酒和服务都要非常讲究，充分显示酒店水平。

4. 茶室

又称茶座，这是一种比较高雅的餐厅，一般设在正门大堂附近，也是反映酒店格调水准的餐厅，是供顾客约会、休息和社交的场所。供应食品和咖啡厅略同，但不提供中式餐饮。营业时间比咖啡厅收市稍早一些。早市可供应较高级的西式自助餐。早、晚安排钢琴或小乐队伴奏。

（四）餐厅通道的设计与布置

餐厅通道的设计与布置应流畅、便利、安全，切忌杂乱。要求从视觉上给人以统一的意念，既要完整，令每个服务员都能顺利地工作顾客的行走安全随意；又要灵活安排，根据餐厅的形状设计高效的通道，使其平面变化达到完整与灵活相结合的布局效果。

（五）餐厅内部空间、座位的设计与布局

餐厅内部的设计与布局应根据餐厅空间的大小来决定。由于餐厅内部各部门对需占用的空间要求不同，所以在进行整体空间设计布局的时候，既要考虑到顾客的安全、便利，以及服务员的操作效果等，又要注意全局与部分之间的和谐、均匀，体现出独特的风情格调，使顾客一进餐厅就能强烈地感受到美感与气氛。

餐厅座位的设计与布局，对整个餐厅的经营影响很大。尽管餐桌、椅、架等大小、形状各不相同，但还是要有一定的比例和标准，一般以餐厅面积的大小，按座位的需要作适当的配置，使有限的餐厅面积能最大限度地发挥其运用价值。

目前，餐厅中座席的配置一般有：单人座、双人座、四人座、六人座、火车厢式、圆桌式、沙发式、长方形、情人座、家庭式等形式，以满足各类顾客的不同需求。

（六）餐厅的光线和色调

大部分餐厅设立于邻近路旁的地方，并以窗代墙；也有些设在高层，这种充分采用自然光线的餐厅，使顾客一方面能享受到自然阳光的舒适，另一方面又能

产生一种明亮宽敞的感觉，使顾客心情舒展而食欲增加。

还有一种餐厅设立于建筑物中央，这类餐厅须借助灯光，并摆设各种古董或花卉，光线与色调也保持协调。这样才能引起顾客的注意，满足顾客的视觉。餐厅光线包括以下几种。

荧光。荧光即日常所用的日光灯，具有亮度高、经济的特点，但生硬、缺乏美感，使人和食物显得苍白。

白炽光。白炽光即常用的白炽灯，具有容易控制、自然的特点，易于显示食品的本色，但寿命短且耗电量大，成本较高。

色光。色光多用于特殊区域，如用绿光和蓝光照射水族箱，可起到清澈洁净的效果，用红光照射吧台或家具，更显得柔和，但一般不宜大面积采用，且成本也较高。

烛光。烛光是一种很有情调和气氛的光线，在它的照射下，人和食物也更漂亮，一般用于有特定主题的餐厅。

按照照射方式的不同，餐厅光线又可分为整体光线和区域光线。整体光线是指照射大堂内所有区域的光线。区域光线是指对个别区域照射的光线，如吧台、操作间、餐台等，色光、烛光是区域光线常用的光源。

不论采用何种光源或照射方式，光线的强度是最根本的影响因素，同时，光线强度对顾客的就餐时间也有影响。据心理测试，暗淡的光线会延长顾客的就餐时间，明亮的光线则会加快顾客的就餐速度。

色调是风格、氛围中可以看得见的重要因素，用以创造各种心境。不同的色调对人的心理和行为有不同的影响。色调由色彩和强度两部分组成。色彩即各种颜色，不同的颜色对人的心境有不同的影响。白色让人安宁，黄色使人兴奋，绿色代表和平，蓝色令人轻松，红色使人振奋等。

在实际应用中，应根据经营的方式确定餐厅的色调。如希望顾客延长就餐时间，要选用安静、悠闲、柔和的色调；如要提高顾客的流动率，就要使用刺激、活跃、对比强烈的色调。

除此之外，一般应当确定餐厅的主色调。主色调确定后，可以用其他的颜色作为配合，同时应防止喧宾夺主。大堂内的色调构成主要取决于墙面、地面、吊顶、窗帘、家具、台布、灯光等，除要表达特殊目的外，应以清新淡雅为主，不宜过深。

（七）空气调节系统的布置

顾客来到餐厅，希望能在一个舒适环境中就餐，因此室内的温度对餐厅的经营有很大的影响。

餐厅的空气调节受地理位置、季节、空间大小所制约。如地处广东、海南一带的餐厅，没有一个凉爽宜人的环境，不可能顾客盈门。虽然空气调节设备费用昂贵，只要安排得当，总是收入大于支出的。

顾客因职业、性别、年龄的不同而对餐厅的温度有不同的要求。通常，女性喜欢的温度略高于男性；孩子所选择的温度则低于成人。此外，季节对餐厅的温度也有影响。夏天，餐厅的温度要凉爽；冬天要温暖。一般来说，餐厅的最佳温度应保持在 21℃～24℃。

温度还能影响顾客的流动性。很多餐厅利用较低的温度来增加顾客的流动率。同样，豪华的餐厅应该用适当的温度来增加舒适程度，减缓顾客的流动。

（八）音响的配置

餐厅根据营业需要，在开业前就应考虑到音响设备的布置。

音乐是现代人吃饭时不能缺少的享受，有了音乐必然就要有良好的音响设备。音响设备包括乐器和乐队。有的餐厅在营业时有人演奏钢琴；有的餐厅营业时播放轻松愉快的乐曲；也有的餐厅有乐队演奏，歌星献艺，顾客自娱自唱；有时餐厅会场，还要为会议提供七种以上的同声翻译音响设备。作为餐饮部经理，还可根据餐厅主题，根据顾客需要在营业时增添必要的音响设备，提高经济效益。

现代的研究已经证实，音乐确实对人的活动有一定的影响。明快的音乐会使顾客加快进餐速度。相反，节奏缓慢而柔和的音乐会给顾客一种放松、舒适的感觉，从而延长顾客的就餐时间。因此，不同种类的餐厅要进行不同的音乐设计。

（九）桌椅的配置

桌椅是餐厅经营必备的设备之一。餐厅的规模、档次和经营方式决定了桌椅的形式、数量和档次。

餐桌一般有圆桌、长桌和方桌三种形式。

餐桌的配置要根据餐厅营业面积的大小和形状，按照餐厅的档次和经营形式，合理选择餐桌的形式，安排餐桌间的距离，确定通道的位置、走向和宽度，最终确定餐桌的形式、规格和数量。

选择餐桌规格的最重要因素是每桌顾客数的最大统计频率，即就餐顾客数组合最多的数值。餐厅经营最重要的原则之一是不丢失顾客和使座位有最大的使用效率。餐桌规格的选择要依据这一原则进行配置。

餐桌规格也可做适当的搭配，以适应不同的顾客群体。

餐桌摆放的形式有多种。一般来说，中低档的餐厅多选用长桌和较大的圆桌，容易紧凑地摆放，而小方桌则用于补充边角；高档餐厅多选用中方桌和中、小圆桌，这样的餐桌能摆放得宽敞，使顾客感到舒适，并可使餐厅的格局更具情调。

座椅的档次、材质、色调和风格应与餐桌配套。座椅的数量分为基本数量和补充数量两个部分。基本数量按照餐桌的基本座位确定，补充数量可以按每张餐桌可以摆放的最大数量减去标准摆放数量来确定，也可以按每张餐桌预备 1 ~ 2 把来确定。两部分数量相加就是应配置的座椅数量。

（十）餐厅动线的安排

餐厅动线是指顾客、服务员、食品与器皿在餐厅内流动的方向和路线。

顾客动线应以从大门到座位之间的通道畅通无阻为基本要求。一般来说，餐厅中顾客的动线采用直线为好，避免迂回绕道，任何不必要的迂回曲折都会使人产生一种混乱的感觉，影响或干扰顾客进餐的情绪和食欲。餐厅中顾客的流通通道要尽可能宽敞，动线以一个基点为准。

餐厅中服务人员的动线长度对工作效益有直接的影响，原则上愈短愈好。在服务人员动线安排中，注意一个方向的道路作业动线不要太集中，尽可能除去不必要的曲折。可以考虑设置一个“区域服务台”，既可存放餐具，又有助于服务人员缩短行走路线。

（十一）洗手间的设置

洗手间设置要合理，便于顾客使用，色调要体现整洁、安静、舒适，光线要柔和。

评估一家餐厅应从洗手间开始，因为任何人都可以由洗手间的整洁程度来判断该餐厅对于食物的处理是否合乎卫生，所以应引起特别重视。洗手间的设置应注意：

洗手间应与餐厅设在同一楼层，免得顾客上下不方便。

洗手间的标记要清晰、醒目（要中英文对照）。

洗手间切忌与厨房连在一起，以免影响顾客的食欲。

洗手间的空间能容纳 3 人以上。

附设的酒吧应有专用的洗手间，以免顾客饮酒时跑到别处去上洗手间。

二、灯光的配备使用与技巧

灯光是餐饮企业的重要物质要素。灯光的功能与顾客的味觉、心理有着潜移默化的联系，与餐饮企业的经营定位也息息相关。作为一种物质语言，与餐饮企业定位相适应的光源能有机地衬托餐饮企业的个性和风格，因此，餐饮企业的灯光布置是一个整合的过程，要正确处理明与暗、光与影、实与虚等关系。鲁道夫·阿恩海姆告诉我们，人天生具有自觉的视觉补偿功能，因此，餐饮企业应该艺术地构置灯光系统，调动顾客的审美心理，从而达到饮食之美与环境之美的统一。

灯光必须与经营定位相适应，不同的餐饮企业有着不同的灯饰系统。麦当劳、肯德基等西式快餐在中国作为一种休闲餐饮，光源系统以明亮为主，有活跃之意；传统的咖啡厅、西餐厅是最讲究情调的地方，灯饰系统以沉着、柔和为美。不同的国家有不同的情调，英国式的古典庄重，法国式的活泼明朗，美国式的不拘一格等，都需要灯光来配合。根据中国传统的就餐心理，中餐厅应灯火辉煌，布光突显出热烈气氛。

餐饮的灯饰还常常勾起人们的餐饮记忆，如果一家西餐厅灯火通明，大红灯笼高挂，人们肯定以为经营的不是西餐，这就是灯光在人们印象中所起的暗示作用。因此，灯光要和人们传统的就餐记忆相吻合。

此外，就目前餐饮企业的发展态势来看，个性餐厅不断涌现，许多主题餐厅正在颠覆着传统的店堂布置格局，如一些城市出现的海洋餐厅、动力火车餐厅等。这时，其灯饰设置与传统习惯完全不同，但都是基于灯饰服务于经营定位的基本思路，所以灯饰系统的设置不是一成不变的，关键要处理好变与不变之间的关系。

灯光的种类不应是孤立存在的，它要为餐饮经营服务，吊灯、吸顶灯、宫灯、壁灯、筒灯、暗灯等，不同的灯具，系统化使用才能显现出它的魅力。

现在人们越来越重视光源在餐饮经营中的作用，但这还远远不够，餐饮企业不能仅仅局限于灯饰问题的研究，更应推及到整个餐饮装饰领域。因为在餐厅装饰过程中已经出现了很多不好的倾向，许多餐饮企业把餐饮装修与餐饮经营分隔开来，为新、奇、异而装修，片面理解餐饮文化，片面追求所谓品位，出现了店堂博物馆化、音乐厅化等现象，应引起业界的思考。

三、餐饮 VI 设计的重要性及清单

餐饮 VI（Visual Identity）通译为视觉识别系统，是 CIS（Corporate Identity System）系统[①]最具传播力和感染力的部分。是将 CIS 的非可视内容转化为静态的视觉识别符号，以无比丰富的多样的应用形式，在最为广泛的层面上，进行最直接的传播。设计到位、实施科学的视觉识别系统，是传播企业经营理念、建立企业知名度、塑造企业形象的快速便捷之途。

在品牌营销的今天，没有 VI 设计对于一个现代企业来说，就意味着它的形象将淹没于商海之中，让人辨别不清；就意味着它是一个缺少灵魂的赚钱机器；就意味着它的产品与服务毫无个性，消费者对它毫无眷恋；就意味着团队的涣散和低落的士气。

餐饮 VI 设计一般包括基础部分和应用部分两大内容。其中，基础部分一般包括：餐饮企业的名称、标志设计、标识、标准字体、标准色、辅助图形、标准印刷字体、禁用规则等；而应用部分则一般包括：餐具、就餐用品、标牌旗帜、办公用品、公关用品、环境设计、办公服装、专用车辆等。

在很多时候你会发现有的餐饮企业你只见过一次，就能牢牢地记住；有的店

---

① 企业形象识别系统。

你经常去但就是记不住！这就是做过企业 VI 跟没有做过的区别。专业的 VI 设计会根据消费者的心理需求、视觉接收程度去帮你设计你的产品，引起消费者的注意，从而让他更容易记住你的企业，让推广变得事半功倍！

餐饮 VI 设计清单

一、基础部分目录

A－1 Vl 基础设计要素

A－2 标志释义

A－3 标志标准制图及标准比例方格图

A－4 注册字体标准制图及注册字体标准比例方格图

A－5 注册字体在标志中的比例关系

A－6 中英文标准字体

A－7 中英文印刷辅助字体

A－8 标志与标准字体的标准组合

A－9 标准色、辅助色及辅助色系

A－10 标志在不同底色上的使用规范

A－11 企业理念、企业宗旨、企业口号、广告语及其中文辅助印刷字体

二、应用部分目录

（一）旗牌类

0－1 企业旗

0－2 双面旗、旋风旗

0－3 POP 吊旗

0－4 桌旗、车旗、横幅布旗

0－5 导向牌

（二）办公事务用品类

B－1 名片

B－2 工作卡、贵宾卡

B－3 记事本、资料袋

B－4 文件夹

B－5 国内信封

B－6 国际信封

B－7 档案袋、请柬信封

B－8 信纸、便笺

（三）服饰类

F－1 胸章、领带

F－2 经理服装

F－3 领班服装

F－4 主管服装

F－5 厨师服装

F－6 酒吧员服装

F－7 服务员服装

F－8 楼面营业员服装

F－9 领位员服装

F－10 传菜员服装

F－11 清洁员服装

F－12 收银员服装

F－13 门童服装

F－14 保安服装

（四）礼品、酒店用品类

L－1 礼品袋（纸袋、塑料袋）

L－2 食品包装盒

L－3 包装纸

L－4 筷子套、牙签袋、牙签旗

L－5 名片夹

L－6 钥匙扣、笔、打火机

L－7 雨伞

L－8 订餐簿

L－9 结账簿

L－10 台卡

L－11 菜谱封面

（五）公共服务类

G－1 公共标识图案

G－2 公共导向牌、警示牌

G－3 交通工具 A

G－4 交通工具 B

（六）人事管理类

R－1 传真纸

R－2 入职人员登记表

R－3 员工考勤表

R－4 当值排班表

R－5 员工假期申请表

R－6 试用期表现评估表（第 1 页）

R－7 试用期表现评估表（第 2 页）

R－8 员工招聘申请表

R－9 员工违规通知书

R－10 员工离职申请表

R－11 内部文件呈批表

R－12 员工调动申请表

R－13 员工离职约见表

R－14 顾客资料记录

（七）财务单据

C－1 用餐记账收款通知单

C－2 大点菜单

C－3 产销对数单（兼代缴单）

C－4 点菜卡

C－5 加菜单

C－6 烟酒水单

C－7 核算单

C－8 司机餐费表

C－9 现金流量表

C－10 资产负债表

C－11 酒吧进销存日报

C－12 工资（奖金）发放表

C－13 利润表

C－14 工资费用明细表

C－15 银行存款余额调节表

C－16 出纳现金盘点表

C－17 支出凭单

C－18 借款单

C－19 固定资产验收单

C－20 固定资产调拨单

C－21 固定资产报废表

C－22 固定资产盘盈亏报告表

C－23 调拨收款通知单

C－24 收货单

C－25 仓库领料单

C－26 申购货品单

C－27 库存物资盘点表

C－28 供货商结账明细表

C－29 报废、报损物资申报表

C－30 可调库存物资表

（八）其他类

0－1 出车通知书

0－2 车辆维修申请表

0－3 菜谱菜肴配份表

0－4 估清单

0－5 楼面餐前准备检查表

第四节　试营业及开业管理细节

一、开业庆典营销策划

河北××大酒店的开业营销方案赏析：

××大酒店的开业营销方案

（一）活动背景

（介绍酒店）活动背景：××大酒店……开业庆典是公关的第一关，因此这次机会一定要抓住。

（二）活动总主题

1. ××——您梦想的家园
2. 给您回家的感觉
3. 你我共建美好家园
4. 您的家园由我们来建设

（三）活动目标

通过本次活动，让涿州人们了解××、认识××，对××有个感性的认识。

（四）活动程序

1. 活动方案

（1）设置地点：以××大酒店为中心，2千米范围内的主要道路上。

（2）设置形式：重新报建，如不允许，则租用现有的位于道路两旁的适合的户外媒介（如公共汽车候车亭广告位）。

（3）数量：每个不同文案至少要求设置 5 个，共至少 10 个。

（4）大小、高度：视实际情况而定，文字能大就大，力求醒目。

（5）设计要求：要求使用 × × 大酒店标准的标识及标准字体。

（6）时间要求：于开业前 10 天设好。

（7）目的：提升知名度，引发好奇心，树立一定的美誉度。

2. 公关活动策划方案

（1）主题：× × 大酒店为您过生日！（也可以为当天结婚的夫妇做结婚纪念宴）

（2）活动时间：待定。

（3）活动地点：× × 大酒店。

（4）活动概况：给 × × 大酒店开业当天过生日的 30 位顾客每人赠送一间包间，每人可以邀请直系亲属 8 人前来包间聚餐消费，所有费用最后由 × × 大酒店代为支付。

（5）活动细则、注意事项：

①刊登活动广告。

A. 时间：提前 10 天

B. 媒介：《× × 日报》地区微信公众号、地区微博等

C. 文案内容：

标题：× × 大酒店为您过生日！

正文第一段：× × 大酒店介绍文

第二段：为您过生日活动介绍——× × 大酒店将于 × × × × 年 × × 月 × × 日正式开张营业，为庆祝 × × 大酒店的开业，特举办 × × 大酒店为您过生日活动，免费赠送 30 个包间消费。

报名条件：当天过生日，并在涿州有固定居所的市民，均可报名参加。

报名登记日期：即日起至 × × 月 × × 日止，每天上午 8 点至下午 6 点。

名额限制：限 30 名，先到先得，额满即止。

报名地点：× × 大酒店一楼大厅办事处。

报名须知：凭本人身份证、户口本原件，亲临报名；未成年必须有监护人陪同；年老体弱的人必须有人陪护。

其余说明：进入时，必须衣冠整齐，否则主办单位有权拒绝入内；本次活动一切解释权归××大酒店。

②先报名预订房间。

报名时间：广告刊出后当天开始，至开业前一天截止。

报名须知：凭当天报纸广告、持本人身份证（或户口本，以防身份证有假），亲临××大酒店预先订房登记。

报名的其他条件：凡未成年人，应由其监护人陪同前来；年老体弱的应由其亲戚陪护；进餐时，需衣着整洁，否则有权拒绝入席。

菜谱限制：在限定的一类或几类菜单中选择当天的菜谱。

菜的数量：限定一个总的上限，如每人限2个菜，以避免浪费。

酒水限制：在限定的一类或几类酒水单中选择，也可以做成付费的。

菜吃不完的处理：要告知所点的菜吃不完，需要做出小小惩罚。像吃自助餐一样，避免顾客乱点，处以50%菜金赔付，也可做成套餐待议。

报名人数超过30人，则采用先来先得的方式，直至满额为止。

为防止秩序混乱，应准备好排队的号筹，来一个发一个，凭号筹办理，这样不会出乱子。

注意在广告中注明：活动解释权归××大酒店。（每一条都要做好说明，不要让人误解。）

活动时送生日蛋糕，并举行共切生日蛋糕仪式。（总监或是总经理与大家同乐。发给他们聘书请他们做酒店生日的见证人，也做酒店的名誉顾问。）

餐饮部做好活动方案，办公室联系广告报纸并设计好门前广告牌及时张贴。接待做好来客登记。总厨设计好菜单。采购部联系酒水供应商做酒水赞助。服务人员做好现场接待。前台做好来客记录。公关部当天做好影像记录，作为以后的宣传资料。

时间：

A. 拍照留念：所有同天生日的来宾与××大酒店管理层代表合影留念。（如该照片需在某范围内，如××大酒店使用，则应与其签订肖像权使用协议。）

B. 举行“××大酒店请您定菜价”活动，定价员抽取及聘书颁发仪式。

从当天参加的成年来宾中，通过抽签的方式（即抽即知），抽取30名定价员，发出聘书，邀请其于××月××日（应选择星期日）来××大酒店参加评菜价的活动。

C. 软性文章：为配合本次活动，尽量于《××日报》地区微信公众号、地区微博等美食版，发表软性文章，以别开生面的开业庆典为题，通过反映涿州餐饮业的精神文明新风貌，来达到宣传××大酒店的目的。

3. 系列公关活动（一）

主题：××大酒店请您定菜价！

（1）活动日期：开业后10天左右的某一个星期日

（2）活动时间：上午8:00～10:00

（3）活动地点：××大酒店

（4）活动概况：聘请30位定价员，对提出的若干类别的若干菜名，集体评定其菜价。

（5）活动公证：开业前10天，应与公证处取得联系，同意对此项活动进行公证，公证结果公布在大堂显眼位置。

（6）定价员选择。选择方式一：开业当天，以抽签的方式，抽出30个愿意参加活动的顾客；选择方式二：开业后每天随机抽取3个前来消费的来宾（在来宾愿意、有空的前提下），担任定价员。

（7）活动预告：开业后第三天，发出××大酒店请您定菜价活动广告。

（8）参加定菜价人员的报酬：每人××元，于活动结束时，用红包的方式支付，并请他们签名，以示收到××大酒店支付的酬劳。

（9）需要确定菜价的菜名：由××大酒店选择。

（10）确定方法及流程：除去最高分、最低分，取平均分；要准备相关的表格、文具，确定具体流程。

（11）事后宣传：活动的第二天或第三天，在网络媒体上刊登以公布菜价确定结果、鸣谢公证处及定价员，并请市民监督、检查为内容的广告；同时，刊出××大酒店请您评大厨的活动预告。

4. 系列公关活动（二）

主题：××大酒店请您评大厨！

（1）活动开始日期：评菜价活动后的第二天开始。

（2）评选方法：定菜价活动开始后第二天起，每天对每个厨师，随机抽取其烹饪的5道菜，请享用该菜的客户，对该菜的各项品质属性如味、色、香、形等进行打分（先做好打分登记表，以方便顾客操作，最好只要打钩就行了），并请客户签名；对于参加评分的客户，每人赠送一份精美的纪念品。收集每天的评分，进行累加，即可得出每个厨师的总分，从而能排出名次。

（3）活动宣传：大堂要打出相关的宣传口号横幅。

（4）评选结果及过程照片，可于评选结束后的第二天或第三天，在网络媒体上刊出；同时刊出××大酒店请您评服务活动预告，同时将××大酒店服务员工作标准列出来。

5. 系列公关活动（三）

主题：××大酒店请您评服务！

（1）活动开始日期：评大厨结束后的第二天或第三天，活动预告刊出后的第一天。

（2）评选方法：

① 每天请5位客户在买单时，填写《服务人员评分表》，对为其提供服务的服务员，按××大酒店服务员工作标准进行评分，将每天的评分表累加在一起，形成每个服务员的总分，从而排出名次。

② 注意要均衡每个服务员被评分次数，保持大体一致。

（3）赠给评分客户一件精美礼品。

（4）活动宣传：大堂要打出相关的宣传口号横幅。

（5）评选结果及过程照片，可于评选结束后的第二天或第三天，在网络媒体上刊出；同时刊出××大酒店请您评服务的活动软文。

（五）经费预算（单位：万元）

项目

指示牌宣传

公关

开业后公关

其他费用

合计

（六）效果预测

（1）通过前期指示牌宣传，使顾客对××大酒店有一个初步的了解。

（2）通过开业公关，给顾客一个耳目一新的感觉，留给顾客一个深刻的印象。

（3）通过“定菜价”活动，给顾客留下一个菜价合理的深刻印象。

（4）通过“评大厨”活动，使顾客了解到××大酒店有优秀的厨师。

（5）通过“评服务”活动，让顾客了解××大酒店的优质服务。

餐饮店开业，有的经过充足的筹备，有的为了赶时间，赶节假日或者别的特殊日子而仓促开业。但是开业期间无论是企业管理者还是顾客，都会产生一个明显的感觉：乱！坦白地说，乱是必然的，但也是可以避免的，只不过乱的形式和乱的程度各有千秋。

下面列举开业初期暴露的一些问题，然后进行分析预防。

二、开业磨合阶段有效避免混乱的关键点

（一）避免上错菜

（1）制定详细的前厅服务操作标准和工作流程，其中对点菜、开单、上菜等环节都必须有详尽而准确的说明，避免点错菜、写错单、上错台等情况发生。

（2）开业前对前厅服务操作技能和工作流程反复强化培训，直至员工已经熟练掌握。

（3）对值台服务人员加强菜品知识培训，使他们熟悉全部菜品。

（二）避免订错台、订重台

（1）制定详细而周全的预定、接待操作标准和工作流程。对执行情况严格督导检查。

（2）对经营区域和台位进行清晰的划分及编号。

（3）对预订和接待人员进行岗位技能强化培训，包括对经营环境和设施的全面掌握。

（三）避免出菜慢

（1）在规划厨房功能区域和设计厨房人员工作路线时，应尽量考虑到厨房操作流程的合理性和空间的合理性，传菜区域和路线的合理性，以及员工传送单据路线的合理性，避免高峰时堵塞。

（2）制定详细的厨房出品操作标准及工作流程和菜品制作标准，其中包括菜品的制作和出堂时间要求，对执行情况严格督导检查，督促厨房员工养成良好的工作习惯。

（3）反复进行厨房岗位间的磨合培训以及各岗位的操作技能培训，直至他们熟练掌握且通过考核之后才能开业。

（4）开业前对传菜员进行服务分区及编号的强化培训，直至他们已经熟练掌握。

（5）强化培训传菜部划单员的业务技能，提高他们的工作效率和准确性。

（6）开餐前督促厨房各岗位做好相关物料和器具的准备工作。

（四）避免配菜不合理

（1）在预定、接待操作标准和工作流程及前厅服务操作标准和工作流程中，明确说明配菜的责任人和工作要点，并严格遵照执行。

（2）对配菜工作的责任人进行菜品知识和配菜知识的强化培训，直至熟练掌握并通过考核方能上岗。

（3）所有配菜单应由厨师长或行政总厨签字确认后方能执行。

（4）配菜单下单前最好能先与顾客沟通，获得顾客的认可。

（五）避免上菜顺序混乱

（1）在前厅服务操作标准和工作流程中，对上菜的顺序进行详细而准确的说明，并对服务员强化培训，直至熟练掌握。

（2）在厨房出品操作标准和工作流程中，对打荷岗位和如何有序地组织备料和出菜进行详细说明，在工作中严格遵照执行。

（3）对传菜部划单员的业务技能进行强化培训，提高他们对上菜工作的合理调度能力。

（六）避免菜品估清信息不畅

（1）在厨房出品操作标准和工作流程中，明确要求厨房工作人员在开餐前开出菜品估清单，交与传菜部负责人，再由他转达给其他部门相关责任人。

（2）在上菜过程中临时估清的菜品，应及时通报传菜部负责人，再由他转达给其他部门相关人员。

（3）在上客过程中，厨房打荷岗位发现顾客点了估清菜品，在第一时间通知传菜部负责人，再由他迅速转达给其他部门相关人员。

（4）值台人员接到菜品临时估清通知后，应立即通报顾客，请顾客更换菜品或者其他安排。

（5）值台人员对顾客上座较晚（高峰过后情况），点菜时应及时与传菜部取得联系，确定估清的品种，以避免中途请顾客换菜或者退菜。

（七）避免菜品质量差或有异物

（1）厨房严格按菜品制作标准进行菜品的配置、烹饪及装盘。

（2）厨房管理人员将所有菜品的烹制制作分工到确定的人员，这样既有利于菜品质量的精确把控，也有利于追究菜品质量问题的责任人。

（3）从装盘完成到上桌还应经过三道把关：第一道关是厨师长或者行政总厨检查色、形、味、器是否合格；第二道关是传菜员检查有无异物；第三道关是值台服务员检查有无异物，尽量避免投诉情况的发生。

（4）发生质量问题后，在安抚好顾客的情况下将菜品收回厨房，由厨师长或者行政总厨判断和确定事故原因以及相关责任人。

（八）避免算错账

（1）制定详尽的收银操作标准和工作流程。对执行情况严格督导检查。

（2）在前厅服务操作标准和工作流程中要求执行买单程序的服务员必须复核顾客的消费明细以及账单。

（3）顾客提出异议时，首先是再次核对消费明细账单，之后再进行下一步善后处理。

（九）避免服务用品急需时找不到

（1）所有服务用品应按照规定位置摆放或者储存，用后及时回位。

（2）他人借用应开具物品借条，用后立即归还。

（3）如果有物品丢失，由保管人负责赔偿。

（4）在开业前各部门对领用的物品要登记造册，交由专人保管。

（十）避免促销活动解释不清晰

（1）酒店的每一个促销活动应提前将促销信息准确传达给每一个相关岗位员工，使他们都清楚活动的原因和执行方法。

（2）酒店的每一个促销活动都应该通过醒目的店内广告（比如，水牌、桌牌、POP、DM单等形式）将活动内容和执行办法准确传达给顾客，订餐接待人员和值台服务员也必须第一时间告知顾客相关内容，使顾客真实、全面地了解促销活动信息。

（3）若遇到顾客对促销信息有疑问或歧义，应礼貌、耐心地做好解释工作。

（4）确属酒店工作疏忽导致促销活动有不明确或误导的情况，应尊重顾客的意见，先解决好顾客投诉再立即整改。

（十一）避免员工陆续辞职

（1）开业前尽早出台完备的人力资源管理制度和员工手册，明确每个岗位员工的职责权利，制定合理的薪资福利待遇政策，做到管理和奖惩透明化、规范化。

（2）员工入职后须接受系统而严格的岗位技能培训，使每一位员工感觉到企业管理的规范和有序，对自己的工作和职业生涯充满期盼。

（3）管理人员应关心员工的身心健康，经常与员工谈心交流，在力所能及的范围内解决员工的实际困难。

（4）企业和管理人员对员工要讲诚信，不能朝令夕改，承诺的事情一定要办到，管理上不能有太多的随意性。

（5）要善于利用时机对员工进行集体主义教育，开展多种形式的企业文化活动，培养员工的集体荣誉感和对企业的忠诚感。

（6）给优秀员工提供顺畅的晋升空间和学习机会，树立良好的榜样。

（十二）避免电子点菜系统混乱

（1）选择技术成熟、信誉和售后服务良好的系统供应商。

（2）开业前需要点菜系统供应商对酒店相关岗位员工进行系统的强化培训，直至熟练掌握使用技巧。

（3）酒店应设置专职网管，承担电子点菜系统的日常维护和简单的数据修改工作。

（4）所有菜品、酒水等出品都应有明确的分类和编码，且确定固定的出品档口以及固定打印机出现故障时的代用打印档口。

（5）尽量避免推出系统中没有的新菜，若确有需要临时推出的新菜品，应动手设定出品档口，以确保出品的准确和及时。

（6）定期进行相关设备的维护和检修。

（十三）避免高峰时间菜品估清较多

（1）在规划厨房设备时，应考虑满负荷情况下的储藏能力，尽量满足储藏设备和储藏空间。

（2）厨房应根据对经营情况的判断，在储存条件允许的情况下，适当多备一些物料。

（3）若预订情况超出常规的话，应立即补货。

（4）若供应商不能满足酒店的供应需求，应尽快更换或增加供应商。

（十四）避免经营物资缺位严重

（1）在编制开业筹备计划时，应尽可能将必需的经营物资列入采购清单，制定详细的采购计划。

（2）对于未能按计划采购回来的物资，相关部门负责人应加紧催办或向上级领导请示汇报，不能放任不管。

（3）若某种经营物资暂时没有到位，应及时评估其对工作带来的不利影响，并采取有效的措施来降低这种不利影响。

（十五）避免经营物资或员工钱物丢失

（1）在酒店里安装监控系统，在重要岗位及区域安装监控摄像头。

（2）在开业前各部门对领用的经营物资登记造册，交由专人保管，保管人应加强责任心和警觉性。

（3）重要的或者单件价值较高的经营物资一定要妥善保管，加锁防窃。

（4）保管人应经常盘点重要的经营物资，发现遗失立即报告主管领导。

（5）教育员工要妥善保管自己的钱物，加强防盗意识，在更衣柜里不要放置贵重物品，夜间睡觉时锁好门窗，收拾好贵重物品。

（6）制定严厉的奖惩制度，对内部员工出现的偷窃行为严加惩处。

（7）在无法查出经营物资丢失线索的情况下，根据管理条例对保管责任人进行处罚。

（十六）避免工作繁忙时员工发生争吵

（1）制定员工手册以及岗位职责手册并在开业前组织员工认真学习，清楚自己的言行举止准则和工作职责，并督促其严格遵照执行。

（2）严令禁止员工在营业场所吵闹，违者严惩。

（3）应不断组织开展一些员工集体娱乐活动和集体主义教育活动，活跃团队气氛，提高团队凝聚力，增进互相的团结友爱。

（4）对于以前未能预料和规范到的情况，尽快弥补，完善管理规范。

（5）管理人员要善于劝导，缓解员工对工作的不适和紧张心理，对于有培养前途的员工多开导，并尽可能多地提供帮助。

（十七）避免暖气或者冷气不足

（1）在前厅服务操作标准和工作流程中对空调的开关以及温度设定都必须有明确说明，要求员工严格按照执行，提前做好服务区域的温度控制。

（2）若顾客对酒店统一设定的空调温度有意见，应在供电和设备条件允许下，满足顾客要求。

（3）若出现空调故障，应在顾客订餐时或到达餐厅时，告知真实状况，由顾客决定如何安排。

（十八）避免部门间协作混乱

（1）开业前应整理出酒店内各部门、各岗位的协作关系图标，每一个协作事项都有明确的责任人，组织员工学习领会，让每一位员工都清楚自己在各种协作关系中的位置，应如何处理协作关系。

（2）工作时，员工若不清楚协作关系的处理，应及时请示主管领导，不能擅作主张地传递信息，甚至发号施令。

（3）对于不符合协作关系和管理程序的行为，员工可以拒绝配合，并及时汇报自己的主管领导。

（4）不允许各部门各自为政，要求所有人都以酒店的整体利益为重，不得出现推诿、相互指责的情况，对于不合理和未规范到的协作关系，通过管理层会议协调解决，并尽快完善管理规范。

所有混乱现象中，凡涉及员工有违反管理制度规定的，应严格依照管理条例追究责任人的过失责任。

（十九）避免顾客物品频繁失窃

（1）在酒店里安装监控系统，在重要区域安装监控摄像头。

（2）酒店应该制定相应的事故预案，教会员工如何应对这些特殊情况。

（3）教育员工加强防范意识，发现可疑人员和可疑情况应立即报告主管领导。

（4）服务人员应在顾客入座时和离店时主动提醒顾客保管或携带好自己的

贵重物品。

（5）店内醒目位置应张贴相应的提示语，警示顾客保管或携带好自己的贵重物品。

（6）顾客丢失物品时，管理人员应积极配合顾客寻找线索或协助顾客报案，尽量安抚顾客，事后根据情况给顾客一个合理的善后解决意见，把酒店的责任降到最低。

（二十）避免物料浪费大，毛利率偏低

（1）在《厨房出品操作标准和工作流程》和《菜品制作标准》中，应明确阐述物料的验货、收货、使用、储藏标准以及菜品的配料标准。杜绝随机性的物料浪费情况发生。

（2）酒店管理人员要不定期抽查冰箱、储物架、下栏框内物料的储藏和使用状况，及时提出整改意见，完善管理制度。

（3）综合酒店主要对手的菜品价格以及原材料的成本情况，合理制定菜品价格及促销优惠措施，正确做出成本分析。

（4）经营一段时间后，应该根据前期的厨房出品成本分析，对厨房提出毛利率指标要求，并与厨房的绩效挂钩。

第三章

人力资源

第一节　合理的人员配置

一、建立合理有效的人员编制

（一）科学合理

这里强调的是制订人员编制时要采取科学的方法。酒店只有根据科学的方法，参照科学的理论，制订人员编制，才能保证每个员工得到合理的工作量。

（二）使用现代化设备

你的餐厅有多大呢？你的餐厅中现代化设施齐全吗？这是你不得不考虑的问题。餐厅的大小自然会对编制有影响。现代化的设施又是怎样影响人员编制的呢？

假如一个传统的吧台需要 3 个收银员，你购置一台收银机，可能一个人就能胜任。一个中等规模、经营良好的餐厅需要 5 个洗碗工，如果使用洗碗机，或许 3 个人足矣。所以，餐厅要尽可能地使用现代化设备。

人员编制的确定还受到其他一些因素的影响，如员工的调整、员工的流动性等。

（三）平衡比例

这里所说的比例包括前台服务人员与后台服务人员的比例，服务人员与行政人员的比例以及其他工作人员的比例。重视这些比例，尽量去平衡这些比例，将有利于餐厅工作的正常进行。餐厅应该尽量增加服务员的比例，缩减行政人员与其他工作人员的比例，使服务员的人数与服务需求的数量保持平衡。

（四）确定人员编制的方法

1. 按比例定员

按比例定员即按餐厅等级、规模定员；按餐厅实际情况核定工种、岗位的人员数量。如某餐厅经营面积 2000 平方米，就餐席位近 500 个。按每个席位配备 0. 3 个人计算，餐厅全员定额 140 人左右。根据全员定额 140 人确定服务人员与行政人员的比例为 10∶1，餐厅人员与厨房人员的比例是 2∶1，炉灶与切配人员的比例是 4∶1。以后，餐厅可根据具体营业情况再做相应调整。

（1）大厅散客。

5 张方桌 20 人就餐，配备 1 名服务员；2 张圆桌 20 人就餐，也配备 1 名服务员。

（2）宴会与包间。

高级宴会 1 张圆桌 10 位顾客，可配备 3 名服务员；一般的包间，1 张桌子 10 位顾客，配备 1 名服务员。

2. 按岗位定员

餐厅内部的非生产服务部门，如总经理办公室、营销部等，可以根据岗位需要定员。管理岗位定员时最好一岗一职，避免责任推诿。

3. 按设备定员

餐厅可根据设备的多少来确定人员。这种定员方法要参考员工的工作能力，如熟练的维修工一年可以负责餐厅中的几台设备。但是，这种方法不太适用于新晋员工。

表 3 – 1 中列出某酒楼人员等级和岗位情况，以供参考。

该酒楼总营业面积 2000 平方米，共有 18 个精品包间和 480 多个就餐席位。酒楼内设 6 个部门，全体员工按职位设为 8 个等级。

表 3－1　餐饮企业人员定岗、定编标准

部门	职位	预算人数	部门	职位	预算人数
总经理办公室 5 人	总经理	1	财务部 15 人	财务经理	1
	副总经理	1		会计	1
	总经理助理	1		出纳	1
	总经办主任	1		稽查会计	1
	总经办秘书	1		收银领班	1
行政部 12 人	行政经理	1		收银员	4
	采购员兼司机	3		库房组长	1
	维修员兼电工	2		保管员	2
	音控员兼美工	1		吧台领班	1
	清洁工	2		吧员	3
	保安员	3			
营销部 9 人	营销经理	1	厨房部 36 人	厨师长	1
	营销主管	1		白案组长	1
	宣传员	3		白案厨师	3
	迎宾领班	1		白案厨工	1
	迎宾员	3		红案炉子组长	1
前厅部 64 人	前厅经理	1		红案炉子厨师	10
	前厅主管	1		红案炉子厨工	2
	服务员领班	4		红案墩子组长	1
	服务员	40		红案墩子厨师	5
	传菜员领班	1		小工	3
	传菜员	14		凉菜厨师组长	1
	水案组长	1		凉菜厨师	3
	洗碗工	2		初加工人员	4

二、员工档案的建立

餐饮企业员工的流动性一般都很大，建立员工档案尤其必要，因为它是进行人力资源规划的基础。员工档案一般应该包括员工的基本资料，如姓名、性别、出生年月、民族、身份证号码、婚姻及家庭状况、血型、学历、工种或职务、个人经历、奖惩状况、兴趣爱好等，还应包括员工的联系方式，如家庭信址、手机号码、E－mail 地址等。对于离职员工还应该包括离职时间、离职原因、从事何种工作等。

记录员工的身份证号码，将有助于日后对某些事件的追查；清楚员工的血型，将有助于突发事件致伤时的紧急救治；掌握员工的专长、兴趣爱好、工作才能，是因材施教、重点培养的客观依据；根据员工的生日，餐厅可以组织一些活动，比如，赠送生日贺卡或举办生日聚会。这些看似很小的活动，却会让员工深深感受到组织的关爱，也必将鼓舞整个团队的士气。

需要强调的是，酒店应该建立健全在职员工和后备员工档案的建立和管理，因为离职员工和后备员工也是酒店的重要人力资源。员工离职的原因多种多样，很多情况下，员工并不是因为不喜欢这个餐厅而离开，而往往是出于自身的无奈，或者是想多挣一些钱，或者是想多学一点手艺，其实这些完全是人之常情，无可厚非。另外，由于曾经在餐厅工作过，离职人员熟悉餐厅的环境、规章和业务流程，这是难得的优势。

只要在员工档案中记录好他们的联系方式，餐厅经营管理人员定期和他们进行沟通，相信总有一天，他们会在新的层面上和餐厅进行合作。比如，原有的服务员可能会胜任领班的工作，原有的配菜员可能会变成厨师等，因为每个人都在进步，需要的只是沟通和关注以及餐厅领导者的开放心态。后备员工可以理解为餐厅的经营管理者在餐饮行业中的一些朋友，把他们的资料收录在数据库中，餐厅缺人的时候先看看他们中间有无合适人选，可以减少招聘成本，也为人力资源的储备做一些积累。

员工绩效考核的对象一般是专职的点菜服务员，软件可以记录并统计服务员在统计区间内的销售额，餐厅可以根据其销售额的大小进行不同的奖励。如果餐厅对某些菜品（常见的如高档酒水和高档海鲜）有销售提成，软件系统一般可以对它们进行统计，计算出某个点菜服务员开出了哪些提成菜和应该得到的提成金额等。

“人”也是财富，这个道理很多人都知道，但更应该知道的是财富是需要积累的。只有一点一滴地做好“人”的积累，“人”才会真正成为餐厅永不枯竭的财富。

第二节　员工薪酬管理

一、从南京某店的绩效考核看薪酬管理

此次绩效考核时间从 4 月 1 日开始试执行。

当月工资于下一个月 15 日发放，当日激励奖金于当日发放。

预先规定每天营业额基数为 16 万元，超过 16 万元全体员工奖励 50 元（不含 16 万元整）。

每天桌数基数为 60 桌，超过 60 桌全体员工奖励 50 元（不含 60 桌）。

（一）服务员工资

服务员工资格式如表 3 – 2 所示。

表 3 – 2　服务员工资构成

	内容	备注
1	基本工资 3000 元	新手 2500 元，经过培训和考评，1 个月后升至 3000 元
2	绩效：开瓶费、果汁、茶水、服务人数（每人 5 元），拿取个人绩效的 80%。翻台数量每桌 16 元，2 个人服务；超 3 人服务为每桌 20 元。翻台月排名奖：第一名 400 元，第二名 200 元，第三名 100 元	服务人数奖，当餐，如遇顾客投诉服务，此奖项为零。翻台排名只限包间

续表

	内容	备注
3	每月规定休息 4 天，但只能实休 2 天，其他 2 天按照 120 元/天算	240 元
4	当日超桌数量，超过制定桌数，每人 20 元或超营业额数量的全体奖励每人 20 元	整改后：桌数为 30 桌，营业额暂定 16 万元
5	其他考核排名奖励（如优秀员工，每月评为优秀员工每人奖励 400 元；说菜演讲第一名 1000 元，第二名 600 元，第三名 400 元；顾客提名表扬每次 10 元等）	顾客对其经理级提出口头表扬
6	全勤奖励，200 元，当月发一半，剩余累计到一年发放	100 元
7	全体员工拥有年积金，工作满一年，基本工资加 100 元	

拿取服务员 20% 绩效部分的部门人员均摊比例如下（注：不满一个月离开的不参加分摊和月奖金）。另外，每个部扣一个点作为员工公益基金，用于员工的生活奖励。

1. 营业部　　　　15%
2. 传菜部　　　　10%
3. 后勤部　　　　20%（前厅保洁、洗小家私、工程、布草）
4. 保安部　　　　10%
5. 部长、厅面经理　35%
6. 收银吧台　　　10%

（二）迎宾绩效

迎宾绩效构成如表 3－3 所示。

表 3－3　迎宾绩效构成

	内容	备注
1	基本工资 2500 元	2500 元
2	岗位工资 350 元	工作达不到岗位要求扣罚

续表

	内容	备注
3	上菜奖（上一道菜2元累计）	150元
4	拿取服务员绩效20%的摊绩效	100元
5	每月规定休息4天，但只能实休2天，其他2天按照110元/天算	220元
6	当日超桌数量或超营业额数量的全体奖励	
7	其他考核排名奖励（如优秀员工、说菜演讲、顾客提名表扬等）	顾客对其经理级提出口头表扬
8	全勤奖励，200元，当月发一半，剩余累计到年底发放	100元
9	全体员工拥有年积金，满一年，基本工资加100元	

（三）预订员绩效

预订员绩效构成如表3－4所示。

表3－4　预订员绩效构成

	内容	备注
1	基本工资2500元	2500元
2	岗位工资350元	350元
3	拿取服务员绩效20%的摊绩效	100元
4	每月规定休息4天，但只能实休2天，其他2天按照120元/天算	240元
5	当日超桌数量或超营业额数量的全体奖励	
6	其他考核排名奖励（如优秀员工、说菜演讲、顾客提名表扬等）	100元
7	全勤奖励，200元，当月发一半，剩余累计到年底发放	100元
8	全体员工拥有年积金，满一年，基本工资加50元	

（四）营业部经理助理绩效

营业部经理助理绩效构成如表 3 -5 所示。

表 3 -5　营业部经理助理绩效构成

	内容	备注
1	基本工资 2500 元	2500 元
2	岗位工资 400 元	400 元
3	拿取服务员绩效 20% 的摊绩效	100 元
4	每月规定休息 4 天，但只能实休 2 天，其他 2 天按照 120 元/天算	240 元
5	当日超桌数量或超营业额数量的全体奖励	
6	其他考核排名奖励（如优秀员工、说菜演讲、顾客提名表扬等）	50 元
7	全勤奖励，200 元，当月发一半，剩余累计到年底发放	100 元
8	全体员工拥有年积金，满一年，基本工资加 50 元	

（五）部长和领班绩效

部长和领班绩效构成如表 3 -6 所示。

表 3 -6　部长和领班绩效构成

	内容	备注
1	基本工资 3500 元，岗位工资 500 元	4000 元
2	拿取所负责 4 个包间人数奖，每人 1 元	2000 元
3	拿取服务员绩效 20% 的摊绩效	100 元
4	每月规定休息 4 天，但只能实休 2 天，其他 2 天按照 120 元/天算	240 元
5	当日超桌数量或超营业额数量的全体奖励	
6	其他考核排名奖励（如优秀员工、说菜演讲、顾客提名表扬等）	
7	全勤奖励，200 元，当月发一半，剩余累计到年底发放	100 元
8	全体员工拥有年积金，满一年，基本工资加 50 元	

（六）楼层经理绩效

楼层经理绩效构成如表3－7所示。

表3－7　楼层经理绩效构成

	内容	备注
1	基本工资2000元，岗位工资500元	2500元
2	绩效楼层预定营业额，超出部分拿取比例2%	2、3楼各为95万元/月，环境、菜品整改后再调整额度
3	拿取服务员绩效20%的摊绩效	50元
4	每月规定休息4天，但只能实休2天，其他2天按照60元/天算	120元
5	当日超桌数量或超营业额数量的全体奖励	
6	其他考核排名奖励（如优秀员工、说菜演讲、顾客提名表扬等）	
7	全勤奖励，100元，当月发一半，剩余累计到年底发放	50元
8	全体员工拥有年积金，满一年，基本工资加50元	

（七）收银、吧台绩效

收银、吧台绩效构成如表3－8所示。

表3－8　收银、吧台绩效构成

	内容	备注
1	基本工资3000元	3000元
2	拿取服务员绩效20%的摊绩效	200元
3	每月规定休息4天，但只能实休2天，其他2天按照120元/天算	240元
4	当日超桌数量或超营业额数量的全体奖励	
5	其他考核排名奖励（如优秀员工、顾客提名表扬等）	
6	全勤奖励，200元，当月发一半，剩余累计到年底发放	100元
7	全体员工拥有年积金，满一年，基本工资加50元	

（八）传菜部绩效

传菜部绩效构成如表 3－9 所示。

表 3－9　传菜部绩效构成

	内容	备注
1	基本工资 2000 元	2000 元
2	桌数奖（5 元/桌，所有跑菜员平均分），如果没超过月规定桌数的，就按照以前的每月平均数发放	350 元
3	拿取服务员绩效 20% 的摊绩效	100 元
4	当日超桌数量或超营业额数量的全体奖励	
5	其他考核排名奖励（如优秀员工等）	
6	全勤奖励，200 元，当月发一半，剩余累计到年底发放	100 元
7	每月规定休息 4 天，但只能实休 2 天，其他 2 天按照 120 元/天算	240 元
8	全体员工拥有年积金，满一年，基本工资加 50 元	

（九）传菜部部长绩效

传菜部部长绩效构成如表 3－10 所示。

表 3－10　传菜部部长绩效构成

	内容	备注
1	基本工资 2500 元	2500 元
2	部长岗位工资 500 元，领班 200 元，划单员 100 元	
3	桌数奖（5 元/桌，所有跑菜员平均分）	350 元
4	拿取服务员绩效 20% 的摊绩效	100 元
5	当日超桌数量或超营业额数量的全体奖励	
6	其他考核排名奖励（如优秀员工等）	
7	全勤奖励，200 元，当月发一半，剩余累计到年底发放	100 元
8	每月规定休息 4 天，但只能实休 2 天，其他 2 天按照 120 元/天算	240 元
9	全体员工拥有年积金，满一年，基本工资加 50 元	

（十）保安部和队长绩效

保安部和队长绩效构成如表 3－11 所示。

表 3－11　保安部和队长绩效构成

	内容	备注
1	基本工资 2000 元	2000 元
2	队长岗位工资 500 元	
3	按照季节加消暑或抗寒费用 200 元一个月	200 元
4	拿取服务员绩效 20% 的摊绩效	100 元
5	当日超桌数量或超营业额数量的全体奖励	
6	其他考核排名奖励（如优秀员工等）	
7	全勤奖励，200 元，当月发一半，剩余累计到年底发放	100 元
8	每月规定休息 4 天，但只能实休 2 天，其他 2 天按照 120 元/天算	240 元
9	全体员工拥有年积金，满一年，基本工资加 50 元	

（十一）后勤绩效（保洁、洗小家私、布草）

后勤绩效（保洁、洗小家私、布草）构成如表 3－12 所示。

表 3－12　后勤绩效（保洁、洗小家私、布草）构成

	内容	备注
1	基本工资 2000 元	2000 元，变化部门
2	拿取服务员绩效 20% 的摊绩效	100 元
3	当日超桌数量或超营业额数量的全体奖励	
4	其他考核排名奖励（如优秀员工等）	
5	全勤奖励，200 元，当月发一半，剩余累计到年底发放	100 元
6	每月规定休息 4 天，但只能实休 2 天，其他 2 天按照 120 元/天算	240 元
7	全体员工拥有年积金，满一年，基本工资加 50 元	

（十二）工程绩效

工程绩效构成如表 3－13 所示。

表 3－13　工程绩效构成

	内容	备注
1	基本工资 2000 元，加绩效岗位 300 元	2300 元
2	拿取服务员绩效 20% 的摊绩效	50 元
3	当日超桌数量或超营业额数量的全体奖励	
4	其他考核排名奖励（如优秀员工等）	
5	全勤奖励，200 元，当月发一半，剩余累计到年底发放	100 元
6	每月规定休息 4 天，但只能实休 2 天，其他 2 天按照 120 元/天算	240 元
7	全体员工拥有年积金，满一年，基本工资加 50 元	

店总经理和经理，3 个月后开始，根据整改后的营业状况进行预定基础额度及拿取绩效比例，目前拿取指定薪水和基本绩效如下。

（十三）店总经理绩效

（1）基本工资 4000 元。

（2）岗位工资 3500 元。

（3）月绩效工资：

未完成指标：
- 与去年同期相比下降范围在 1%～5% 之间，发绩效工资 2500 元
- 与去年同期相比下降范围在 6%～10% 之间，发绩效工资 1500 元
- 与去年同期相比下降范围大于 10%，绩效工资为零

完成指标＝3500＋
- 超出部分营业额 × 2%
  - 如：超出 10 万元即，10 万 × 2% ＝2000（元）
  - 超出 20 万元即，20 万 × 2% ＝4000（元）
- 此部分当月发 1/2，年底发剩余 1/2 部分

（4）当日超桌数量或超营业额数量的全体奖励。

（5）全勤奖励，200 元，当月发一半，剩余累计到年底发放。

（6）每月规定休息 4 天，但只能实休 2 天，其他 2 天按照 120 元/天算。

（7）话费补贴每个月 200 元。

（8）全体员工拥有年积金，满一年，基本工资加 100 元。

（9）其他考核排名奖。

（10）年底分红奖励：

基定一个年利润的数额，如张公馆年利润为 550 万元。分红奖金为：

550 万 ×0.5% = 27500（元）

600 万元　50 万 ×5% = 25000（元）

650 万元　50 万 ×8% = 40000（元）

700 万元　50 万 ×10% = 50000（元）

当年年底发放 1/2，18 个月后发剩余 1/2 部分。

（十四）店经理绩效

（1）基本工资 3500 元。

（2）岗位工资 2200 元。

（3）月绩效工资：

未完成指标
- 与去年同期相比下降范围在 1% ~5% 之间，发绩效工资 2500 元
- 与去年同期相比下降范围在 6% ~10% 之间，发绩效工资 1500 元
- 与去年同期相比下降范围大于 10%，绩效工资为零

完成指标 = 3500 +
- 超出部分营业额 × 1%
  - 如：超出 10 万元即，10 万 × 1% =1000（元）
  - 超出 20 万元即，20 万 × 1% =2000（元）
- 此部分当月发 1/2，年底发剩余 1/2 部分

（4）当日超桌数量或超营业额数量的全体奖励。

（5）全勤奖励，200 元，当月发一半，剩余累计到年底发放。

（6）每月规定休息 4 天，但只能实休 2 天，其他 2 天按照 120 元/天算。

（7）话费补贴每个月 50 元。

（8）全体员工拥有年积金，满一年，基本工资加 100 元。

（9）其他考核排名奖。

（10）年底分红奖励：

基定一个年利润的数额，如张公馆年利润为550万元。分红奖金为：

550万×0.01% = 5500（元）

600万元　50万×2% = 10000（元）

650万元　50万×3% = 15000（元）

700万元　50万×4% = 20000（元）

当年年底发放1/2，18个月后发剩余1/2部分。

二、从员工工资以外的收入看薪酬管理

（1）产品行销的提成。

（2）客户行销的提成。

（3）即时目标达成奖励。

（4）企业快乐箴言奖励。

（5）员工授课奖励。

（6）企业报纸稿酬奖励。

（7）菜品创新的奖励提成。

（8）技能比赛奖励。

（9）主动承担责任奖。

（10）真诚待人奖。

（11）互帮互助奖。

（12）学习进步奖。

（13）任劳任怨奖。

（14）合理化建议奖励。

（15）信息反馈奖励。

（16）用心做事奖励。

（17）持之以恒奖。

（18）委屈奖励。

（19）任务达成奖励。

（20）优秀员工奖励。

第三节　有效的员工激励

一、无须金钱的激励

你可以买到一个人的时间，你可以雇一个人到固定的工作岗位，你可以买到按时或按日计算的技术操作，但你买不到热情，买不到创造性，买不到全身心的投入，所以不得不设法争取这些。

员工激励归纳起来不外乎两种方法：合理的薪酬制度和科学、系统的管理体系。但人的需求是多层次的，物质需求只是最低层次的需求，因而薪酬的激励作用有限。

我们必须从人性出发，去探索人们行动背后真正的动力源泉。我们发现，危机、荣誉、使命、竞争、沟通、生存、兴趣和空间能带给人们最强大的行动力。基于这八种动力源泉，我们开发出 20 种激发员工工作热情的非经济手段和保证激励效果必须坚持的两个基本原则。

（一）激励基本原则之一：公平性

公平性是员工管理中一个很重要的原则，任何不公的待遇都会影响员工的工作效率和工作情绪，影响激励效果。管理者在处理员工问题时，一定要有一种公平的心态，不应有任何的偏见和喜好，不能有任何不公的言语和行为。取得同等成绩的员工，一定要获得同等层次的奖励；同理，犯同等错误的员工，也应受到同等层次的处罚。如果做不到这一点，管理者不如不奖励或者不处罚。员工只要存有不平的心态，许多以前能激励员工的方法，都会变得不管用。

（二）激励基本原则之二：因人而异

按能力和心态划分，所有类型酒店的员工都可以分为四个级别，在采取激励措施时应因级别而异。

1. 使命

（1）自我激励。

①方法：激励斗志的方法多种多样。如：由公司老总或其他事业有成的人士为员工讲解创业经历，让员工认识到事业成功的可能性和艰难性；邀请成功学方面的专家到公司讲课；订购成功学方面的书刊给员工阅读；让员工讲出自己心中的理想以及实现理想的打算等。

②原理：每个人都有自己的梦想，都渴望成功，都希望过上美好的生活。当员工心中尘封已久的理想再次被点燃时，他们会表现出很大的爆发力。而他们心里明白，要成功就必须从做好手头上的工作开始。

（2）个人业务承诺计划。

①方法：让每名员工年初制定本人全年业务计划，向公司立下“军令状”。由其直接主管负责考察业绩完成情况、执行力度及团队精神，并予以必要的指导、协助和鼓励。但不要给员工制定太多的目标，而要鼓励他们充分发挥潜能和创造性。

②原理：根据期望概率理论，一个人从事某项活动的动力或激励的大小，取决于该项活动所产生的成果的吸引力和该项成果实现的概率的大小。完全的目标导向激发了员工奋斗和创新的动力，计划的一步步完成使他们充满成就感，团队的支持让他们感受到动力和宽慰。

（3）组建临时团队。

①方法：将某个重要的业务计划或项目交由一个临时组建的团队去做。

②原理：临时团队之所以可以产生较高的工作效率，其组织形式对成员的激励功不可没。临时小组有以下的特点，人少（最佳规模为 3 ~ 7 人），志愿组成，目标导向，通常完成任务之后自行解散。适当的、具有一定挑战性又有可能达成的目标能很好地激发临时团队成员的创新激情，同时临时团队实行自我管理，即团队成员从本来的被控制变成具有一定的决策权。当一个人充满责任感的时候，

他将会全身心地投入进去。

2. 生存竞争

①方法：对员工进行动态评估，让每个人都知道自己所处的位置。

②原理：让员工明白，如果他们不努力工作或者工作没有业绩的话，就有可能被公司淘汰出局。在生存竞争异常激烈的现代社会，可能失去饭碗的压力将会极大地激发员工的工作热情。

③范例：美国通用电气将其所有的员工分为五类。第一类是顶尖人才，占10%；次一些的是第二类，占15%；第三类是中等水平的员工，占50%，他们的变动弹性最大，他们有机会选择何去何从；接下来是占15%的第四类，需要对他们敲响警钟，督促他们上进；第五类是最差的，占10%，只能毫不留情地辞退他们。这种淘汰机制给了全体员工充分的紧迫感，也给了他们充足的动力。

3. 竞争

（1）新陈代谢机制。

①方法：制定公司、部门及个人工作目标，建立相应的考核机制，达不到目标的责任人员不论级别、资历、贡献都要降职。

②原理：许多公司的业务计划在制定时意气风发，可是在执行过程中却因种种原因不断打折扣，最后即使完不成也不了了之，使得制定业务计划本身已经失去意义，领导丧失权威，员工丧失紧迫感和责任感。

（2）分组竞争机制。

①方法：将公司业务部门划分为若干小组，每天（周）公布业绩排行榜，月终总结，奖励先进，激励后进。

②原理：最好的机制不是试图去"让懒人变得有生产力"，而是在酒店中形成高绩效的环境，使员工的敬业精神得以发扬光大，让懒惰者无处藏身。基于真诚合作和责任承诺之上的内部竞争，来自同级的压力比来自上级的命令更能促进员工的积极性和工作热情。

（3）在内部引入外来竞争。

①方法：允许内部机构向外界采购产品或服务，使内部相关的供应部门不能

再依靠独家生意舒舒服服过日子而不思进取。

②原理："铁饭碗"变成"泥饭碗"。内部机构不努力就会没饭吃，当然会加倍努力改善产品或服务质量，并努力降低成本以增强竞争力。

4. 兴趣法

（1）鼓励"非法行动"。

①方法：允许和鼓励员工做一些正常工作、常规程序以外的尝试。

②原理：很多时候，员工在工作中的新想法、新创意是突如其来的，但是这一部分计划外的想法却同很多计划内的想法同样具有价值，需要被酒店重视并予以支持。有些耗资不多的新构思，技术人员可以通过自己的简单试验进行测试。类似情况经常发生在酒店的基层，基层员工常常是最了解产品、客户和市场的，他们由于成年累月地实际操作，对这些方面有独到的了解，知道怎样提高生产和市场拓展效率。

③范例：IBM（国际商业机器公司）在管理制度上故意设计一点"漏洞"，以便让一些人在预算之外做点事，执行计划以外的计划。在长达25年中，IBM重要产品的生产没有任何一项是该公司的正式系统搞出来的。

（2）给员工完全自由发挥的空间。

①方法：如对公司科研人员而言，可以允许其花费工作时间的15%，在自己选定的领域内从事研究和发明创造的活动。

②原理：兴趣是最好的老师，也是最好的工作推进剂。员工只有对自己所从事的工作真正感兴趣，能从中获得快乐，才会竭尽全力把工作做好。

5. 空间

（1）培训机会。

①方法：为员工提供全方位、多层次的培训机会，增加酒店人力资源的价值和员工自身的价值。

②原理：在知识更新越来越快的信息时代，"终身学习"和建立"学习型组织"已成为个人与酒店在激烈竞争中立于不败之地的基本要求。酒店应该通过培训开发员工的潜能，这既是调动员工积极性的需要，也是维护和提高酒店市场竞争力极为重要的一环。

（2）岗位轮换。

①方法：员工定期（如一年）轮岗，尝试不同的工作岗位。

②原理：在传统管理时代，强调组织分工明确，结果员工每天重复单调的工作，虽然在一定程度上提高了生产率，但员工的满意度下降。人本思想问世后，对人的激励有了新的认识，开始注意完善人的能力，开发人的潜力，并在此基础上健全岗位轮换制度，使员工能更加充分、更加主动地选择具有挑战性的工作，从而使工作内容横向丰富化和纵向扩大化。这样，工作产生的乐趣和挑战性就成了工作本身对员工的回报。

（3）给予员工畅顺的事业发展渠道。

①方法：在干部选拔上，酒店要给员工更多的机会，从以前以对外聘用为主，转变为对外聘用与内部选拔并重，最后过渡到内部培养选拔为主，变“伯乐相马”为“在赛马中选马”。

②原理：事业发展是员工内在薪酬体系的重要组成部分。依据马斯洛的需要层次理论，自我实现是人最高层次的需要。职业发展属于满足人的自我实现需要的范畴，因而会产生更大的激励作用。

（4）减少审批程序。

①方法：减少一个产品研发或市场拓展计划的审批程序和时间，不要设置过高的审查标准，留给相关人员更多的空间。

②原理：复杂性引发冷漠及惰性。如果业务人员的一项雄心勃勃的拓展计划面临公司的层层把关，他自然会降低工作的热情。而事实上很多划时代的产品或营销方案只是出于一个看似荒谬的点子。

（5）员工参与决策。

①方法：建立员工参与管理、提出合理化建议的机制，提高员工主人翁参与意识。如让员工参与公司发展目标、方向的分析研讨，让员工参与项目确定，参与保证公司正常运转的各项规章制度的制定。

②原理：没有人喜欢别人强加于自己身上的东西。但如果让员工参与公司经营目标、管理制度等制度的制定，他们就会觉得那就是自己的目标和行为规则，就会充满期待地投入工作。

6. 荣誉激励

①方法：对有突出表现或贡献的员工，对长期以来一直在为公司奉献的员工，毫不吝啬地授予一些头衔、荣誉，换来员工的认同感，从而激励员工的干劲。

②原理：每个人都对归属感及成就感充满渴望，都希望自己的工作富有意义。荣誉从来都是人们激情的催化剂。

③范例：IBM 公司有一个“100% 俱乐部”，当公司员工完成他的年度任务，他就被批准为俱乐部会员，他和他的家人将被邀请参加隆重的聚会。结果，公司的雇员都将获得“100% 俱乐部”会员资格作为第一目标，以获取那份光荣。

7. 危机教育

①方法：不断地向员工灌输危机观念，让他们明白酒店生存环境的艰难，以及由此可能对他们的工作、生活带来的不利影响。

②原理：酒店发展的道路充满危机。正是因为如此，盖茨才会不断地告诫他的员工：微软永远离破产只有 18 个月！任正非才会警告：华为的冬天很快就要来临！然而这种危机往往并不是所有员工都能感受到的，特别是非市场一线的员工。因此有必要不断向所有员工灌输危机观念，树立危机意识，重燃员工的创业激情。

8. 沟通

（1）双向沟通。

①方法：高层管理人员与基层员工设立恳谈会、经理接待日、员工意见调查日、总裁信箱、申诉制度，让任何的意见和不满得到及时、有效的表达；建立信息发布会、发布栏、酒店内部刊物等，让员工及时了解酒店发展动向、动态，增强他们参与的积极性。

②原理：使员工感受到自己受重视、有存在价值，自然会有热情去为公司做事。

（2）变惩罚为激励。

①方法：员工犯错误，通过管理者与其进行朋友式的沟通和交流，让员工感受到被尊重和爱护，从而主动承认错误，主动接受惩罚，主动改善工作质量。

②原理：对员工犯的错误，酒店普遍的做法就是严厉批评和惩罚！然而处罚并不能真正解决问题，反而会造成员工积怨甚至流失。只有沟通才能取得事半功倍的效果。

（3）亲情关怀。

①方法：酒店的经理和主管应该是一个细心的人。对员工的工作成绩，哪怕是很小的贡献也及时给予回馈。一张小纸条，一个电话留言，一封 e－mail，一个两张电影票的红包，都能让员工感到自己受领导关注、工作被认可，并为此而兴奋不已。

此外，还要建立员工生日情况表，总经理签发员工生日贺卡、关心和慰问有困难员工等。这些都可以很好地增强员工的归属感。

②原理：任何人都希望自己努力的成果能被认可、赞同和感激，这是人们前进的动力。

（4）变消极管理为积极管理。

①方法：管理者对员工给予积极意见而不是责备。

②原理：员工往往只体验到“因犯错而做出的管理（消极管理）”，亦即上司大多是在认为他们犯错误而须加以纠正时才给予意见。如果员工觉得他们的决定普遍获得支持，并在真正犯错时会获得适当指导，他们便会更为积极进取而且充满自信，并愿意承担职责和做出决定。如果员工清楚知道上司对他们的期望，知道自己受到重视和信任，并会获得鼓励和激励，他们便会全力以赴，尽心工作。

二、激励员工的技巧

激励，就是激发人的内在潜力，使人感到力有所用，才有所展，劳有所得，功有所奖，从而增强自觉努力工作的责任感。因此，能否建立健全激励机制，能否有效地激励每一个员工，将直接关系到一个单位和一个部门的发展。

目标激励——一个振奋人心、切实可行的奋斗目标，可以起到鼓舞和激励的作用。所谓目标激励，就是把大、中、小，不论远、中、近的目标结合起来，使人们在工作中每时每刻都把自己的行动与这些目标紧密联系。目标激励包括设置目标、实施目标、检查目标。

奖励激励——奖励就是对人们的某种行为给予肯定和奖赏，使这种行为得以巩固和发展。奖励要物质与精神相结合，方式要不断创新，新颖刺激和变化刺激的作用是比较大的，重复多次的刺激，作用就会衰减，奖励过于频繁，刺激作用就会减少。

支持激励——支持激励就是作为一个领导者，要善于支持员工的创造性建议，把员工蕴藏的聪明才智挖掘出来，使得人人开动脑筋，勇于创造。支持激励包括：尊重下级的人格、尊严、首创精神，爱护下级的积极性和创造性；信任下级，放手让下级大胆工作，当工作遇到困难时，主动为下级排忧解难，增强下级的安全感和信任感；当工作遇到差错时，承担自己应该承担的责任，创造一定的条件，使下级能胜任工作。

关怀激励——了解是关怀的前提，作为一名领导者，对下属员工要做到“八个了解”，即了解员工的姓名、籍贯、出身、家庭、经历、特长、个性、表现；“八个有数”，即对员工的工作情况有数、身体情况有数、学习情况有数、经济状况有数、住房条件有数、家庭成员有数、兴趣爱好有数、社会交往有数。

榜样激励——通过具有典型性的人物和事例，营造典型示范效应，让员工明白提倡或反对某种思想、作风和行为，鼓舞员工学先进、帮后进。要善于及时发现典型、总结典型、运用典型。

集体荣誉激励——通过给予集体荣誉，培养集体意识，从而产生自豪感和光荣感，形成一种自觉维护集体荣誉的力量。各种管理和奖励制度，要有利于集体意识的形成，形成竞争合力。

数据激励——用数据显示成绩和贡献，能更有可比性和说服力地激励员工的进取心。对能够定量显示的各种指标，都要尽可能地进行定量考核，并定期公布考核结果，这样可使员工明确差距，迎头赶上。

领导行为激励——一个好的领导行为能给员工带来信心和力量，激励员工朝着既定的目标前进。这种好的领导行为所带来的影响力，有权力性和非权力性的，而激励效应和作用，更多的来自非权力性因素。包括领导者的品德、学识、经历、技能等方面，而严于律己、以身作则等则是产生影响力和激励效应的主要方式。

三、留人有道，招招见效

随着酒店吸引力的日趋下降和酒店人才竞争的日益激烈，如何吸引和留住优秀人才越来越成为每个酒店管理人员最为关心的问题。随着人才交流的市场化，传统的限制人才流动的做法已经不能达到预期的目的。因为你无法阻止各种更加有吸引力的机会在向自己的员工招手。所以酒店人力资源管理的目标是应该想办法预先控制谁要走和何时走，以便有针对性地留住酒店所需的人才，特别是当本地区有新的酒店要开业时更要提前作好应对的准备，这就像洪水来了我们不能光靠筑坝而要及时疏导一样。酒店留人不能只强调工资、奖金、福利等硬性因素，其他很多软性因素也往往能起到意想不到的效果。

（一）适应人才流动

在市场经济条件下，人才流动是绝对的。据了解，近年来酒店员工流动比较频繁，有的酒店员工流动率甚至超过40%，这无疑对酒店的正常经营运转有不小的影响。面对这样的现实状况，怨天尤人不如积极应对。所以当我们发觉找不到任何可以留住某些特定员工的办法时，我们就要学会去适应它。通常寻找合适的外部资源无疑是第一选择了。当市场上有现成的人力资源供给时，我们有时会发现人才流动并不是一件很可怕的事情。

所以，管理人员除要花精力尽力留住老员工外，也应该花相当一部分精力来招聘新员工。要真是所有的员工都不愿意动，酒店恐怕遇到的挑战就会更大。当然，在看待人才流动时，我们也不能单纯地看酒店走了多少人，而更要看走的人是不是酒店想要留住的人，是不是在内部或外部人才市场上能够找到替代者的人。

（二）不招绝顶聪明的人

日本西武集团总裁堤义明是日本企业界、财经界和公众中极具魅力和影响力的人物，他有一套行之有效的较为独特的用人哲学和方法，即不轻易用一般认为是聪明绝顶的人。他不用聪明人主要是基于两点考虑：

一是聪明人易犯的毛病是看不起身边的人，由此会造成员工心里不安，破坏员工信心，降低整体效率，最后形成一股影响公司发展的阻力。

二是聪明人的欲望比常人强烈。聪明人欲望重，一旦掌权，很可能私心超过良心，开始为自己的欲望找出路，而荣誉、地位、利益时常会腐蚀一个人的内心，这就常常会在群体中造成矛盾，破坏团结。

因此，作为服务性企业，酒店留人也应从招人开始。在工作实践中，没有哪家酒店不希望招到最优秀的员工，但实际上有些形象很好、能力很强、技能很高的员工往往服务态度一般，在酒店也干不长久，对酒店来说留住他们是非常困难的。

所以，管理人员对招人目标应做出一些调整，多招那些比较外向、态度很好，而形象和能力中上的员工，因为他们相对更容易得到满足，工作更踏实，也更重视酒店给予他们的工作和职位。当然，对酒店来说，留住他们也更容易一些。

（三）平时多做工作

任何员工的流动都是有原因的，而有些就是因为管理人员平时给予的关注太少。为防止员工突然辞职给酒店带来意想不到的损失，管理人员平时就要多做一些准备性的工作。

一是要进行一些战略性的人才储备。即在每位骨干员工包括管理者的背后配备一位替代性的人才，这些人才可以由骨干员工推荐，并由骨干员工负责培养。对后备人才的培养成效可以作为对骨干员工特别是管理人员的考核内容之一。

二是加强员工之间的沟通。沟通是生活的重要组成部分，据分析，人类除了睡觉，70% 的时间都是用在人际沟通上的。而据调查，“沟通不好”也是现在员工跳槽的主要原因之一。所以，管理人员平时要注意建立畅通的沟通渠道，创造足够的沟通机会，以加强沟通，在酒店内建立一种良好的人际关系。事实证明，和谐的人际环境、向上的团队精神对酒店留住员工大有帮助。

三是通过培训增强酒店对员工的吸引力。培训是现代社会促进个人成长和企业发展的重要手段，因此，制定完善的培训体系，经常开展多样化的培训项目对酒店留人也是必不可少的。试想，如果一个渴望发展的员工在酒店几年都得不到培训的机会，酒店能留得住他吗？美国国际数据公司有一项最新调查显示：如果企业缺少培训机会，44%的员工会选择在一年之内更换工作。

（四）让B级人做A级事

在人才市场上，成功的人士都是那些水平中上但非常勤奋的人。尽管酒店在市场上招来的不是顶级人才，但是我们要为招来的人才提供发展的机会，让他们在工作中不断造就自己，成为顶级人才。这样他们就会更加忠诚于酒店，为酒店留人打下较好的基础。

如何促使酒店员工成为顶级人才？制定适度偏高的工作目标，“让B级人做A级事”，“逼”出员工潜力，无疑是非常有效的一招。试想，如果员工在工作位置上，工作要求和工作能力恰好吻合，有时还绰绰有余，员工工作起来游刃有余，自然就会产生非常满足或沾沾自喜的心理，这在无形中会无情地扼杀员工追求更高目标的意志，使员工变得平庸、安分守己。而“让B级人做A级事”，则会使员工始终处于一种不断进取、努力达到工作要求的状态中，在工作的同时也不断地提升着自己。“适度偏高”形成的工作挑战性会使员工觉得受到器重，从而更投入也更忠诚于酒店。当然，“适度偏高”要掌握好一个“度”的问题。“度”过低，达不到预期的效果，还容易使员工对酒店产生不信赖感和抵制情绪，善后工作很难做；而“度”过高，则容易使员工产生巨大的工作压力，不仅工作要求完不成，还会使员工有很强的挫败感，从而极大地打击他们的工作热情，影响酒店的服务质量和整体效益。

（五）鼓励内部“跳槽”

日本著名的索尼公司每周出版一次的内部小报，经常刊登各部门的“求才广告”，职员们可以自由、秘密地前去应聘，他们的上司无权阻止。这就是所谓的内部“跳槽”。

我们都知道，当一个人做某项工作做了一段时间以后，就容易麻木僵化，看什么都习以为常，反应也会越来越迟钝，到最后甚至会产生厌烦情绪，当然也就谈不上什么压力和动力了。作为劳动密集型企业，酒店的岗位是比较多的，因此，作为酒店的人力资源管理人员，要改变那种让员工长期在一个岗位工作的旧观念，不妨学学索尼公司的做法，创造条件让员工有机会跨岗位、跨部门工作和发展。

要知道，经历是一种财富，内部“跳槽”对提高员工综合素质、留住员工大有好处，同时对酒店改善各部门之间的沟通与协调，提高酒店整体效益也是一剂不错的良方。现在不少酒店都有轮岗培训的项目，但还要加大力度，增强计划性和针对性，以使其在留人方面发挥更大的作用。

四、减少员工流失的计策

酒店经营的特点决定了员工稳定率是酒店人力资源管理的基础。酒店从业人员有两个最为突出的特征，一是年龄普遍偏小；二是文化素质普遍偏低。这就决定了他们在性格上还没有完全成熟，具有较强的随意性和可塑性；在事业上刚刚起步，职业发展方向迫切需要规划与引导；在生活上自理能力和认知能力有限。这些特点使得酒店员工队伍呈现出较高的流动性。酒店人力资源管理必须以稳定员工为基础。

酒店内部管理特征决定了员工执着从业是酒店内部管理的重点。酒店组织结构一般具有三个显著的特征：一是部门专业化。酒店服务与生产是典型的专业化程度较高的行业，一般采取部门专业化设置和管理。二是控制层级化。酒店员工之间有典型的命令与服从关系，管理和服务的指令一般是通过决策层、管理层、督导层、执行层四个层级关系进行传达和执行。三是运作规范化。酒店的经营管理工作和服务工作是劳动密集型和感情密集型工作，顾客对服务的感受直接影响酒店的经营管理目标的实现，这就决定了酒店的管理工作必须规范化，这样能最大限度减少员工行为的随意性。但同时带来的负面效应是：专业化使服务工作变得单调乏味，容易产生厌烦情绪、疲劳和紧张感，致使生产率降低；控制层级化不利于组织成员的劳动协作和应变配合，使个人、群体和组织容易丧失应有的灵活性；运作规范化容易使酒店发生部门之间的管理冲突，使得劳资矛盾容易激化，团队精神和组织凝聚力容易受到威胁。负效应的结果使得员工厌恶所从事的职业。因此，员工能否专心工作直接影响酒店部门专业化、层级控制化和运作规范化管理效果。

酒店产品与服务的特征决定了员工态度是酒店人力资源管理的重心。酒店产品有两大特征，一是由满足顾客物质享受的各类设施、物品等有形产品所组成；二是由满足顾客精神享受的服务所组成。由于酒店产品与服务产生过程的这种特殊性，员工对酒店服务程序的理解与执行就存在较大的灵活性，这也是影响顾客感受酒店产品与服务质量的关键因素。要确保员工接受服务操作程序的准确性，除了显性的严格培训外，更重要的是隐性的员工工作态度，而工作态度的直接来源是员工对待工作的认真程度。

因而，酒店员工和内部管理及其酒店产品与服务的特殊性给酒店的人力资源管理带来了较大的难度。那么如何稳定员工，打造一支爱岗敬业的队伍呢？从总体上说要牢固树立“以人为本”的管理理念，实施以下主要策略。

策略之一：改善员工薪酬福利制度，保持物质刺激动力

酒店薪酬福利是酒店对员工工作的回报和补偿，是影响员工稳定率的重要因素。一般来讲，影响员工对酒店薪酬福利的评价的因素有三：一是员工对薪酬福利的理解程度；二是员工实际得到的薪资数额；三是对比薪资水平。目前不少酒店的薪酬福利在当地水平偏低。因此，在开展薪资认知教育的同时，调整目前工资结构和工资水平是保持物质刺激动力、提高员工稳定程度的关键。

策略之二：改进员工绩效评估体系，保持精神鼓励动力

绩效评估是整个酒店人力资源管理的控制系统，有监督、控制、反馈并最终提高组织绩效的作用。目前，大多数酒店员工绩效评估采用目标管理法，这种形式的绩效评估是针对员工过去某段时间的工作进行的，是一种过去式，而对于培训信息和引导员工成长方面很少涉及。因此，要将以过去式为主的酒店员工绩效评估体系改变为以“将来时”为主，首先要改进“员工工作评估表”，要通过绩效评估来引导员工实现职业发展。这样做，有利于员工认识到自身的兴趣、价值、优势和不足；有利于员工获取酒店内部有关工作机会和职位的信息；有利于

员工确定职业发展目标；有利于员工制定行动计划，以实现职业发展目标。

策略之三：改革员工培训开发模式，保持持续发展动力

要从制定培训开发的年度计划上下功夫，年度培训计划的落实是员工可持续发展的加油站，更是满足员工深层次需要的重要因素。

策略之四：改造短期雇员制度机制，保持员工忠诚动力

我国酒店业中外商投资和集团连锁酒店在保护员工权益和购买社会保险方面的执行情况比较到位，而大多数国有酒店由于地方法规的不完善和酒店本身的意识不到位，员工相关权益还没有得到完整的保护。因此要对侵害员工合法权益、员工缺乏保障的酒店进行改造。

策略之五：改良员工建议参政系统，保持民主管理动力

满足员工参与管理、获得授权和沟通方面的需求，是酒店成功经营管理的一个重要因素。要突破酒店仅仅重视管理层意见的做法，对现有的参政管理系统进行改良。一要建立正式的雇员建议与沟通系统，使员工产生归属感。二要建立非正式的雇员建议与沟通系统，使员工产生满足感。成立各种兴趣小组、沙龙、俱乐部，组织一些体育竞赛活动或者读书活动，引导非正式组织，培养积极向上的员工心态和主人翁意识。

五、与基层员工沟通的艺术

一个酒店里，如果 1/4 的员工对工作感到厌倦，一半的员工表现勉强过得去，只有 25% 的员工对工作保持热忱，试想这样的酒店有进一步发展的潜力吗？也许你认为自己所在的酒店根本不会像这样。但事实上，诸如与领导沟通不力或者觉得酒店根本不关心自己等心态的确正在打击着员工的士气，侵蚀着酒店的发展潜力。作为酒店管理者应该正视这些因素的存在，加强与员工的沟通。因为通过与员工谈心，可以消除误解和思想隔阂，达到相互理解、增进团结、提高工作

积极性的目的。

谈心是管理者与员工之间相互交流思想、沟通认识、加深感情的一种活动，是最直接、最具亲和力的沟通方式。然而要使谈心收到实实在在的成效，酒店管理者除了“真理在手”以外，还必须掌握表达“真理”的技巧，即掌握谈心的艺术。

谈心艺术是种看不见、摸不着但又颇具感染力的工作方法。酒店管理者要掌握谈心艺术，必须遵循谈心活动的内在规律。

（一）要有诚心

作为酒店管理者，若要与员工谈心，就必须具有帮助员工的诚心和关怀员工的感情。有了这种诚心和感情，与员工谈话时才能推心置腹，说出的话才能够如春风拂面、细雨浇心，才能够打动员工、感化员工。在谈心的过程中，诚心要求管理者一定不能摆出领导架子，不可厚此薄彼，而要一视同仁。管理者要多与员工进行换位思考，设身处地为员工着想。这样，管理者往往会发现，角度不同，了解的情况不同，认识问题的方法和出发点不同，得出的结论也截然不同。因此，只有诚心诚意地与员工谈心，同员工交心结友，才能真正了解其内心世界，从而及时、准确地教育和引导员工。

（二）选择一个私人的空间

谈心是借助一定的时间，在一定的环境里进行的。一些酒店管理者习惯在上班时把员工叫到办公室谈心。殊不知，在办公室里，员工的心灵大都是封闭的，无论是苦口婆心的说教，还是店规店纪的教导，都不会产生良好效果。因此，谈心应尽量选择在较私人的时间，地点则应该尽量避开办公室。这样的空间选择不会让员工有工作交流的感觉。当员工置身于自然环境或轻松的环境中，也自然更容易交流。

（三）耐心倾听，弄清情况

为了弄清原因，作为管理者，在与员工谈心时，一定要耐心倾听。倾听时，一般要做到少讲多听，不要打断对方的讲话；设法使交谈轻松，使倾诉的员工感到舒适，消除拘谨；表示出有聆听的兴趣，不要表示冷淡与不耐烦；尽量排除外界干扰；站在员工立场上考虑问题，表示出对员工的同情；控制情绪，保持冷静，不要与员工争论；提出问题以示你在充分倾听和求得了解；不要计较员工口气的轻重和观点是否合理。

（四）以积极的方式结束谈心

谈心结束时，管理者应起身，或紧握员工的手，或拍拍对方的肩，语气亲切而诚恳地说："所有的问题都能解决，真令人高兴"，或"辛苦了，好好干吧"之类的话。这样可使谈心更加完美，效果更加好。

六、有些话不能对员工说

如"住口""不用解释了""不要再说了"等话不能对员工说。我们举个例子来看看，比如，有时员工犯了一点小错，领导凭着自己了解的情况对员工的行为做出评价。而员工据理力争地申辩，使领导气上加气，心想你犯了错还狡辩，我是你上司，我有评定你错与对的权力。试想，法庭审问犯罪嫌疑人还给其申诉的机会呢。何况，员工是同你一起工作的战友。这样会让员工受委屈而造成心灵的伤害，哪怕事后你因冤枉了员工而道歉，但对其的伤害已造成，心里难免会有一个阴影。因此，作为领导不能只相信你看到的，而要多方面了解事情发生的原因。对员工多一份信任与谅解，多一分理解与宽容。这样的好氛围，得到的将会是员工对你的拥护与对企业的忠诚！

"不关我事"：身为管理者，只要是公司的事情，事无巨细，都有一份责任。即使是完全在职责之外，态度和蔼地给予一些指引，也能表现出自己的成熟大度和礼节。工作当中很多时候都是说者无心，听者有意，对下属说一句这样的话语很容易将自己的形象彻底颠覆，对同事说一句这样的话语会激发矛盾产生误解，对上司说一句这样的话语可能意味着你该调整岗位了。

"为什么你们……"：在责问别人时，想一想自己有没有什么过失，尽了多少力多少心。有时，宽容地对待别人的错误，会使人更加振作、更加进步。用一连串的“为什么”去发难于人，得到的也可能是一连串的“为什么”的答案。反过来问：“为什么我没有配合好你们?”“你们有什么地方需要我?”也许事情会解决得更快一些。

“上面怎样骂我，我就怎样骂你们”：作为管理者，起的是一个上传下达的桥梁作用，但绝不是一个简单的传递。对上，要忠诚尽责，完成任务；对下，要想方设法，给予激励帮助和支持。敢于承受来自上面的压力，担负起责任，敢于缓和下级的紧张情绪，创造和谐的工作环境，才是一个管理者最应该做的事情。

“我也没办法”：管理者的能力，从某方面来说，是用解决问题的能力来衡量的。只会强调客观原因，不会以积极的心态去调动一切可用的资源，显露出来的肯定是无可奈何和对上级以及下属的打击。要相信办法总是比困难多，相信集体的智慧是可以攻克一切堡垒的。

“我说不行就不行”：对事实没有合理性的解释，以自我为中心的话语是很难服人的。凡事不能以事实为依据，不能本着商讨的态度来解决，可能会使事态更进一步地恶化。其实即使是错的意见，听听也无妨，应该本着有则改之、无则加勉的心态来对待自己和别人。片面地做出判断，有时就是一种武断，说不行就不行，一定要有科学的分析和依据，这样才能降低判断结果错误的风险，保证判断的正确性。

“你说怎样就怎样”：听起来像是气话，实际上是不负责任的话。在产生一些争议时，当一些意见没有被采纳时，这样的话脱口而出，听者会认为，你的见解毫无是处，本来还有可接受的地方，会变得全盘否认，而且从此将可能不再向你征询看法和想法了。保持冷静的头脑和清晰的思维，说出所有的思想，提供参考，并不因没有被采用而太过激动，是一个管理者良好的品质和性格。

“我随时可以怎样”：强权气势的话语，让人听到了就有一种很不舒服的感觉，换句话来说，你以为你是谁？你想怎样就怎样，你到底有多大的能耐？以势压人，只会贬损个人的形象，在大家心中埋下抱怨的种子。这种抱怨，一旦暴发，其弹力之大，是无可想象的。所以保持平易近人，多尊重他人，是自己尊严的体现。

“你真的很笨”：奚落、讽刺、挖苦员工的话语是在伤害员工的自尊及感情。“哀莫大于心死”，表面上员工是在听你的，按你说的去做，但实际上员工只是在敷衍了事，因为他根本体会不到工作的乐趣，这样，工作质量肯定不高。同时，因为奚落、讽刺、挖苦更多的是伤害员工的心灵，长此以往，员工的自尊被摧毁，自信被打击，智慧被扼杀，工作可能干得更不好，这对员工、对管理者、对企业都是不利的。

“不行啦，我能力有限，谁行谁来做”：如果是真正认识到自己的能力有限，能够迎头赶上，自我充电，或许可以说是一种有自知之明而且有上进心的表现，也算是一大幸事。但如果是用这句话来抵触工作，来嘲笑挖苦他人，掩饰自己内心的慌张，全无挑战工作的意识，则可以说，说这句话的管理者无形中已丧失了一个管理者最基本的素养，他已不配再做管理者了。

“都很好”“很不错”：泛泛的表扬，既缺乏诚意又不能振奋整体、激励个体，因为人皆不喜欢廉价的、言不由衷的恭维，因此表扬的言语策略应该是及时、有代表性、有充实具体的内容，能够体现被表扬者风貌的语言。不实的表扬表现在用夸大的言辞去称赞不足为奇的小事，有用心炮制的嫌疑，该类表扬的危害在于只令被表扬者高兴，而令所有其他人反感。极力吹捧的行为，其结果往往导致民心的背离。因此人才管理中，及时且适度地说出赞美言辞是领导者必须掌握的 门学问。

第四章

培训管理

第一节　餐饮培训的看法

一、餐饮培训的一些弯路

（一）培训是成本不是投资

一些管理者错误地认为：培训是一种成本。作为成本，当然应该尽量降低，能省则省。因此，许多企业经营者宁可在广告投入等市场运作成本上不惜“一掷万金”，渴望得到立竿见影的效果，却忽视了显效期较长的“培训”投资，在企业培训方面投入的资金甚少。

殊不知，培训不是一种成本，而是一种间接投资，只有切实提高员工素质，才能提高经济效益和社会效益。培训是对人的投资，对知识的投资，这虽然可以说是很昂贵的投资，但也是最有价值的投资，所得的投资回报率也最高。据国外有关资料统计表明，对员工培训的投入产出比为 1：50 。

（二）效益好时放松培训

有些效益好的企业放松或削弱了培训。然而，须知今天效益好，并不意味着明天效益好。因而在企业经济效益好时，应当继续加强培训，这样才能保持企业持续发展。缺乏员工培训，会使员工的劳动生产率降低，从而导致企业经济效益下滑。

（三）效益差时无培训

有的企业在经济效益不太好时，就会因资金不足而减少培训或者干脆不培训。但不重视培训正是其失败的根本所在。其因果链往往是：不培训——经营不好——更不培训——经营更不好。要打破这条因果链，一定要从重视培训入手，因为加强员工培训是改变企业经济状况、转亏为赢的有效手段之一。

（四）高层人员不需培训

一些企业，特别是民营餐饮企业的高层领导错误地认为：培训只是针对基层管理人员和普通员工的，而高层管理人员不需培训。其理由是：他们很忙，他们经验丰富，他们本来就是人才。

这种认识显然是错误的，企业高层管理人员的素质高低对于企业发展的影响最大，因而高层管理人员更需更新知识，改变观念。许多案例显示，曾被奉为经营法宝的一些促销手段，如特价菜品、返利、赠送等，屡遭消费者投诉，甚至受到行政管理部门处罚，这就与高层管理人员缺乏自我培训和不断提高有直接的关系。

（五）盲目追赶培训潮流

一些企业的管理者喜欢赶潮流，受媒体热点炒作的影响大，对培训内容的选择比较盲目，在一些社会上热门的培训项目上投入了很大的资金和人力，如MBA等。从表面上看，企业培训办了一期又一期，开展得轰轰烈烈，实则无的放矢，效果并不一定理想。

（六）投资培训急功近利

有的管理者希望培训立竿见影，企图通过培训解决企业人力资源的所有问题。近几年我国餐饮业发展迅速，急需各种人才，但有的企业总觉得“没有时间慢慢锻炼自己的骨干人员”，把培训当作一剂灵丹妙药，误以为能药到病除，恨不得通过两三天时间的培训就能使员工的素质发生根本变化，立刻为企业创造绩效。殊不知培训作为一个长期的管理过程，只是企业发展战略的一个组成部分，必须通过一系列的管理程序才能真正发挥作用。

（七）培训工作流于形式

许多企业培训工作流于形式，表现在缺乏培训的整体规划，对培训课题的确定不够细致，系统性、针对性不强，培训内容照搬照套的较多，对原理和内涵讲解的较少。因此，许多员工不能灵活运用所学到的知识，业务素质和工作效率并没有得到提高。

（八）担心员工另谋高就

不少管理者在心理上有一个怪圈：不培训，人员素质跟不上，影响企业效益；培训后，员工又不安心本职工作，弄不好，跳槽到别的企业，在竞争激烈的餐饮市场，这无疑是给竞争对手培养了人才。于是，很多企业无奈地选择了这样的做法：只培训眼前必需的内容。

这也成了管理者们不主张培训的有力“理由”。实际上员工流失的真正原因并不是源于培训。据调查，员工跳槽的最大原因是“公平”、福利、制度、人际沟通等问题。总之，现在还没有任何调查表明员工跳槽是由接受培训所致。

而且情况恰恰相反，如果企业重视培训，真诚地与员工交流，并使他们感到被重视，他们就不会离开。正如凯斯通公司的杰克·麦克高文所言：“你越培训员工，他们就越能出业绩；业绩越好，他们就越想留下来。”

二、餐饮培训中的忌讳

员工要在不断的学习过程中来提高自己，在各种培训中受益，进而提高企业的竞争力。在培训上主要针对员工的基本素质、礼仪常识、专业技能、团队精神、销售技巧、工作效率和企业理念，进行各个突破，这个过程中特别要注意以下几个方面。

（一）提高员工的基本素质的培训——忌讲解枯燥

提高员工基本素质培训的内容多数是理论方面的，在讲解的过程中，容易让受训者打不起精神来。应该在讲解的过程中穿插生动的故事、笑话、案例、图片、播放资料等手段来提高培训质量。

（二）提高员工礼仪常识的培训——忌空洞无边

提高员工礼仪常识的培训内容在很多书中都有，有的常识很多员工都清楚该怎样去做。在培训中要有鲜活的例子，要有成功人士在礼仪方面的出色表现，也要有生活中普通人在礼仪方面的表现，结合企业对员工在礼仪方面的要求来讲解，要有动作示范，重要的礼仪知识要让受训者在培训中亲身去体会，并形成流程：我做你看，你我同做，你做我验。

（三）提高员工专业技能的培训——忌外行讲内行

提高员工专业技能的培训内容是要非常专业的，最好是请这方面的专家来进行培训。人力资源管理工作者对专业技能的培训要组织好员工，设计好课题，可以内请专家也可以外聘专家来进行培训，培训的内容要和实际操作相结合，使受训者可以随时随地探讨专业技能方面的问题，共同解决问题，忌外行讲内行。

（四）提高员工团队精神的培训——忌大话连篇

提高员工团队精神的培训内容多数是教育员工加强合作、协调配合、以企业的利益为重、爱岗敬业、团结同事等，团队精神的培养要体现在具体工作的实际中，不能空喊高调，要结合员工身边的典型示范来教育员工，培养团结互助的精神。让空洞的口号转化在工作的小事中，让关爱体现在方方面面，让集体精神体现在员工的日常工作、生活和学习中，让员工的敬业精神得到赞扬。

（五）提高员工销售技巧的培训——忌无实战操作

提高员工销售技巧的培训内容是在实际工作中具体应用的，由实际销售的工作者来讲解是最好的。要求人力资源工作者要有销售的经验是必要的，不知道销售怎样运作是不行的，没有和实际工作结合的理论是无任何意义的，要亲自体会，亲自销售企业的产品，亲自参加企业产品销售的谈判，才能更好地给受训者提供优质服务。

（六）提高员工工作效率的培训——忌口无遮拦

提高员工工作效率的培训要多传授如何提高工作效率的方法，不能把培训变成批评员工的大会。要举工作效率高的典型榜样，让他们的工作事实说话，有的放矢。忌讳举受训员工中工作效率不高的典型，可举其他单位的案例。这样使受训者不至于有抵触情绪。

（七）提高员工企业理念的培训——忌总讲创业史

提高员工企业理念的培训内容有企业文化、企业的创业史、企业的规章制度、企业的经营管理理念、企业的发展情况、企业的未来规划等。企业文化理念的范畴是非常广泛的，对员工企业文化理念方面的培训不要每次都重复讲企业的创业史，企业的过去辉煌。要着重讲企业会给受训者带来什么利益，什么好处，什么本领。要着重讲将来企业的规划蓝图，但要有可实现性。不要在过去的奖状上“睡觉”，留恋企业过去的辉煌，因为过去的终将一去不复返，现在的任务是发展、壮大企业。

三、餐厅领班主管培训的重要性

酒店在职位等级上有总经理、总监、经理、领班、主管和普通员工，领班、主管作为最基层的管理人员，对酒店有极其重要的作用。但以前只是强调部门经理的重要性，却忽略对各项工作负有最主要任务的基层管理人员，责备普通员工的服务素质差，却没有意料到领班、主管对服务素质的决定性作用。由于酒店行业的中层管理干部的流动性较大，影响酒店发展的持续性。现在很多酒店已开始认识到基层管理人员对维护酒店基本运作的强大支柱作用，他们可以在没有部门经理的情况下确保其部门正常运作。又因为管理的扁平化，要求一位管理人员能管理多位员工，领班、主管恰好符合此要求，因此应培养一批中坚的基层管理人员成为这些酒店发展战略的重要部分。领班、主管是酒店最基层也是酒店各项工作任务最重要的执行层。领班、主管是与顾客和员工接触最多的管理层。他们最了解其所管理员工的心态和工作技能，同时他们也是普通员工遇到问题时最先倾诉的阶层，是获取信息最多的阶层。很多酒店都非常重视收集员工和顾客的意见，却丝毫没有注意到领班、主管阶层在收集信息过程中的关键作用。所属员工收集到的信息首先交给领班、主管，在此资料上交前，又可能会受到领班、主管层级的筛选，因此不重视领班、主管层，收到的信息反馈是不全面的。

领班、主管是影响顾客和员工的最主要的管理层。经常会遇到这样的情形，酒店发展前景很好，但由于某一领班或主管的管理能力存在问题，使其所属的员工感到不满而选择离开酒店，从离职员工约谈记录中不难发现这些问题。员工接触最多的是领班或主管，这些基层管理人员的素质直接影响员工对酒店的忠诚度，影响员工对酒店管理水平的印象及其本身停留在酒店的意愿。同样地，也影响顾客对酒店的印象，因此重视形象的管理层应当重视其领班、主管的素质修养。但是非常遗憾，领班、主管也是最容易被忽略的管理层。因为酒店发生的服务质量问题，往往被提及的是哪个部门经理、哪个员工，而没有提及哪个领班或主管，此时似乎把他们给忽略了，他们自己感到惭愧，但无人愿意听取和关注。同时部门经理也习惯直接指挥普通员工，而不是告诉其领班或主管去组织员工完成任务。

其实，相当一部分酒店领班或主管不懂得管理员工，不了解下属的心理动态，不懂得应如何来平息员工的不满。因为酒店要满足顾客的需求，必须要有满意的员工，而满意的员工很大程度上要依赖这些基层管理人员的管理。要在酒店内部建立一个凝聚力很强的团队似乎并不是一件容易的事，主要原因就是这些管理人员未能较好地去理解并管理员工的不满。

普通员工常会对下面种种情况产生不满意的情绪。

（一）对工作本身不满

（1）多做一些与少做一些造成的心理不平衡。

（2）安排他去做些他不愿意做的工作。

（3）工作辛苦，工资低。

（4）压力大。

（5）长时间的加班（洗衣房、中餐厅）。

（6）对工作安排不理解。

（7）每月的排班让他感到不满意。

（8）工作环境沉闷，有时会感到个人得不到发展（总机）。

（9）工作间的互相调动。

（10）认为自己某些做法比现行的好却得不到重视。

（二）对管理者不满

（1）认为自己没有得到重视。

（2）被误会，得不到肯定。

（3）工作时语气恶劣。

（4）排班时未能满足其要求。

（5）由于督导查房时不太细心，房内有一些物品没有被及时发现，最后反而说是服务员没发现。

（6）平时工作中过多的督导。

（7）说话总是以命令的语气。

（三）对同事之间的关系不满

（1）同事之间配合不够。

（2）文员有时因同件事连续多次呼叫，服务员感觉不舒服（楼层）。

（四）自身原因

（1）有心事造成心情不好。

（2）员工没有能力完成事情。

（3）不了解为人处世。

（4）性格原因（个别员工脾气大、自负）。

第二节　餐饮培训的需求分析与调查

很多酒店都非常重视员工培训，但是又经常抱怨员工培训没有效果；而员工埋怨培训没有意义、内容单一、华而不实；培训师出力不讨好；管理层对培训部意见很大。抛开一些培训技术方面的问题，出现这种现象的原因很大程度上是因为培训需求分析没有做好。那么究竟什么才是正规的培训需求分析？又应该如何去做？这是酒店培训师和培训部面临的主要问题。

培训需求分析包括哪些方面？又应该从哪些层面上进行？我们不妨从下面的内容中仔细推敲一下。

培训需求分析

（1）分析目的。

（2）具体方法。

（3）组织分析。

（4）决定酒店中哪个部门需要培训。

（5）考察酒店目标，分析经营计划，以判定知识和技能所需。

（6）将实际结果与目标进行比较。

（7）制定人力资源计划。

（8）评价酒店的组织环境。

（9）任务分析。

（10）决定培训内容。

（11）个人工作分析。

（12）人员分析。

（13）决定需要培训的人员和不同人员的培训层次。

（14）业绩差距分析。

（15）关键案例分析。

（16）进行培训需求调查。

员工需不需要进行培训？如何进行培训？在决定进行培训之前，首先应该回答几个问题：酒店的目标是什么？为了这个目标我们需要做哪些工作，而这些工作需要什么样的知识、技能和心态？什么行为对于负责完成工作的人来说是必需的？而我们通过过去的案例发现员工缺乏什么——是知识方面的、技能方面的还是态度方面的？这些问题与人员培训需求的决定是紧密相连的。我们可以召开酒店培训需求分析协调会，由酒店总经理主持，培训部经理组织各部门经理和培训师参加。在会上，就上述内容广泛讨论，求得过程的统一和认识的共通。所以也可以说，培训需求分析相对来说是一个沟通调查、平衡部门与酒店资源的过程，这个过程重要到足以影响今后每个培训步骤的地步。

培训需求的组织分析主要是通过对酒店的目标、资源等因素的分析，准确地找出酒店存在的问题与问题产生的根源，以确定培训是否是解决这类问题的最有效的方法。先来看酒店的目标分析。明确、清晰的酒店目标对培训规划的设计与执行起决定性作用，酒店目标决定培训目标。比如说，如果一个酒店的目标之一是保证顾客投诉处置满意率为100%，那么培训活动就必须设计一些“投诉处理原则与方法”的课程，这样方能在完成酒店目标的工作中体现培训的价值。其次是酒店资源分析。通常包括人力资源、设备资源、财务资源、环境资源和信息资源几个大方面的分析。如果没有确定可被利用的人力、物力和财力资源，就难以保障培训的有效实施。重点提一下环境资源的分析，关键是酒店的培训课程与酒店的企业文化的关系。培训课程设计要分析酒店的软硬件设施、规章制度、经营运作的方式、待人处事的特殊风格和经营理念，使课程能够与实践相结合，而不要使受训员工不断地通过培训课程去发现酒店的弊端——而这些弊端的改进有很多是超出酒店资源承受力的。对上述问题和特性的了解，将有助于管理者及培训部全面真实地了解酒店。

培训需求的任务分析主要是指工作分析。只有对工作进行精确的分析并以此为依据，才能编制出真正符合员工绩效和特殊工作环境的培训课程来。而工作分析的依据就是完整而持续改进的岗位责任书和任职资格条件。

培训需求的人员分析方法有很多，通常采取案例分析法和问卷调查法。主要分析和研究本酒店顾客满意度调查中所关注的基本焦点、重复问题，以及员工关注的和希望得到的培训内容。我们的目的不仅仅是让管理者和员工得到工作知识和技能，更重要的是通过得到并有效运用这些技能而保证酒店达到目标。

所以，培训需求分析的最终衡量标准是培训目标的设立。通常包括三个层面——知识目标、行为目标和结果目标。知识目标指培训后员工将知道什么；行为目标指受训后员工具备什么技能；结果目标指通过培训，酒店最终将达到什么目标与结果，例如，顾客满意度的增加、员工流动率的降低、团队意识的增强等。

总而言之，做好酒店的培训需求分析，方能有的放矢，方能使培训行之有效。

第三节　餐饮企业培训规划

一、餐饮企业筹备期间培训规划

表4－1　北京嘉鸣菲特酒店管理有限公司的酒店开业前培训计划

主题	内容提纲	主要要求
第一部分 培训前动员大会	① 介绍公司主要领导和相关管理人员 ② 公司总经理进行动员报告 ③ 公司董事长致辞 ④ 培训部主要负责人进行培训相关工作安排 A. 培训期间作息时间安排 B. 培训期间纪律安排 C. 培训课时、培训课程内容及培训方式安排 D. 培训期间生活、福利等安排 E. 培训考评、考核上岗工作安排 F. 培训期间授课主要管理人员、老师介绍	通过这一部分的学习，让所有的员工能够较清楚地认识和了解到公司的主要管理人员，便于今后相互间礼貌相处，同时感受到企业的规范化、人性化管理及管理团队、员工团队和谐相处的企业文化
第二部分 企业发展历程，企业文化、公司组织架构、发展前景、用人理念、个人与企业发展的关系	① 公司发展和董事长从事餐饮事业历程简介 ② 企业文化内涵概述 ③ 公司理念讲解 ④ 公司组织架构讲解 ⑤ 公司发展愿景简介 ⑥ 公司用人理念，个人发展与企业发展	经过这一部分的学习，让所有的员工能够较清楚地了解到企业的过去、现在，领悟到企业发展历程中沉淀下来影响和支持企业更高发展的企业文化内涵，真正全身心投入到企业发展的洪流中，实际就是实现个人价值的最佳道路

续表

主题	内容提纲	主要要求
第三部分 员工心态调整，思想激励课程	① 员工思想教育课程《相约积极心态》 ② 员工思想教育课程《信心、目标和持之以恒的行动》 ③ 员工思想教育课程《敬业》 ④ 员工思想教育课程《团队精神——爱》 ⑤ 员工思想教育课程《微笑的魅力》	通过这一部分的学习，让所有的员工能够建立积极的工作心态，树立良好的职业道德观念，明确同事之间和谐相处的意义，提高员工的工作反应敏捷度，提升大家的整体精神面貌
第四部分 规章制度和劳动纪律	① 筹备期规章制度和纪律要求讲解 ②《员工手册》讲解 ③ 企业其他规章制度讲解 ④ 本企业薪资体系及发放标准讲解	经过这一部分的学习，让所有的员工能够了解到在本企业应享受的权利和应履行的义务，懂得按照公司的规章制度严格要求自己
第五部分 餐饮礼貌礼节知识讲授、礼貌礼节课程服务意识、口才培养	① 礼貌礼节概念及其培养方法和培养后的重要意义 ② 餐饮工作人员应掌握的基本礼貌礼节规范 ③ 礼貌礼节行为意识训练 ④ 口语表达能力的学习及训练	通过这一部分知识的学习，每一位前厅员工都能较好地意识到礼貌礼节在餐饮服务中的重要性，树立端正的礼貌服务思想，并在服务工作中懂得正确地运用规范的礼貌礼节，达到较好的口语表达能力

续表

主题	内容提纲	主要要求
第六部分 餐饮服务形体操作	① 餐饮静态、动态形体动作要领讲解、示范和训练 ② 餐饮体态语言动作要领讲解、示范和训练 ③ 餐饮服务的基本步伐、姿态、手型动作要领讲解、示范和训练	通过这一部分的学习，每一位前厅员工都能较好地掌握餐饮服务形体操作的规范，在服务工作中有一个优美的服务形体，为提供有美感的服务打下坚实的基础
第七部分 中餐服务技能技艺知识服务操作标准	① 托盘操作标准讲解，动作示范和训练 ② 摆台操作标准讲解，动作示范和训练 ③ 拉椅操作标准讲解，动作示范和训练 ④ 派香巾操作标准讲解，动作示范和训练 ⑤ 斟茶操作标准讲解，动作示范和训练 ⑥ 落筷套操作标准讲解，动作示范和训练 ⑦ 点菜操作标准讲解，动作示范和训练 ⑧ 斟酒操作标准讲解，动作示范和训练 ⑨ 上菜操作标准讲解，动作示范和训练 ⑩ 分菜操作标准讲解，动作示范和训练 ⑪ 点烟操作标准讲解，动作示范和训练 ⑫ 撤餐巾操作标准讲解，动作示范和训练 ⑬ 撤餐碟操作标准讲解，动作示范和训练 ⑭ 收餐台操作标准讲解，动作示范和训练 ⑮ 结账操作标准讲解，动作示范和训练	通过这一部分知识的学习，每一位前厅员工都能较好地掌握中餐服务技能技艺规范，使服务操作规范化、标准化

续表

主题	内容提纲	主要要求
第八部分 中餐服务操作程序	① 日工作流程标准讲解，训练 ② 服务接待程序标准讲解，训练 ③ 席间服务程序标准讲解，训练 ④ 结账程序标准讲解，训练 ⑤ 值班程序标准讲解，训练 ⑥ 卫生打扫程序标准讲解，训练	通过这一部分知识的学习，每一位前厅员工都能较好地掌握中餐服务操作流程，使服务操作程序化
第九部分 中餐服务卫生、消防安全知识	① 餐饮卫生防疫知识讲解 ② 消防安全知识讲解	通过这一部分知识的学习，每一位前厅员工都能较好地掌握餐饮服务应注意的卫生防疫和消防安全隐患防范知识，杜绝在今后工作中违规操作，出现安全事故
第十部分 中餐服务菜品知识、酒水知识和营销知识的讲授	① 餐饮菜品知识、酒水知识讲解 ② 餐饮顾客消费心理、营销知识、技巧讲解	通过这一部分知识的学习，每一位前厅员工都能较好地掌握本酒楼所有凉菜、热菜、酒水等食品知识，了解和懂得根据顾客消费心理，有效地引导顾客消费
第十一部分 顾客投诉处理、突发事件应急处理的讲授	① 餐饮服务造成顾客投诉的原因分析，顾客投诉处理基本原则的讲解 ② 餐饮服务经常出现的顾客消费投诉案例分析、讲解 ③ 餐饮服务经常出现的突发事件应急处理案例分析、讲解	通过这一部分知识的学习，每一位前厅员工都能较好地了解餐饮服务中造成顾客投诉的主要原因，避免在今后的工作中出现，同时了解餐饮常见的顾客投诉问题及处理常识，杜绝因顾客的投诉造成更大的顾客不满

续表

主题	内容提纲	主要要求
第十二部分 中餐服务操作规范录像观摩	① 组织观看中餐服务操作规范录像观摩 ② 对所学餐饮服务知识进行温习，并对考试考核重点进行讲解	通过这一部分知识的学习，每一位前厅员工都能较好地回顾所学的餐饮知识，对所学的知识进行系统巩固，达到温故而知新的效果

二、餐饮企业年度培训规划细节内容

餐饮企业年度培训规划方案的要点如下。

（1）规划目的。

指导酒店和餐饮培训工作的开展，计划性组织课程培训和开发。

对酒店和餐饮从业员工进行更系统培训，提升员工不同阶段的能力素质。

使培训资源增值，为餐饮企业未来人才素质提升提前做好规划，促进酒店和餐饮未来的持续发展和减少人员流失。

（2）规划对象。

酒店业和餐饮业的新员工、基层员工、部长、主任、经理、店长、集团高层管理人员、新晋升的主管。

（3）规划项目。

技能必修课程和专业选修课程。

（4）课程类型。

心态课程、文化课程、技能课程、管理课程。

（5）执行时间：（略）。

（6）执行负责：（略）。

（7）执行渠道：（略）。

（8）规划内容：（略）。

表 4－2　餐饮企业年度培训规划方案

规划项目	规划对象	课程名称	课时	参加部门	培训地点	授课老师	学员界定	课程类型
必修课程	新员工	顾客服务迫切性	3 课时	所有部门	公司内部	培训部	新入职员工，试用期的员工	心态课程
		企业文化	1 课时					文化课程
		五常法	2 课时					文化课程
		服务标准	3 课时	新入职楼面、客务、传菜员工				技能课程
		专业销售及个人风格销售	3 课时					技能课程
		迎新大使带领分店实践课	7 天	所有部门	分店	分店		技能课程
	基层员工	星级服务之服务指引	3 课时	楼面、客务、传菜、收银所有员工	公司内部	培训部	试用期已过的员工	技能课程
		星级服务之多元化推荐	3 课时	楼面所有员工		培训部		技能课程
		安全管理手册	3 课时	所有分店员工		业务部		文化课程
		成功工作的法则	3 课时	所有公司员工		培训部	在公司工作 1 年以上的基层员工	心态课程
		人际关系处理技巧	3 课时			培训部		心态课程
		团队协作技巧	3 课时			培训部		心态课程
	领班、主管	星级服务之顾客投诉处理	3 课时	楼面、客务、传菜	公司内部	培训部	领班、主管或以上职位的分店主管人员	技能课程
		星级服务之带动	3 课时					技能课程
		星级服务之辅导与教化	3 课时					技能课程
		迎新大使培训课程	3 课时	楼面、客务、传菜、出品、总务				管理课程
		实地培训（教练法）	24 课时			培训部		技能课程
		绩效面谈技巧	3 课时			培训部		管理课程

续表

规划项目	规划对象	课程名称	课时	参加部门	培训地点	授课老师	学员界定	课程类型
必修课程	经理、店长	领导者思维	3 课时	营运和人事、出品、店长、写字楼	公司内部	培训部	各分店经理、出品主管、店长以上职位	管理课程
		问题分析与解决技巧	3 课时					管理课程
		目标制定	3 课时					管理课程
		计划制定	3 课时					管理课程
		计划有效执行	3 课时					管理课程
		计划总结与报告技巧	3 课时					管理课程
		酒楼促销技巧	3 课时					管理课程
		六西格玛培训	6 课时	人事、店长		人事部	各分店分管人事、营业经理和店长	管理课程
		人事绩效考核	3 课时	营运、店长		业务部		管理课程
		厅面营业管理技巧	3 课时					管理课程
	集团高层	企业文化与个人价值观	3 课时	总监会成员	公司内部	培训部	集团董事会成员或以上职位	管理课程
		角色认知	3 课时					管理课程
		有效沟通技巧	6 课时					管理课程
		有效沟通技巧	6 课时					管理课程
		团队管理	6 课时					管理课程
		时间管理	6 课时					管理课程
		有效激励技巧	6 课时					管理课程
		会议主持技巧	3 课时					管理课程
		管理人员当导师	3 课时			管理者		技能课程
专业必修课程	出品部	点心制作流程	2 课时	点心、中厨、味部		业务部	本部门推荐员工	技能课程
		出品创新	2 课时			业务部	本部门推荐员工	技能课程
		出品教练法	24 课时			业务部	点心、中厨、味部副主管和主管	文化课程
		厨艺与厨道	3 课时			业务部		心态课程

续表

规划项目	规划对象	课程名称	课时	参加部门	培训地点	授课老师	学员界定	课程类型
专业必修课程	楼面部	餐厅英语会话培训	30 课时	楼面部	公司内部	培训部	分店推荐员工	文化课程
		分店实践操作培训	60 天			分店	分店见习主管	技能课程
		中式餐饮产品知识	18 课时			分店		技能课程
		中式餐饮发展趋势	3 课时			培训部		文化课程
	酒吧	果盘制作技巧	1 课时	酒吧		业务部	本部门所有员工	技能课程
		调酒技术	2 课时			业务部		技能课程
	传菜部	家私管理制度	1 课时	传菜部		业务部	本部门所有员工	文化课程
	总务部	总务管理制度	1 课时	总务部		业务部	本部门所有员工	文化课程
	客务部	电话沟通技巧	3 课时	客务部		培训部	本部门所有员工分店推荐员工	技能课程
		宴会主持技巧	3 课时	楼面、客务		培训部		技能课程
	采购部	采购谈判技巧	3 课时	采购部		培训部	本部门推荐员工	技能课程
		采购管理制度	2 课时			采购部	本部门推荐员工	文化课程
	其他	电脑基础应用培训班	10 课时	所有公司员工		电脑部	业余时间学习，不限制学习对象，定期人数达到安排开课	技能课程
		粤语会话培训班	10 课时			培训部		技能课程
		英语基础学习班	30 课时			培训部		技能课程
		摄影技术学习班	2 课时			设计部		技能课程
		小菜烹饪业余班	3 课时			出品部		技能课程
		电脑排版制作班	6 课时			电脑部		技能课程
	企业文化	企业内部培训师培训	12 课时	各部门所有员工	各部门内部	培训部	部门推荐员工	技能课程

（9）培训考核和评估。

①培训与晋升之间的联系——凡内部晋升，需要参加该岗位必修课程后，方可有晋升资格。如基层员工晋升领班，需要参加基层员工必修课程后，成绩合格方可入选晋升资格；如领班晋升主管，需要参加领班必修课程后，成绩合格方可入选晋升资格。以此逐一评估。

②试卷满分为100分，平均60分为合格。试卷内容如：

——新员工试卷

——基层员工试卷

——领班、主管试卷

——经理店长作业和试卷

——集团高层作业和试卷

（10）跟进措施。

①不合格重新安排复习后再考试，一般考试时间会安排在授课当天或授课后1周之内，试卷会在考试过后1周内修改完毕，发给分店或各部门经理，合格由分店登记，不合格由分店登记并在收到试卷1周内，确定是补课再参加课程学习还是自行复习后，再统一一个时间考试，统一考试时间一般安排在月底的下午14:00～15:00。

②对试卷修改后进行书面点评和反馈给各分店和各部门经理。

③必修课程是必须学习和掌握的课程，专业选修课程可以根据部门需要报出参加人数，由培训部准备妥当后通知开课时间；因为专业选修课程涉及辅导老师的资源，所以要统一准备好后才能出计划。

④跟进表（见表4－3）。

表4-3　跟进表

跟进名称	跟进内容	跟进时间	跟进对象	跟进负责人	跟进地点	跟进方法
新员工	顾客服务迫切性 企业文化 五常法 服务标准 专业销售及个人风格销售 迎新大使带领实践学习	培训完成后2个月内	参加培训的学员	培训主管	学员所在分店	1. 分店在培训后下月提交新员工表现跟进表以及迎新大使和面谈评估表；2. 收到表格后，找2位新员工面谈，了解迎新大使的辅导整个过程是否正确和学习后的应用；3. 在培训日期15天后找学员工所在部门主管了解新员工学习后的表现
基层员工	星级服务之服务指引 星级服务之多元化推荐 安全管理手册	培训完成后1个月内	参加培训的学员	培训主管	学员所在分店	在培训过后的20天内与各学员所在分店店长联系，主要了解学员在上完课程后的一些信息，如对该课程的认识程度和培训讲解的建议
领班、主管	星级服务之顾客投诉处理 星级服务之带动 星级服务之辅导与教化 迎新大使培训课程 实地培训（教练法） 绩效面谈技巧	每一个培训课程结束后30天内	参加培训的学员	培训主管	学员所在分店	星级服务培训后对分店进行实地培训，了解服务技巧应用情况，给表现好的学员派新安排；在培训30天后对迎新大使培训跟进2份表格，并找2位新员工了解大使辅导技巧；培训后7天内主管到分店找两位学员进行面谈，了解其掌握课程和应用情况
经理/店长	领导者思维 问题分析与解决技巧 目标制定 计划制定 计划有效执行 计划总结与报告技巧 酒楼促销技巧 六西格玛培训 人事绩效考核 厅面营业管理技巧	每一个培训课程结束后30天内	参加培训的学员	培训经理	学员所在分店和部门	每一门课程都安排作业，修改后书面反馈给学员，并设计一份考试卷进行评核，合格给予颁发证书；个别计划由培训经理进行面谈辅导，直到其掌握为止；把学员中优秀个案整理后供其他学员参考学习；不合格的学员由培训经理安排面谈辅导，再考核直到合格

续表

跟进名称	跟进内容	跟进时间	跟进对象	跟进负责人	跟进地点	跟进方法
集团高层	企业文化与个人价值观	每一个培训课程结束后30天内	参加培训学员	培训经理	学员所在部门	每一门课程都安排作业，修改后书面反馈给学员，并在整个系统课程结束后设计一份考试卷进行评核合格给予证书；设计问卷调查了解掌握情况，以便进一步根据调查结果进行跟进；在工作中不定时安排时间进行面谈辅导；成立评估小组，对管理人员的导师课程进行评估，填写表格，并在授课当天由评估小组与导师面谈30分钟进行反馈
	角色认知					
	有效沟通技巧					
	有效授权技巧					
	团队管理					
	时间管理					
	有效激励技巧					
	会议主持技巧					
	管理人员当导师					

第五章

开业运营

第一节　从图表中找出餐饮经营问题

表格量化是指酒店管理网络中每一个重要节点，都对应一张特别设计的表格。通过表格记录每一个细节服务的情况和检查的结果，准确反映每一个岗位、每一个员工的实际业绩，并加以量化打分。作为考评依据，同时可以随时显示餐厅各岗位的“体温”和“脉搏”。

走动式则形同于“运动战”。就是基层管理者不设固定办公桌，必须不停地巡查、督导管辖区域的各个岗位，及时发现和处理隐患问题。

不仅如此，表格还带来了相互制约的动化管理。有的表格通过发放、填写、监督、调整等形式进一步达到标准服务的提升，努力挖掘顾客的潜在需求，提高顾客满意度和忠诚度。

表格是为走动设置路线，而并非是走动管理的载体。走动式完善、提升表格的作用，使流于形式的表格更有实际的意义。

表格给服务员与顾客之间创造交流的机会，让服务员不断地挖掘顾客潜在的需求，进而满足顾客、感动顾客，增加顾客的满意度和忠诚度。

一、顾客对服务质量不满意（鱼骨图）

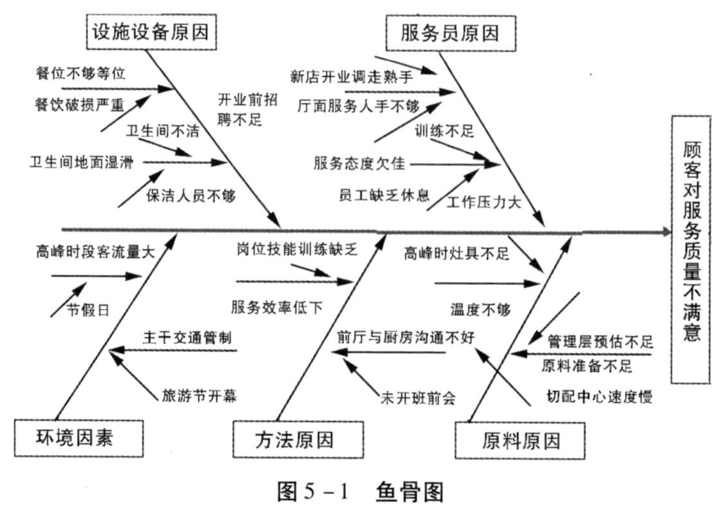

图 5－1　鱼骨图

从图5－1看，顾客对服务质量的满意度由很多要素决定，除了前厅直接面对的，后勤支持部门也很重要。例如，硬件设施、环境问题、灯光、布局摆设、卫生状况、设备用具的新旧程度等也直接影响了顾客的满意度。

换一个角度，也是从时间的先后顺序上注意管理要素的把控。例如，开业前期，为了服务质量，要对招聘人员进行严格的筛选和有效的培训，这样才能避免后期需要花很长时间也难以弥补的错误。要对设备设施进行严格的采买与安装、使用，初期如果没有进行合理的安置，后期顾客投诉带来的影响也是巨大的。

在前期工作做足的情况下，运营时遇到的一些问题就可以轻松地解决掉，而不需要否定以前，重新再来。

当然，做足了这些只是达成满意度的一个基础，能不能让顾客感到满意，还要在细节上做文章。

二、顾客档案跟踪管理图表

表5－1　顾客档案登记表

<table>
<tr><td colspan="3">客户类别：</td><td rowspan="6">照片</td></tr>
<tr><td>姓名：</td><td>性别：</td><td>职位：</td></tr>
<tr><td>单位：</td><td colspan="2">地址：</td></tr>
<tr><td colspan="2">身份证号码：</td><td>电话：</td></tr>
<tr><td colspan="2">家庭住址：</td><td>手机号码：</td></tr>
<tr><td colspan="3">家庭成员情况：（如生日、喜好）</td></tr>
<tr><td colspan="4">个人喜好：
人物性格：
常用酒水：
常用香烟：
喜欢菜肴：
喜欢口味：
禁忌口味：</td></tr>
</table>

续表

<table>
<tr><td colspan="10">是否有协议：　　　　　　　　签单有效人：</td></tr>
<tr><td colspan="10">储值卡或会员卡号码：</td></tr>
<tr><td colspan="10">喜欢包间：　　　　　　喜欢找谁服务：　　　　　　最初接触的员工名字：</td></tr>
<tr><td colspan="10">其他：</td></tr>
<tr><td colspan="10"></td></tr>
<tr><td colspan="10">重点消费细节记录（档次和任务层级高）</td></tr>
<tr><td>日期</td><td>包间</td><td>人数</td><td>消费金额</td><td>结算方式</td><td>日期</td><td>包间</td><td>人数</td><td>消费金额</td><td>结算方式</td></tr>
<tr><td></td><td></td><td></td><td></td><td></td><td></td><td></td><td></td><td></td><td></td></tr>
<tr><td></td><td></td><td></td><td></td><td></td><td></td><td></td><td></td><td></td><td></td></tr>
<tr><td></td><td></td><td></td><td></td><td></td><td></td><td></td><td></td><td></td><td></td></tr>
</table>

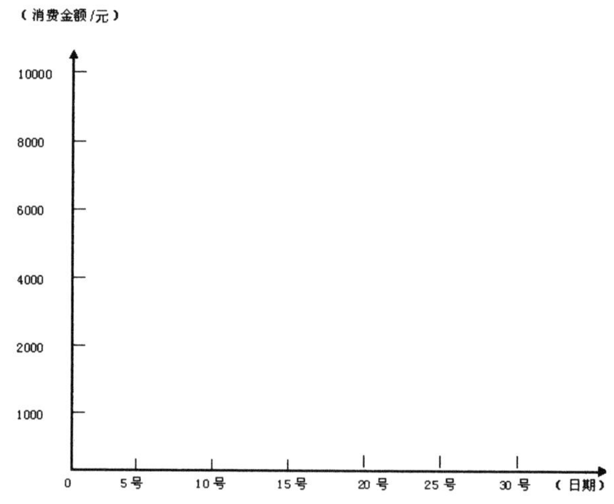

备注：回访顾客记录

登记人：　　　　营业部经理签字：

图5－2　回访顾客消费记录

表 5－2　消费细节记录

日期	包间	人数	消费金额	结算方式

三、SWOT 分析图表

所谓 SWOT 是一种分析方法（见表 5－3），用来确定企业本身的竞争优势、竞争劣势、机会和威胁，从而将公司的战略与公司内部资源、外部环境有机结合。因此，清楚地确定公司的资源优势和缺陷，了解公司所面临的机会和挑战，对于制定公司未来的发展战略有着至关重要的意义。

表 5－3　SWOT 分析表

<table>
<tr><th>内部优势 S
strengths</th><th>内部劣势 W
weaknesses</th><th>外部机会 O
opportunities</th><th>外部威胁 T
threats</th></tr>
<tr><td rowspan="2">1. 低成本
2. 差异化
3. 低成本和差异化
4. 快速回应

在机会中存在威胁，在威胁中存在机会，挑战与机遇并存，困难与希望同在。捕捉机会时警惕威胁，面临威胁时寻找机会，充分发挥主观能动性，抓住机会，避开威胁</td><td rowspan="2">优势反映实力，代表相对于竞争对手的强项；劣势则反映它的缺陷，代表它相对于竞争对手的弱项。只有查明自身的优势和劣势，才可能考虑如何充分发挥优势和克服劣势</td><td colspan="2">低　高
机会　理想　冒险　大小
成熟　困难
威胁</td></tr>
<tr><td>1. 发现即迅速增长
2. 发现迅速增长的市场或市场细分
3. 研究特定顾客特殊需求
4. 现有产品新用途新市场
5. 采用先进技术实现技术创新
6. 供应商方面找机会
7. 走向国际市场</td><td>1. 存在行业内造成的竞争威胁
2. 法律政治造成的威胁
3. 宏观经济造成的威胁
4. 科学技术因素造成的威胁
5. 社会文化造成的威胁</td></tr>
</table>

表 5－4　某酒店 SWOT 分析图表

内部优势 S	内部劣势 W	外部机会 O	外部威胁 T
1. 菜品。菜品在位置上形成差异，以江鲜为主要的特色，另外融合了海派菜、淮扬菜系、少量的湘菜。在调研中菜品质量有待于提高，菜品也是酒店软件的一项，和酒店的硬件要配套 2. 硬件设施。酒店的硬件设施符合酒店的定位标准，其中主要指酒店的整体建筑、一楼的大厅和四楼的贵宾 VIP 包间 3. 位置。酒店在某学院、医院及建设公司等企业中间，有良好的就餐群体 4. 资金。首先，酒店在经营方面有雄厚的资金作为后盾，在酒店运作中可以提供一定的资金。其次，酒店员工的待遇问题，相对周边有很好的薪金待遇，这对团队的建设和领导是一个很好的基础条件 5. 管理层领导力。酒店投资方对酒店的经营和发展抱有的信心和决心，直接取决于酒店的未来发展方向和目标。另外，在酒店经营方面有自己的方法，也取得了一定的成效	1. 品牌。作为一个刚刚起步的酒店，文化、品牌的内涵工作做得较少，相对周边的净雅、郭林家常菜有一定的差距。净雅服务的质量，郭林菜品的定位和人气对酒店都形成一定的劣势 2. 服务。因为在酒店开业初期，各项工作比较仓促，服务人员上岗前未经过正规的岗前和岗位培训，致使服务质量得不到领导和顾客的满意。服务质量、酒店的定位和硬件设施不配套 3. 管理体制。管理制度不完善，员工手册不全面，执行力度不够。酒店整体形象设计不到位 4. 员工忠诚度。管理的因素以及开业前的思想教育培训不够，使员工和部分领导层工作散漫，无视酒店的各项规章制度，上行下效，导致部分上进员工在企业找不到自身学习提高的空间。相互地推诿责任，以致对酒店产生埋怨和不满，进而影响顾客的满意度	1. 现有顾客群体。周边的顾客群体属于相对高端的消费群体，酒店的定位比较符合。其次要注意不断开发更多的新顾客。在保证酒店服务、菜品和文化优质上，研究顾客，抓住老顾客，让顾客进行口碑宣传 2. 顾客需求。酒店经营的菜式和周边几家形成了差异化经营，机会较大 3. 菜品市场。江鲜在北京相对较少，特色的河豚在北京市场很少，因此容易打造出一个有品位和特色的菜品。另外，酒店可以随着顾客的需求不断进行菜品更新 4. 潜在顾客关系处理。通过酒店的经理和销售人员的共同努力，开发更多潜在顾客进店消费	1. 同行业竞争。净雅酒店也是面向高端的消费对象，和本酒店形成竞争。其次净雅的品牌、位置，以及就餐的软件，都和本酒店形成竞争。郭林家常菜虽然家常但也有高档菜品且价格较高，品牌优势较大，对酒店也是一种威胁 2. 市场竞争。市场中的竞争，如原料、物价上升，对成本控制影响较大。受地方政策影响，如周边群体消费意识及政策受限等不利因素都会对酒店顾客数量造成大规模影响 3. 节假日淡旺季。节假日虽然是餐饮旺季，但周边学院放假也会造成顾客数量减少。在不同时期做出不一样的营销方案

四、厨房出菜速度慢的原因（鱼骨图）

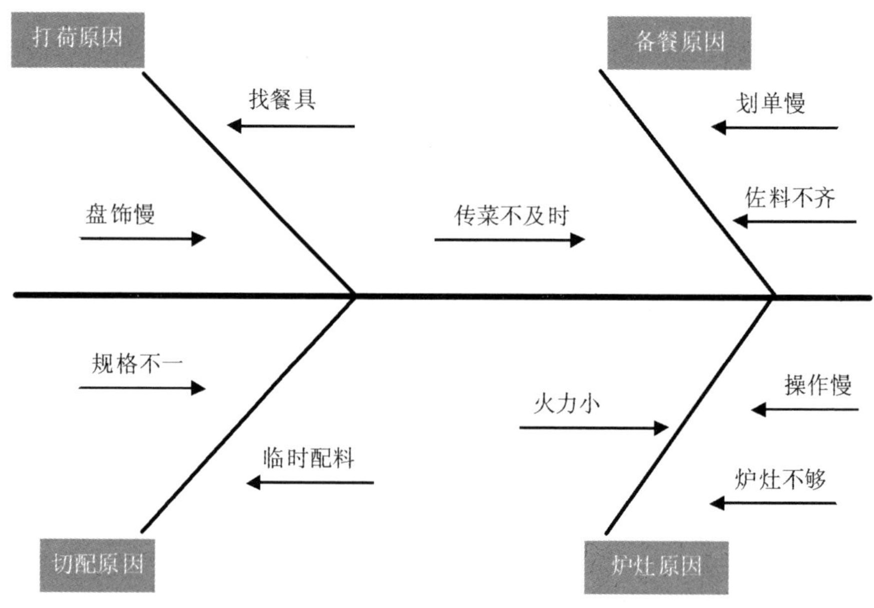

图 5－3　影响厨房出菜速度因素

很多餐饮酒店的经营业态是正餐，正餐的就餐时间短而且要求速度快，这就要求厨房的出菜速度必须要达到要求，这样才能满足顾客的需求。

通过上图可以看出厨房出菜速度主要由四种主要因素决定。首先是切配的因素，因为备料问题导致源头跟不上；其次是打荷，同样是前期准备不够充分造成的中间环节断裂；再次是炉灶的因素、设备问题、厨师操作速度、人员配备等问题；最后是传菜组，因划单、人员、距离、准备工作等不充分，造成最后的延误。

从图 5－3 看，其核心问题是前期的准备工作不足。当准备工作充分的情况下，只要是餐位、厨房面积与人员配备合理的情况下，速度不是问题。因此作为总经理或者总厨，一定要根据店的营业状态，每天菜品的销售情况，单个菜肴售卖的数量进行综合的考量，定出合理的采购计划，做好合理的餐前准备。这样才能解决厨房出菜的速度问题。

五、餐饮人力成本构成对照分析表

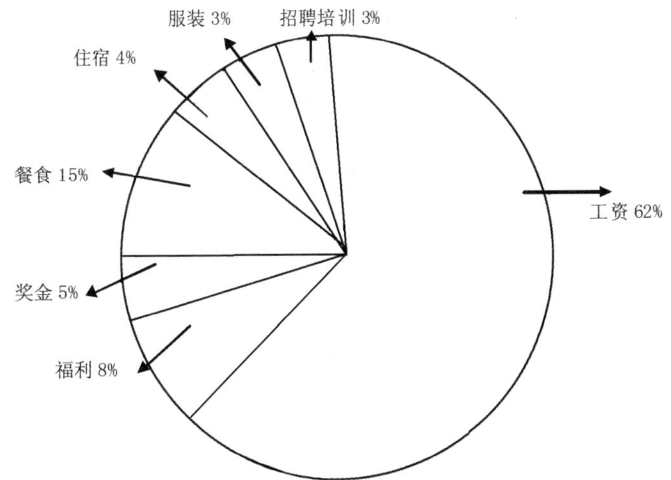

图 5－4　2017 年企业人力成本构成

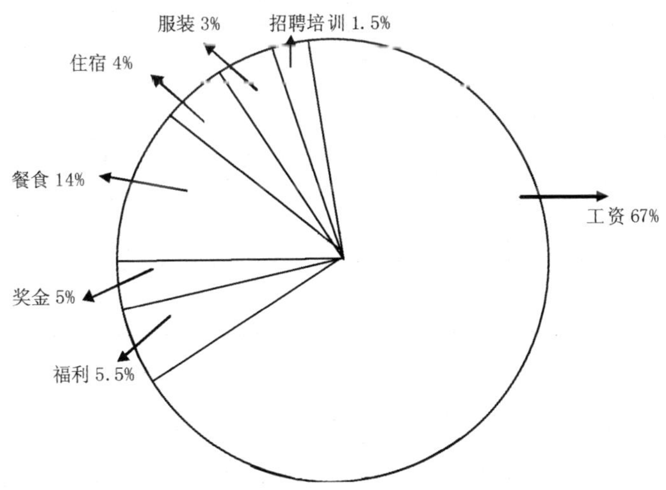

图 5－5　2016 年企业人力成本构成

如图 5 –4、图 5 –5 所示的对比分析可知，员工的整体薪资支出不单单是工资一项，而是由很多容易忽视的内容组成的，通过图表能够清晰地看到人力成本构成变化对未来企业良性经营发展带来的不可忽视的影响。

六、成本要素比例参考表

表 5 –5　成本要素比例参考表

费用项目	比重 /%
原材料（食品、材料）	45
燃料	1
物料用品	3
低值易耗品摊销	5
工资（基本、附加、奖金、津贴）	15 ~ 25
福利	3. 5
水、电费用	2
企业管理费	1
其他支出费用	5
合计	78. 5 ~ 90. 5

这是在保证菜肴出品和服务质量的前提下，根据成本预算，将实际成本与标准成本进行比较分析，找出发生差异的因素和原因进而对餐饮经营过程和方式采取指导、干预和调查，以实现成本在规定范围内波动的管理活动。

成本构成及控制特点如下：

①餐饮成本构成要素：原材料45%、企业管理费1%、水电费2.5%、物料用品3%。

②燃料1%、低值易耗品5%、其他支出费15%～25%、福利3.5%、利润10%。

餐饮成本及控制特点如下：

①“变动成本比重大”——主料、配料、调料、酒水、洗涤费等。

②“可控制成本比重大”——变动成本，大多半变动成本，“人工总成本/水电费”“广告营销/大修理/管理费”等。

③“成本泄漏众多”——采购、验货、生产、出品、保管等。

④“对设备依赖性强”——活氧设备、冷藏设备、加热设备等。

⑤“部门间协调控制作用大”——采供部门、财务成本控制部门、保安部间的协调控制。

⑥“成本受技术因素影响大”——涨发率、出样率、原料综合利用率、成本合格率等。

⑦“人员情绪不稳定波及成本”——管理人员没有责任心，员工操作漫不经心。

⑧“人力成本控制，推广扁平化机构节约管理成本”——减少管理人员。

七、从估清表看厨房管理

表 5－6　估清表

	A	B	C	D
今日菜品推荐	火山岩烤牛排	极品佛跳墙	鲍汁鹅掌扣辽参	雪莲百合炖雪蛤
	干炒翅松茸汤	木瓜炖燕窝	饲堂煎牛排	鲜豆浆芙蓉银鳕鱼
	7 头南非鲍	葱烧海参	椰盅鱼汤翅	罐焖鹿宝
	珍珠粉炖燕窝	浓汤鸡煲翅	金牌佛跳墙	果木烤牛排
	清蒸刀鱼	公馆大花鱼	低温半煮鹅肝	浓汤鲜鲍仔
	特色黄焖翅	酿焗龙虾仔	木瓜炖鱼翅	四宝浓汤坛
江鲜推荐	刀鱼　河豚　象拔蚌　龙虾　东星斑			
今日菜品急推				
今日菜品估清				
时令时蔬				
鲜榨果汁				
备　注				

请厨房于每日中午 11 点前送至前厅营业部！（在第一项每日固定菜品推荐名称后写数量）

年　　月　　日

估清表（见表5－6）是每天上午和下午厨房必须出示给前厅和营业部的表单之一，估清表的作用是可以将不能出品的菜肴告知给前厅，以防点菜中给顾客和服务造成麻烦。同时也能及时把厨房的新产品推荐给顾客。它既是一个新产品推荐传递表，也是体现厨房节约成本、避免浪费的利润创造表格。

另外，估清表也是总经理管理厨房的一个最有效和直接的手段之一。通过估清表，可以不用进厨房就了解厨师的工作状态和工作质量；通过估清菜品，可以知道采购购买原材料的情况和厨师长在控制原材料使用方面的情况，也可以看出厨房对原材料成本的把控；通过对特色菜品的推荐，可以看出厨房出品的更新情况以及菜品推荐组合是否合理；通过急推菜品，可以知道厨房在备存原材料或者在控制成本方面对量的把握。

当然，有的推荐需要写明推荐菜肴的数量，以防供不应求，这对顾客和服务同样会造成影响。

以上是估清表的体现和作用，而表5－6中第一项“今日菜品推荐”，改变了以往菜品的推荐模式，直接将酒店的重要菜肴进行合理的编排和分类。这样给后厨充分的准备时间和更有效的备料，使前厅更有选择方向推荐菜肴。同时根据时间周期进行调整，给顾客的就餐也提供了多项的选择而不会重复。估清表更有效地提高了工作速度和质量，也为成本控制提供了更好的运营基础。

八、经营系统诊断示意图

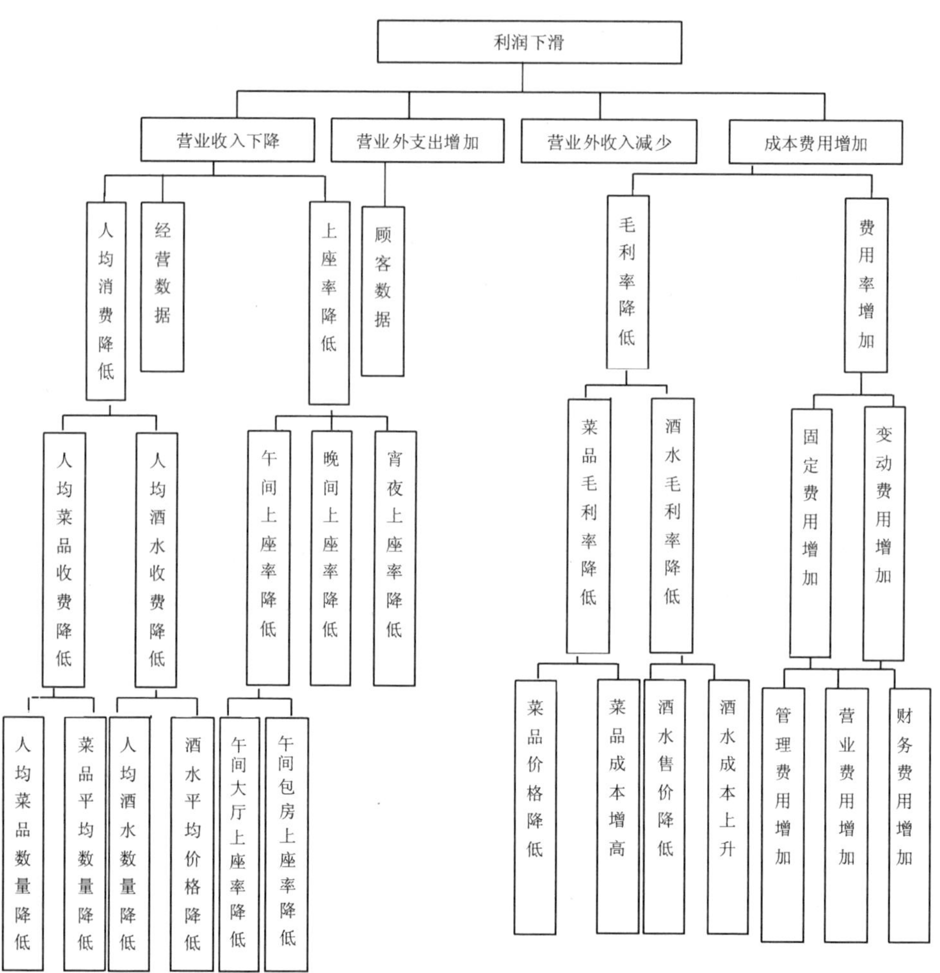

图 5－6　经营系统诊断示意图

导致利润下滑的原因是多方面的，如图 5－6 所示，进行排查可以清晰和全面地看出经营中的问题。主要的因素有营业收入减少、支出增加、成本增加、营业外收入减少，导致利润下滑。

每项的变动都有原因，通过财务报表和实际经营中遇到的问题进行系统分析，把握主要问题，排查影响的因素，加以解决。

九、顾客就餐信息反馈表

表5－7　顾客信息反馈表（用您的倾听、观察和感受填写此表）

房间号：	服务员：	年　月　日　午	
顾客嗜好禁忌		就餐人数	
结账方式		有无自带酒水	
宴会起止时间	始：　时　分；止：　时　分	催菜次数及时间	
最受欢迎菜肴		不合格菜肴	
顾客对我们服务或菜肴的评价			
在服务过程中听到顾客提出的建议或意见			

表5－8　顾客座席及酒水登记表

从主人位按顺时针，列出顾客身份及酒水名称（茶、酒、牛奶、果汁、软饮等）

主人______

1. ______ ______
2. ______ ______
3. ______ ______
4. ______ ______
5. ______ ______
6. ______ ______
7. ______ ______
8. ______ ______
9. ______ ______
10. ______ ______

副主人______

备注：

表 5－9　观察力标准明细表

名称	服务次数	名称	服务次数
引领入座		报菜名	
送上小吃		换骨碟	
对客称谓		点烟	
对客自我介绍		换烟缸	
倒茶水		上水果甜品	
倒小调料		撤脏餐	
上菜程序		结账/提醒顾客离去带物品	
手机套发放		送客	
【注意】以上服务次数一栏用“正”字代替，且服务员如实填写。			

表 5－10　收市检查表

包厢	酒水	台面	地面	工作柜	展示品	抽屉	休息区	洗手间	空调	窗户	灯	门	主管签名
上午													
下午													

表 5－11　赠送反馈表

赠送品名	午		晚	
赠送理由及赠送的过程描述	午		晚	
当日消耗品领用：				
客损情况登记：				

表 5-12 餐前检查表（上午 10 点前、下午 5 点前）

包厢	摆台	毛巾	用具准备	热水	工作柜	休息区	洗手间	地面	空调	酒水	餐前小吃	茶水	主管签名	备注
上午														
下午														

经理审核：　　　　　　总经理签字：

第二节 餐饮经营中的几个观点

一、在经营中做到计划行事

孙子曰：兵者，国之大事，死生之地，存亡之道，不可不察也。

历史上，战争是国家的大事，除了关系到人民生死、国家存亡，还涉及政治、经济、文化、法制等社会各个方面。所以，运筹谋划是一个领导者决定战争胜负的首要因素和前提条件。

春秋末年，越王攻灭吴国之战，就全面体现了谋划的重要性。

公元前 494 年，越国进攻吴国而战败，越王勾践在危急关头，决定委屈求和保存国土，以谋东山再起。他根据本国国情和吴国情况，制定了一系列越国复兴、转败为胜的战略，即“破吴七计”。

勾践卑言慎行，忍辱负重，一方面收买吴国重臣，麻痹夫差；另一方面实行内政改革，发展生产，恢复国家元气，赢得了百姓的拥戴。同时利用外交活动，实行离间计，挑拨夫差与伍子胥之间的关系。最后，知人善用，抓住时机，终于完成了长达十三年之久的灭吴计划。

一个领导者在战前对战争的谋划同管理学原理中的计划职能是一致的。孙子以《计篇》作为十三篇之首，计划是管理中具有首位性的基本职能之一，可见计划的重要性。计划是有预见性的，计划周密，条件充分，胜利的可能性就越大。“多算胜，少算不胜”，“知己知彼，百战不殆”。计划要收集信息，调查对方，考察己方；制定行动方案，明确方案实施的措施，要合理配置资源，符合实际，顺应民心，调动全体人员的积极性，为目标而努力。

计划在我们的实际工作中是非常实用的，可以让我们能够认真地去思考自己的工作。从广义上讲，在工作的方方面面都会涉及计划，比如，周工作计划、季度工作计划、营销计划等。好的计划可以指导我们更高效地去完成任务，这里就如何做好工作计划谈几点自己的浅显看法。

（一）分清工作的主次，讲求效率

要清晰地把工作分成几大项，同时要合理安排好各项工作的时间，分清主次，讲求工作效率。

例如，在做计划时，我们可以重点从三方面考虑：第一，归纳自己的工作岗位所涉及的范围，列出工作项；第二，结合之前的工作，找出每项工作的不足之处；第三，根据经验，研究出工作岗位的具体做法，主要突出特色创新。

（二）找出工作的点

找出工作的点，这个点就是该做什么、不该做什么、怎么做更好，其中创新是关键。

（三）在工作计划中要像找卫生死角一样找出工作死角点

通常每个人都分管不止一项工作，有些工作做起来有些困难，就暂时放下了，时间一长，可能自己也忘了，领导也没有过问，那么这个工作就成为一个工作死角点，这些死角点积累多了势必会影响我们的工作。这其实是衡量一个人工作态度的体现，也是衡量一个人对公司忠诚度的具体体现。当我们在工作中遇到困难时不妨换个角度、换个思路去考虑，不要把工作复杂化了，不要束缚自己的思路。

（四）工作计划要注重细节的力量

有这样一个故事：一匹战马因为丢了一个马掌，而失去了一条马腿；由于战马失去了一条马腿，在战场上摔伤了背上的将军；由于受伤将军的失利，使一次重要的战役失败了；而正是由于这次战役的失败，丢掉了国家的主权。可以看出细节的力量比我们想象的要大得多。粗糙的工作计划不是一个完整的计划，这样的计划即使做了，也不能起到很好的指导作用。所以，在做工作计划时要认真思考。好的工作计划应像目录一样，层次分明，环环相扣，是一个完整的体系。用完整的工作计划去指导我们的工作，会达到省时、省力，事半功倍的效果。

二、如何将菜品演绎到极致

一道好的菜品如同一本精彩的小说，能让人产生浓烈的阅读兴趣。阅读的深度取决于菜品对味蕾的诱惑程度！打造菜品阅读力，让阅读力有效提升销售，将成为中国餐饮企业征战市场的新营销思想。下面用一个正在执行的案例来解析餐厅如何打造菜品阅读力，菜品阅读力将带来怎样的销售效果。

（一）顾客的口碑有时候会变成流行的病毒

一家砂锅菜馆已有 14 年的经营历史，十多年来始终如一传承、融和、创新砂锅系列菜肴，引领着砂锅菜系新潮流，成为当地餐饮业一大奇观。随着市场环境的竞争，曾经为投资者赚得盆满钵溢的砂锅菜肴，出现了非常严重的审美疲劳，餐厅生意每况愈下，就连晚餐也仅有 40% 的上座率。2000 多平方米的营业面积承载着每天近 20000 元的运营成本，服务人员有六成表示正在寻找新的工作机会，而几个股东之间也出现了细微的意见分歧。是放弃还是坚守？餐厅的命运被定义在十字路口。

“来消费的顾客成倍递减，回头客太少，顾客整体反映不好，这会形成病毒口碑效应，让餐厅越来越难做。”问题的症结在哪里？

（二）没有诱惑力就没有销售力

我们知道运作餐厅的前提是要有让顾客心悦诚服的菜品和持续的菜品创新，这是顾客建立消费信心的根本。而很多厨师和经营者则认为菜品创新就是做几个餐厅以前没有的菜，甚至拿几个其他餐厅的流行菜加以改造就成了创新菜品，这是一种行为误导和观念病毒。所谓菜品创新，应该暗合于顾客生理、心理、情感、精神、情绪和文化素养的需求和反应，符合餐厅既有的能力和资源创造出来的菜品。我们对顾客访谈的结果表明，砂锅菜馆在市场上的知名度很高，但是菜肴的表现形式已经失去了对顾客的诱惑力，多年不变的口味已经对顾客没有多少刺激。菜品的问题凸现出来，接下来的第一件工作就是对以砂锅菜系为主的 300 多款菜肴做加法和减法。对点击率高的招牌菜品进行全方位形象包装做加法；对一周内无人问津、盈利少的菜品做减法，减少与顾客的见面次数甚至从菜谱上划掉，创新砂锅系列菜肴。要对菜品进行全新的形象包装，让菜品在顾客面前表达自己独特的见解，首先要搞清楚砂锅菜肴是否具有为销售作贡献的背景？此砂锅菜肴与其他菜肴有什么心理上的利益区隔？如何让此砂锅在顾客面前展露新的诱惑力？又如何把这种诱惑力传递到位并带动销售？餐厅的各个服务环节该做怎样的配合？

（三）寻找可以托付的销售背景——背景等于历史、文化、品牌的总和

要让菜品有销售力，就要深入菜品的背后寻找能够为它说话的人文和历史背景。在寻找砂锅菜最具销售力的背景的时候，我们惊喜地发现：砂锅烹饪乃为中华古传名肴。黏土质陶器餐具是人类生活中最早产生和应用的餐饮器具，它起源于数千年前的新石器时代。陶鬲、陶鼎等黏土质陶器，为早期人类健康、社会进步作出了巨大的贡献。河南新郑县及河北武安县出土的陶器中，就有类似现在砂锅的陶器，考古学家推测距今已有 8000 多年的历史。明清以来中国砂锅煲馔的烹制技艺已趋炉火纯青，清乾隆六年（公元 1761 年）北京“砂锅居”酒楼开业，以砂锅菜蜚声海内外。这些宝贵翔实的历史史料加上多年的市场历练和沉淀，成就了这家砂锅菜馆的文化根源！

在历史的背景下来定义这家砂锅菜肴的精神气质就非常容易了：生命的质

感、美味的奢华、历史的流唱，在凝练了真谛的背后，愈加显得美好。味道、营养、气韵，蕴藏于一个个形态各异、色彩异同的砂锅中，不动声色、不露锋芒、淡定自若、大智若愚！将此美食寓意人的精神气概，作为营造餐厅氛围的主画面，非常吸引眼球，引发深思。

（四）让菜品表达独特的见解——泥藏香型，原生美味

这家砂锅菜品的自我表现锻造了 12 个字：色、香、味、型、意、养、料、温、价、量、器、境。从原料采购到菜样出品，整个过程都有严格监控，并邀请顾客作为督察员不定期进行质量追踪，以保证 12 字方针的真正落实到位。比如，在菜品色彩上的要求是：保证每一道菜品都必须有自己的精神气色，从色彩上可以看出原料是否新鲜和安全，要有食物的原生色，通过色彩能引发食欲；对菜品与器皿的搭配、器皿与器皿的搭配、餐桌上的搭配，都必须科学而艺术；为保持菜品的应有温度，餐厅还专门订购了一批冬天用电铁炉；而在菜品给予顾客的情调上，则充分考虑菜品与整个就餐环境在视觉文化上的一致性和相融性，为顾客营造最佳享受空间。

为了让顾客在选择菜品上不浪费过多的时间，我们对此砂锅菜馆原有的菜品线进行了重新规整，从 300 多道砂锅菜品精简为 80 多款，使每一道菜品都能激发出顾客品尝的欲望。在菜品营销上则力保经典菜、主推创新菜、创造流行菜，让顾客感觉到系列菜品的一致性和创新性。

最重要的一点是，通过对砂锅器皿的物理属性以及主力菜品中原材料生长环境的研究发现，砂锅菜肴蕴藏有泥土芳香的原生味道，而且有多款菜品具有这种味型特征，这一珍贵的营销资源成就了此砂锅菜馆在餐饮市场砂锅菜系中独创一派的领袖气质，排他性的菜品定位呼之而出："泥藏香型，原生美味！"

（五）打造菜品的阅读力——一道好菜品就是一首散文诗

为了让顾客对这家砂锅菜馆的菜品、环境、服务和文化产生浓厚的阅读兴趣，结合砂锅菜"泥藏香型，原生美味"的菜品定位，餐厅的形象定位凝练为两个字：诱派。在主力菜品包装、就餐环境氛围营造、对外营销道具、办公事务

用品、广告宣传上，通过突破常规的视觉设计，将“诱派美味文化”“泥藏香型，原生美味”细致入微地传递到顾客的心智中。

“哪里能品尝到盛情绽放的如花美味？哪里能从色与味中读到人生的精彩？在此砂锅菜馆！”我们没有强调此砂锅菜馆如何味美，也没有敲锣鸣鼓满世界宣讲这家砂锅菜馆形象升级，而是用诗一般的语言景象为市场铺陈一幅幅精彩的美味画卷，让顾客产生强烈的阅读依赖，引发情感共鸣。如“品位岂是燕鲍翅那样的小资情调，此砂锅的美味理想是要给你欣赏阳光大地的心胸……此砂锅只有一种气质，却装满万千风情……在美味包裹的氛围里，舔读艳阳高照的爽朗心情……让菜品具人品，让品牌有想法。”

我们用这样的语言表现“泥藏香型、原生美味”：“用亲近树林、阳光、空气、泥土的方式，亲近我们的快乐与愿望。此砂锅蕴藏的泥土芳香，使每一道精美的菜肴都保持着原生态的健康营养。”并搬出了一套有科学依据的泥土营养学理论，大大增加了市场对砂锅菜馆的关注度和对砂锅菜的阅读力。

跳出餐饮做餐饮，反而能突出重围！

（六）用细节规整作业行为——让菜品具人品，让品牌有想法

做完菜品和餐厅的总体定位，接下来的工作就是做非常具体的执行工作。在“诱派”企业核心形象和“泥藏香型，原生美味”产品价值的主导定位下，开始对主力菜品名称、视觉形象进行包装和表现，撰写具有阅读力的菜品故事，调整菜品的营养、味型、主配料等；创造以砂锅主题文化为主导的“诱派”管理、服务、营销、品牌、价值等企业层面的行为文化和执行制度；设计餐厅在餐饮市场砂锅菜系里的领袖者形象和员工的符号形象；撰写年度营销计划、重大节庆日活动计划、内部日常营销计划、媒体整合传播计划等；对员工的精神、心态、文化、素养、服务技能等进行实战培训。

在“诱派”服务观里，我们要求餐厅的每一位员工都做到“让微笑展现活力，让活力展现个性，让个性展现魅力，让魅力展现细节，让细节展现成功”。在每天两次的餐前会上大声朗诵出来，并铭记在心，通过具体的事例来解读它的深刻含义和对服务工作的实际意义。为厨师定制并要求铭记在心的则是：“厨师

无巧、用心就好。顾客在一盘菜里能品鉴出一个厨师纯净细腻的心灵，心无杂念的操守和尽善尽美的职业意志。”在餐厅的整个服务层级上，我们为砂锅菜馆设计了与其他餐厅有着本质区别的倒金字塔模式：总经理为经理服务、经理为主管服务、主管为领班服务、领班为服务员服务、服务员为顾客服务。这一切的一切，都是为了践行“诱派”的“让菜品具人品，让品牌有想法”这一美丽而智慧的诺言。

（七）用利益创造效益——为高层管理者配置1% ~6%的股份

万事俱备只欠东风，再好的营销策划如果缺乏执行力也是枉然。而员工的积极性和执行力除了制度的作用外，更多还是建立在自身利益的基础上。在核心团队的利益体现上，我们做了一次大胆的尝试：为几名高层管理人员配置1% ~6%不等的股份，捆绑成利益联盟，充分发挥核心团队领导作用；为服务员制定点菜提成激励机制（顾客消费 100 元提成 1 元，200 元提成 2 元，以此类推）。让餐厅所有员工都参与到“做中国最有精神魅力的砂锅主题文化餐厅”的美好愿景中来，用“打破砂锅问到底”的求知精神，坚持做好每一件事，让每一道砂锅菜肴和每一个服务细节都充满人文关怀。同时鼓励员工勇敢地走出去，餐厅经理带队以拜访和邀请的名义拿着制作精美的餐厅宣传册、价值 30 元至 100 元不等的消费券和各自的名片，走访以餐厅为原点、半径 1 公里左右的商务办公楼和高档社区。对外走访所带来的点名预订服务，其消费金额计入相关人员的服务提成（同上）。上帝只会青睐做好充分准备的人，在老客户的口碑宣传、媒体推广、对外拜访的三种合力作用下，不到两个月的时间，餐厅的生意就有了非常明显的好转！顾客这样说：“你们在改变，我们在看着。这里的菜品、服务、环境每一个环节都生长出了文化的气质。”

阅读，是因为有诱惑；诱惑，是因为我们有欲望；释放欲望的过程则如同谈一场酣畅淋漓的恋爱，任何一个木讷的人都会生发出一些浪漫的感慨。

挡不住诱惑，顾客只有前赴后继！

三、售后服务更重要

（一）付账

所有的餐厅经营者都必须出具一式两份的账单，把原始账单留给顾客，而另外一份复印账单则留底至少一年。账单上必须注明餐厅名称、消费价格、税后收费、提供的每项服务，如果预先说明收服务费则必须同样注明服务的具体收费，以及由该顾客支付的最后总费用。

菜单上所出现的价目表必须是透彻详尽的，只有被列入菜单的产品和服务是可以收费的。而如果像为开胃酒所配的小饼干、蛋黄酱或“儿童用”餐具都没有在菜单上事先说明要收费，则都被视作免费提供。

（二）服务及小费

由餐厅张贴公布的菜牌价目表通常都被认为已经包括了服务性的收费，但张贴在外的价目表及菜单上仍然必须注明“价格已包括服务费”的字样，根据这种提示，顾客可知服务性收费的百分比已经包括在价格里面了。

如果顾客对餐厅的服务表示满意，他也可以在离去前再留一些小费，但这种小费是一种自愿的行为，顾客完全可以不留任何小费。

（三）顾客丢衣物，谁负责

民法对餐饮顾客衣物丢失或受损的情况做了明确规定，由酒店负责顾客的损失；但是，法律对在餐厅发生类似情况的解释却尚留空白。关于在餐厅发生衣物丢失或受损的纠纷过去一直都是通过法院进行调解的，所以多年下来可以总结出以下几种裁决惯例供大家参考。

（1）如果是餐厅老板或其工作人员主动提出帮助顾客安置衣物并将其衣物挂在衣帽架或衣帽间，可以认为餐厅方面成为顾客衣物的受托人，如果在向顾客归还衣物时无法保证其原有状态，必须由餐厅负责其损失。

（2）如果是顾客自己主动把衣物挂放在墙上或门心板等处的衣物架上，且餐厅方面已经在明显提醒顾客“一旦发生丢失，概不负责”的字样，则餐厅方面不负任何责任。

（3）如果餐厅内有供顾客放置衣物的架子却没有对顾客做特别提醒，则在发生失窃时由餐厅负责。

事实上，法庭认为在餐厅没有提醒顾客的情况下，看管衣物的责任自动落到了餐厅方面。不过请注意，如果顾客自己挂放的衣物特别贵重，但顾客自己没有认真看管，那么他自己也要负一部分责任，由餐厅和顾客共同承担责任。

四、餐饮应该将危机管理放在首位

回顾难忘的2003年春夏之交，“非典”暴发，使国人对于“危机”二字有了切肤之痛。特别是对于餐饮界来说，很多人是第一次领会到什么叫“不可抗力”，尽管这个词在以往几乎每份合同中都会出现。

（一）企业危机原因

其一，自然界原因。在这一大范围内包括的是天然的灾害，如瘟疫、洪水、地震、龙卷风等。

其二，社会原因。如金融危机、货币贬值等。

其三，企业内部原因。如管理失当、决策失误等。此次危机即由瘟疫引起的。

（二）危机给企业带来的后果

（1）营业额大幅下降。

（2）人身伤害。

（3）赔偿责任。

（4）失去市场。

（5）企业信誉被破坏。

（6）直接导致企业关闭或破产。

“非典”引发的餐饮企业危机使绝大多数企业营业额大幅下降，甚至关门歇业，连带的动物饲养场被封杀。供应商货款不能及时回流，人们对日常外出用餐陷入了恐惧之中。全国重点企业的调查结果表明，非典对餐饮市场造成的损失高达 50 亿元。北京、天津、上海、广州、深圳等城市的餐饮市场关门歇业的企业高达 55% 以上。从整体预后判断至少有 30% 的餐饮企业因此淘汰出局。餐饮业重新洗牌已成定局。

（三）为什么要重视危机管理

餐饮企业每天都要面对竞争，每个企业都想增强自身的竞争力，取得竞争优势，都想把自己的企业做强、做优、做大。以往人们在谈到企业竞争力的时候，一般来说只是考虑常规的竞争因素，如市场、消费者、竞争对手、烹饪技术水平、政策、法律环境等，而不把“危机”作为一种因素考虑进去，因为危机毕竟只是一种罕见的情况。但是现在，危机管理越来越受企业的重视。因为危机的不可预见性和破坏性是如此强烈，以至于“非市场原因的天灾人祸”，能够使一个原本很有竞争力的企业突然死亡或者陷入深度休克状态。

（四）危机的内涵及其特点

什么是危机？危机指的是干扰事物一般流程的突发事件，而且如果没有及时正确地处理，将会严重危害到一个组织的生存和利益。

“危机”一词是中性的，“危”指的是危险；“机”指的是机遇、机会。它表示由于事物内在矛盾的激化，企业已经不能按照原有的轨道发展下去；同时，新的秩序又没有建立起来。新旧的摩擦，使新旧两种机制都不能发挥有效的作用。因此，出现了大量的失控、混乱、无序状态，这在本质上是旧机制的危机，危机根植于旧机制中，使其运转失灵。但是，危机的显露和爆发却是在前进中出现的，一方面是企业迅速的发展和活力的增加，另一方面是危机的出现，这是事物正常发展中的两面性。

发展是新事物的发展，危机是旧事物的危机。旧事物不出现危机，新事物也就不能发展。我们研究危机，不是单纯地研究危机，而是要研究如何避免矛盾激化时，尽量减少损失。

一个企业在发展的历程中，难免有一天会遭受危机，甚至衰亡，这不足为奇。今天，餐饮企业遭受危机已成为一种普遍现象，行业不分你我，企业不问大小。尤其近年来，陷入困境的企业的大型化倾向正日趋凸现，即使是目前风头正劲的企业也断不可高枕无忧。

危机的形态多样，既有像“非典”疫情这样影响面极大的公众健康危机，也有美国“9·11”事件这样的国家安全危机；既有像某些感冒药 PPA 这样的产品危机，也有诸如酒楼菜肴发现异物衍生出的危害性较小的危机。

虽然对不同的企业组织来说，面临的危机五花八门，危机表现出和一般运营管理面临的问题不同的特点。

（1）具有突发性，尽管有的危机可能有很长的潜伏期，但它的表现形式必然是带有突然爆发的特点。像“非典”疫情，在不到半年时间里，就在全国众多省市及 30 多个国家发现了感染者。

（2）对组织的利益和价值有极大的危害。企业发现竞争对手开发出更好的产品，这不叫危机，但是如果发现了自己的产品在诸多方面有重大隐患，那就是危机了，因为这威胁着企业的根本生存和发展。

（3）危机的解决承受了很大的时间压力。因为危机的发生有突然性，危机的解决自然也需要迅速反应，拖得越久，危机的后果越严重。

（4）危机具备不确定性。危机是异常的事物，在发生的时候往往超过组织和公众对它的认知水平，当事人对危机的成因、发展趋势和解决办法，都没有足够的知识储备，显得危机具备极大的不确定性。例如，“非典”的死亡率并不比常见传染病高，但是由于它的传染源、传播渠道和治疗方法都不明确，所以给公众造成了极大的恐慌。这很好地印证了危机的不确定性。

（五）危机管理与危机处理

危机管理是指组织或个人通过正确实施危机监测、危机预控、危机决策和危机处理四要素，达到避免、减少危机产生的危害，甚至将危机转化为机会的目的。

在危机管理四要素中，决策危机处理是否得当，直接关系到企业危机管理最终是否成功。

危机管理的对象是危机。危机一旦爆发，往往会引起公众和新闻媒体的关注，此时企业组织如果不能迅速查明真相，或是正常的传播渠道不畅，没有人能出来发布信息，就会造成危机传播中的信息真空，公众就会用想象来填满所有的疑问，必定生出各种各样的“小道消息”。很快，信息真空就被颠倒黑白、胡说八道的流言所占据。

（六）处理危机的对策

1. 直面危机

面对危机，企业切不可模仿把头埋在沙土里的鸵鸟，那样即使回避了一时的问题，却可能为更大的危害播下种子。同时在向公众公布事实真相的过程中，也要避免像挤牙膏一样一点一点地报出消息，因为这会加剧人们的恐惧。

在现代社会里，人们对组织的社会责任提出了更高的期望。正确处理危机直接关系到企业组织的社会责任。

世界银行把企业社会责任（CSR）定义为：企业与关键利益相关者的关系、价值观、遵纪守法以及尊重人、社区和环境有关的政策和实践的集合。它是企业为改善利益相关者的生活质量而贡献于可持续发展的一种承诺。

欧盟则把企业社会责任定义为“公司在自愿的基础上把社会和环境关切整合到它们的经营运作以及它们与其利益相关者的互动中”。

美国商务部颁布的一部对美国公司的伦理指南中指出：“在社会责任方面，公司对他国公民的生活和幸福有重要影响，因此应该避免征收有以下对劳工不公之举的供应商或合作伙伴之生意往来”。比如，付不足以获取饱暖的工资；假冒伪劣商品的供应商或合作伙伴等。由此看来，社会责任已经成为对现代餐饮企业“高标准、严要求”的公认指标。

从不同的定义中可以看出，社会责任的理念使企业的关注重点超越了经济利润，包括了社会和环境的关切，由此引起了利益相关者由过去的股东、顾客、员工扩大到供应商、行业协会、政府、社区以及社会活动分子。对企业成功的衡量也在经济利润底线的基础上，增加了环境底线和社会表现底线，形成了“三底线”指标体系。

2. 态度是关键

社会责任不仅仅为了被尊敬，社会责任实践能提高企业的长期赢利能力。比如，星巴克咖啡前任 CEO 奥林·史密斯说：“星巴克的最大成就之一，就是说服顾客付 3 美元的高价买一杯‘有社会责任的咖啡’。”在星巴克之前，3 美元一杯咖啡是不可想象的。

“人非圣贤，孰能无过。”在危机事件事发后，事实虽重要，态度是关键。一个组织如果有诚意，那么，对或错就变得不再重要，重要的是公众感受到你的诚意，利益相关者恢复对你的信任。舆论总是保护弱者，而且事实上，人们感兴趣的往往并不是事情本身，而是当事人对事情的态度。从餐饮心理学的角度讲，人们的感觉胜于事实。

3. 确定发言人

当企业在危机中要对外讲话时，必须先明确怎样去说，谁来说，跟谁说，内部要确定统一的发言人。如果董事长是一种表态，总经理又是另一种表态，而基层管理人员再来个表态，那么事情只会越弄越糟。

因为危机的不确定性，紧要关头组织内部人员很难立刻对危机达成共识。所以，越是危机时刻，越要首先明确企业中谁是组织对外信息发布的唯一出口，由他在第一时间传递出最适当的信息。

4. 首席危机官（CCO）不能缺位

首席危机官（CCO）是一种危机发生时专门成立的以克服危机为目标的项目式组织制度，它更多的是一种象征性的称号，而并非是个常设职务。尽管不是一个严格意义上的职位名称，但是首席危机官的设立，还是反映了企业各类组织对危机管理的重视。

劳伦斯·巴顿在《组织危机管理》一书中提到了一个有趣但符合实际的观点，“如果一个危机管理团体在危机发生前失灵，那么在发生危机的过程中它也会失灵。”这句话印证了我们一个感觉，一般而言，酿成危机的管理者往往也不能胜任处理危机的任务，所以，成立一个以首席危机官为主的临时管理团队，是完全有必要的。

5. 建立危机处理组织

首席危机官制度，除他本人以外，实际上还应该有他领导的三个管理团队。这三个小组分别是：紧急应对小组、解救最紧迫受害者小组和营运持续执行督导小组。其任务是最大可能消除危机的影响，解救受害者，保证正常的经营行为持续进行。

建立危机管理体系的组织，都有一份危机管理计划书，其中一项重要的内容就是，规定发生哪些类型级别危机时该由谁出任首席危机官，承担危机管理的领导责任。

首席危机官一经确认，他要立即开展两方面的工作：一是调动内外部资源，制定危机管理的各项决策；二是代表组织形象，开展危机公关。

对于大多数企业来说，遇到危机时最容易出现的是首席危机官的缺位。对于没有危机管理计划的企业来说，更容易犯这个错误。

对于重大的危机，担任这个角色的往往是企业的一把手，也可能是其他高层管理人员。但不管是由谁担任，一定要在处理问题时指定处理危机的最高指挥官，对危机的处理负总责，这是首席危机官制度的首要原则。如果责任人的位置缺失，危机的后果肯定会越来越严重。

餐饮企业出现危机后，首席危机官缺位的例子有很多。一些企业在危机时刻，往往是铁将军把门，或者是让保安用手封堵记者镜头，或者万般无奈之中让一两个领班级的人物出场，却都是一律的“无可奉告”之类的不合作言辞。其危机管理和公关能力令人不敢恭维。北方某市一大型酒楼，将变质海鲜上市，引起集体食物中毒。一时间的指责铺天盖地而来，在企业生死攸关之时，慌了手脚的企业领导层却纷纷“放假”；员工对记者的电话问讯统统是“无可奉告”，而老总的去向则是——“去外地出差了”。这种一问三不知的回答更引起了媒体的兴趣，而采取回避政策的这家企业采取了三防政策：防火、防盗、防记者。这种势态一直延续到当地政府、卫生防疫等部门来调查，直到那时企业领导才露面。企业如梦初醒——原来，躲记者是鸵鸟行为。同时，要躲的也不应该是记者，信息世界不能有信息真空，越躲，危机的负面影响越大。

加强危机管理的目的是提升企业竞争力。而企业竞争力是一种企业实现可持续发展的综合实力，其中肯定应该包括对于危机的预警系统和应对机制，否则，一个颇具规模的企业可能在突如其来的天灾人祸危机中倒下。

“生于忧患，死于安乐。”对于一个人、一个国家是这样，对于一个企业也是这样。

五、餐饮信息化管理的重要性

在餐饮业市场竞争越来越激烈的环境下，企业的精细化管理和快速反应能力已经成为制胜的重要砝码。很多企业面临越来越多的管理与连锁化发展带来的难题。客流量大、店面分散、饭店管理负担大是大型连锁餐厅面临的最大难题。

据统计，我国现有各类饭店、餐厅近400多万家，年营业额超过1.7万亿元人民币，近几年一直保持高达两成左右的复合增长率。餐饮企业从单体店面经营向连锁化、规模化、集团化的经营方向不断发展。

时下我国餐饮业全面迈进“微利时代”，步入行业洗牌期，因此必须探索新模式，迅速由传统的“粗放式、模糊式、经验式经营”向“精细化、流程化、连锁规模化经营”转型，以求屹立于市场不败。

然而国内餐饮连锁企业如何突破餐饮连锁经营的管理瓶颈，成功实现转型？如何继续做大做强，其重要途径又是什么？在如今网络信息时代，对于餐饮连锁企业而言，信息化是彻底改变企业经营面貌、提高管理效率的重要法宝。

通过现代化信息技术，搭建高效共享的信息化平台，建立以总部为管理中枢的一体化管理网络，实现对餐饮企业进行系统和全方位的精准化和集约化管理，才能提高连锁餐饮企业对市场的反应速度和管理效率，从而在竞争中立于不败之地。

随着社会信息化整体水平的飞速提高，国内餐饮业也逐渐提高了对信息化重要性的认识，并付诸实践加以投入，餐饮连锁业信息化呈现出一种良好的上升势头。调查机构预测，今后3~5年内，我国信息数字技术产品在中国餐饮行业的应用将达到一个新高峰。

然而调查数据同时也显示，时下我国餐饮业中超过八成的企业尚没有进行信息化推广应用，餐饮业运用餐饮管理系统的企业不到三成，实施成功满意率不到两成。与发达国家相比，我国餐饮业信息化方面建设仍较为落后，处在最基本的初级应用阶段。

目前我国餐饮连锁业信息化的问题与挑战表现如下。

（一）餐饮企业领导人缺乏对于先进管理理念的理解，对信息化的认识普遍不够，对餐饮连锁信息化发展认识不清，对信息化存在一定的误解

不少餐饮业老板以为信息化就是那些“收银机”或是“POS 机”，以为用电脑进行收银、点单就是信息化了，不少单位进行信息化建设，也仅局限于为配合税务机关的发票政策而配置的票据打印系统，目标低浅。其实酒店餐饮的信息化远不止于此，然而这些误解，却妨碍了餐饮信息化建设的长远大局。

（二）误以为其他行业连锁管理能移植到餐饮业

餐饮连锁有自己鲜明的行业特点，与其他行业相比，管理重点有很多不一样。餐饮连锁更注重过程管理、损耗管理和关键点管理，其他行业如超市、家具、服装等的成功连锁模式并不适用于餐饮领域，即使把麦当劳的管理软件用到烤鸭店的连锁管理上，效果也不一定好。然而不少餐饮连锁业却乐于简单复制，结果常差强人意。

误认为餐饮管理系统实施很简单，是信息部门的事情，可一蹴而就。不管是 CRM、OA 还是 BI、ERP，其应用于餐饮企业，也只是一个工具，关键靠人去用。而企业应用深度与否取决于企业领导层的重视程度和配套的管理制度保证以及供应商的服务能力，多方面缺一不可。仅仅通过信息部门或者某一个部门去推动，最终只会导致在整个餐饮企业应用的失败。

（三）以为软件功能越多越好，完美就是至善

首先，中国餐饮业态十分复杂，在如今细分制胜的时代，功能并不是越多越

好，功能过多反而显得浪费闲置，增加无谓费用。其次，餐饮系统越复杂，维护越麻烦，服务成本直线上升，将来隐形风险也增大，甚至使应用半途而废，并增加供需双方今后的矛盾与纠纷。

餐饮行业的信息化管理除了对软件具有特殊行业需求外，对硬件的要求也非常严格。类似大型餐饮场所经营时间一般都在十几个小时以上，且硬件的应用环境比较差，高峰时期数据的高速并发量非常大。因此，餐饮行业对于 PC 产品的持续稳定性，以及硬件方案在数据瞬间交换及访问等方面具有较高要求。

在餐饮业不断走向连锁规模经营的趋势下，管理信息化已经成为企业发展的制约因素。信息化管理提供了一个很好的餐饮管理平台。连锁经营对管理的标准化、规范化要求很高，同时需要全国范围的服务能力，这就尤其需要相关主流厂商的技术支持。

第六章

厨房管理

第一节　厨师长的个人管理

一、厨师长自身修养

厨师长三件宝：德高、艺高、知识好。

厨师长是厨房的高层管理者，其责任之大不言而喻，因此对其素质要求也相对高一些，具体来说有以下几个方面。

要求一：良好的品行

作为一位优秀的厨师长，最重要的就是要有良好的品行，高尚的职业道德。很多优秀的厨房高层都一致认可厨德的重要性，并身体力行。鲁菜大师崔义清先生曾说过，“从艺的人讲究艺德，习武的人讲究武德，从厨的人要讲究厨德。”崔老先生先后收徒十几人，始终坚持“传艺靠授德”的思想，并一直叮嘱徒弟们要树立“学厨先学做人”的观念。

良好的品行主要体现在以下几个方面。

（1）有好的人品。例如，尊重员工、办事公道等。

（2）具有强烈的事业心和责任感。

（3）遵纪守法，廉洁奉公。

（4）忠于企业，热爱本职工作。

（5）工作认真，实事求是，顾全大局，团结协作，讲究效率。

要求二：良好的知识水平

餐饮行业的逐步完善，对厨师长要求也越来越高，要求他们要具有良好的知识水平。当然这不是先天具备的，而是靠后天的学习，要在实践中不断总结。知识水平主要体现在以下两方面。

（1）业务知识。

如熟悉原料，懂得营养卫生，懂食品库房管理，懂成本核算，知道一定的饮食文化，了解安全生产知识，了解本专业的发展动态，掌握计算机的基本知识等。

（2）熟悉食品卫生法、消防安全管理条例；了解餐厅的规章制度。

要求三：较强的工作能力

作为一名优秀的厨师长，应尽可能让自己具备以下能力。

（1）执行能力。

厨师长的执行力意味着：一是当你想到一个主意时，应当去寻觅实践的理由，而不是去琢磨不做的理由；二是当上司安排任务时，尽自己最大的努力，以只为成功找方法的精神去做好；三是能让自己所带的团队具有执行力，能较好地完成厨房工作。

（2）组织协调能力。

能比较合理地调配厨房的人力、物力和财力，善于同有关部门沟通。

（3）计划与实施能力。

计划你的工作以及做好你计划的工作。

（4）创新能力。

组织创新菜品，保持公司出品的竞争力。

（5）激励能力。

有号召力，并能区别不同层次、类型的员工，针对不同员工进行有效的激励，形成团队合作风气。

（6）发现、解决问题的能力。

善于在错综复杂的矛盾中发现并抓住主要矛盾，对突发事件有果断从容的应变和处理能力。

（7）比较良好的文字与口头表达能力。

能熟练地撰写工作报告、总结和各种计划与意见。

要求四：良好的身体素质

俗话说“身体是革命的本钱”，没有好的身体很难做好厨师主管工作。因为厨房的工作一般比较繁重，工作时噪声也比较大，同时还需要主管有充足的精力进行管理。因此，需要由体魄强健的人担任厨师长，以胜任工作。为了有好的身体，基本的方法是注意合理饮食和适当锻炼，保持积极的心态。

要求五：有上进心

要虚心好学，不断提高自己的业务知识和技能。作为一名厨房管理人员，只有不断提高自身素质和专业技能，才能使自己立于不败之地，保持长时间的优秀。

要求六：积极的工作态度

某知名餐饮企业的员工手册有这么一句话：“你的态度很重要，你的态度积极，全体亦然。”对于主管来说，这句话的力量更为明显。厨师长应以一种自信、热情的态度投入工作。

要求七：有创新精神

时代在飞速发展，菜品的竞争千变万化，餐饮酒店在竞争中要想立于不败之地，就要有创新菜肴、把握和领导潮流的勇气和能力。通常厨师长在创新方面的工作如下。

（1）根据季节的变化，与厨房主要管理人员及技术人员一起研究出季、月、夜色菜品。

（2）根据季节的变化、人们的口味特点，与行政总厨一起不断研制一些新的菜品。

（3）敢于创新一些顾客喜欢的风味独特的菜品。

要求八：善于培养、训练员工

作为主管，不但自己要有能力，还要把自己所带的团队成员培养、训练成为合格的、优秀的员工。强将手下无弱兵，你是否是一个优秀的主管，从你带领的团队就能看出端倪。如果你是一个优秀的主管，那么你带领的团队也一定是优秀的。

二、厨师长的员工管理

作为一名后厨的高层管理人员，如果想取得成就，单凭个人技能和知识是不够的，还需要一个强有力的厨师团队的配合，这样才能做出一份成绩，成就一番事业。一个成功的厨师团队要求每一个员工都具备良好的个人素质和技能，团结一心共同进取。练就一支优秀的厨师团队，管理者需要做到“六多”“二少”，让员工具备“四心”。

（一）厨房管理者要做到“六多”

1. 多表扬

这里说的表扬是指当众表扬。对于遵守纪律、眼中有活、任劳任怨、不计得失、刻苦学习、努力提高职业技能和文化修养的员工，应当点名表扬，给予肯定，树立榜样，让员工在相互学习与竞争中成长。

2. 多鼓励

好的管理者应懂得如何给不同层次的员工制定不同的目标，施加压力。有压力才会有动力，但是光有压力是不行的，还要多鼓励。员工在工作中难免会遇到困难与挫折，这时管理者要给予他们更多的支持与鼓励，帮助他们在工作中吸取经验教训，求实创新，做出成绩。

3. 多关爱

人性化的管理能拉近管理者与员工之间的距离，建立良好的工作氛围，提高团队的工作效率。当员工遇到问题影响工作时，管理者不能一味责备，而应从实际出发给予帮助，帮助他们解决困难，使其全心投入到工作中。一个充满关爱的团队才是一个具有凝聚力的团队。

4. 多承担

每个部门的负责人如同一个家庭的家长，当员工因工作失误被顾客投诉时，要先出面把问题解决，努力把损失降到最低，然后再回家关起门批评教育员工，帮其认识正确处理问题的方法。当员工出现差错受到上级领导的责怪时，部门的负责人一定要敢于站出来承担责任，把问题处理好，回过头来再对员工进行批评教育。这时员工对领导已经由佩服变成了信服，教育工作比较容易开展。

5. 多发掘

要发现员工的闪光点，增加他们的自信心，克服自卑心理。自信是成功的基础，每一个人都有各自的优缺点，如果能发掘每一个员工的优点，将其安排在最适合的岗位上，必定能最大限度地调动其积极性，达到最佳的工作效果。

6. 多机遇

对于有能力和工作出色的员工，要提供展示才华的舞台，营造成长的空间。把机遇提供给有能力的员工，还要顾及能力相对较弱的员工，不要给他们太大的精神压力，否则会造成不良影响。适当的鼓励与赞美，往往事半功倍。

（二）厨房管理者切记“二少”

1. 少批评

“人非圣贤，孰能无过。”员工在工作中出现错误，身为管理者应当帮助他们分析问题，找出根源，加以指教。要以帮助为主，批评为辅，教育员工知错就改，过多的批评会挫伤员工的积极性，甚至会令员工不敢面对错误，推卸责任。

2. 少责骂

员工工作上出现了问题，切勿责骂。人都是要面子的，批评不是光彩的事，最好私下解决，否则很容易令员工产生厌恶和逆反心理。对员工要严格要求，赏罚分明；要处理得当，奖罚适度。

（三）帮助厨师建立的“四心”

1. 信心

拿破仑曾说过：“不想当将军的士兵不是好士兵。”相信谁都不甘心一辈子处于最底层，都想向高处攀登，但实际攀登起来往往信心不足。原因一是技艺不佳，二是经验不足。这就需要管理者为员工打气，教其技艺，授其经验，树其信心。

2. 恒心

面对工作压力和艰苦环境，很多厨师不能坚持到底，往往盲目转行，最终转来转去只会一事无成。人应当干一行，爱一行，专一行。厨师这一行没有一二十年工夫是打不下坚实基础的。成功需要恒心，要坚持不懈，努力钻研。不经一番彻骨寒，哪得梅花扑鼻香！

3. 耐心

闻道有先后，术业有专攻，不管年龄大小、地位高低，教人一个小技巧就是“师父”，学人一个小窍门也算是“徒弟”。作为“徒弟”，要有不达目标誓不罢休，打破砂锅问到底的决心。作为“师父”，要有不厌其烦、诲人不倦的耐心。相互学习，才能共同提高。

4. 虚心

虚心使人进步，骄傲使人落后。道理大家都懂，但并不是人人都能做到。人有了本事，傲气往往随之而生。这种傲气会使人满足于现状，停滞不前，而人生却如同逆水行舟，不进则退。一个人如果能不断克服骄傲自满情绪，那么成功就离你不远了。

三、10 个指标考核厨师长

如何有效加强对厨务部系统的管理控制，是做好厨务管理工作的重点。既要允许厨师长有相对的管理自治权力，又要保证厨务部的各项管理必须围绕餐饮部制定的总体方针、指导思想来开展工作。

表 6－1　厨师长管理量化考核表

序号	指标	考核依据	考评办法
1	人员流失		
2	人才培养		
3	前厅评价		
4	员工培训考试		

续表

序号	指标	考核依据	考评办法
5	毛利率		
6	出品稳定		
7	菜品创新		
8	管理执行		
9	安全卫生		
10	综合管理		

从表6－1可以看出，厨务部对厨师长的管理督导是从10个指标来进行综合考核评定的。这10个指标基本涵盖了厨师长日常管理的各个方面，比较系统全面。

从激励方式上看，要采取奖多罚少的原则。目的是想激励先进，鞭策落后；以强带弱，共同进步。

从操作的可行性来看，也并不复杂，只是在厨政的日常工作中做好相应的记录即可。年底通过汇总即可评定厨师长的日常管理水准。下面，逐一给大家进行一下简单的讲解。

（一）人员流失

厨房员工的流失与厨师长的管理是分不开的。厨师长能否营造出一个积极向上、努力敬业的团队，能否保持员工的稳定，对企业的发展有很重要的推动作用。尤其是一些重要骨干员工，他们的流失会直接影响菜品的质量。因此首先要将此项纳入考核的范围。

（二）人才培养

企业发展，人才大部分需要内部培养，这是一贯的做法，所以分店厨师长能够培养出多少优秀人才就显得格外重要了。但是，大家都有一个共同的心理，自己培养的员工都不愿意把其调往别的分店（除非是那些不好管理的员工），这给厨务部的宏观调控工作带来了压力和被动性。

要解决这一问题，使被动变为主动的最有效办法就是让各厨师长积极自愿推荐，促进各厨师长多花精力培养人才。只要厨务部下发通知说某分店缺乏某类人才时，各店就会主动推荐，这就是厨务部要达到的目的。

数据的收集比较简单，分店人员有调动时，必须提交一份申请单给厨务部签字，以签字为准。考虑到人才的培养一直都是餐饮连锁的薄弱环节，所以只奖不罚。

（三）前厅评价

前厅和后厨的关系非常重要，为了方便前厅能将真实的顾客用餐情况、顾客满意程度、对菜品的特殊需求传达给厨房，厨房人员必须服从前厅的领导。在顾客投诉，前厅催菜、换菜等情况下，厨房必须第一时间配合前厅，将顾客放在第一位。私下前厅和后厨再进行问题分析和有效通畅的沟通。

厨房的配合决定前厅对后厨的评价。这项要纳入考核的范围。

（四）员工培训考试

为了引起厨师长对厨务部开展的各项培训考试工作的重视，有必要将此项工作纳入考核体系。员工或主管的考试平均总成绩将作为厨师长的成绩，这样一来，厨师长自然就会重视每一次考试，也就不会允许有人缺考，更不会允许有人不参加培训了。

（五）毛利率

整个餐饮行业的厨房毛利率都维持在差不多的水平。太高就是暴利；太低，企业就没有赢利。厨房毛利率要想提升到很高的水平是一件很难的事情，但下降却很容易。因此，我们在管理毛利时，通常使用“控制”两个字，控制的目的就是不让毛利率下降，毛利率不下降就等于成功。所以，如果厨务部毛利率提升，奖励分值自然就要高，反之，扣分也重。

数据的收集也比较简单，只需年底由财务提供各连锁店每月毛利率进行比较即可。

（六）出品稳定

每季度厨务部都要组织进行连锁店的出品抽查，抽查可分随机抽查和定向抽查，90 分为及格分数线。因为季度检查是比较全面和公平公正的，因此成绩也具有权威性，适合评定考核厨师长的日常出品管理工作。

（七）菜品创新

厨务部每年推行全员创新活动，积极鼓励分店进行创新，这样能调动分店员工进行技术创新的积极性，同时也可以缓解厨务部创新的压力。分店厨师长要想获得绩效分数，就必然会主动组织员工共同学习、共同提高。前提是分店创新出的菜品必须经厨务部确认并在连锁店推广才有效。

（八）管理执行

管理是厨务部的一个特色，应持之以恒地贯彻执行下去。每季度组织检查一次，主要以拍照取证的方式进行，因此考核结果更具有权威性。

（九）安全卫生

安全卫生方面也是考核厨师长日常管理的重要部分，考核的标准通过行政下发的通报来进行评分，比较有说服力。需要进行通报的基本上都是较大的责任事件，将此纳入考核内容也是必要的。

（十）综合管理

综合管理与部门之间的沟通、与前厅的配合、与营销部的支持都是分不开的。因此，月份、季度以及全年的营业目标是否达成等都应算作厨师长全年的综合考评。

四、厨房工作管理车轮图举例

（一）粤鲍鱼档作息时间车轮图

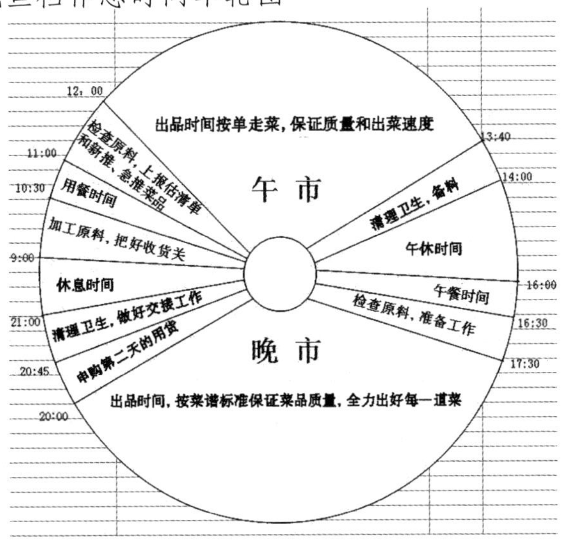

图6－1　粤鲍鱼档作息时间车轮图

（二）粤明档作息时间车轮图

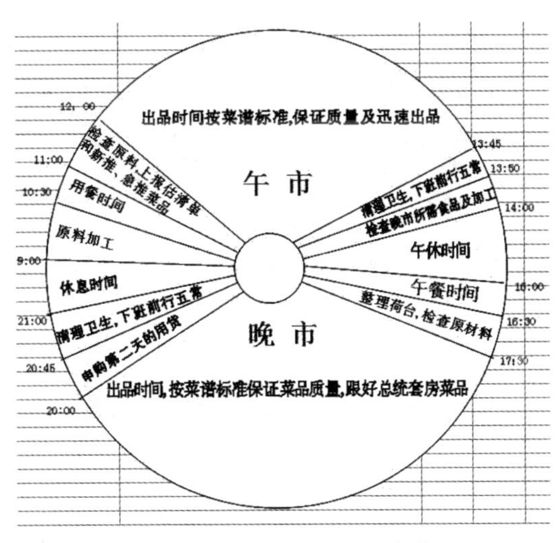

图6－2　粤明档作息时间车轮图

（三）湘土菜组作息时间车轮图

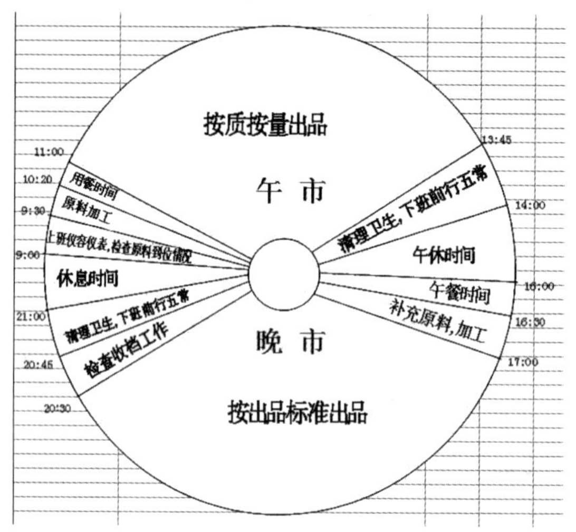

图6－3　湘土菜组作息时间车轮图

（四）湘流行菜组作息时间车轮图

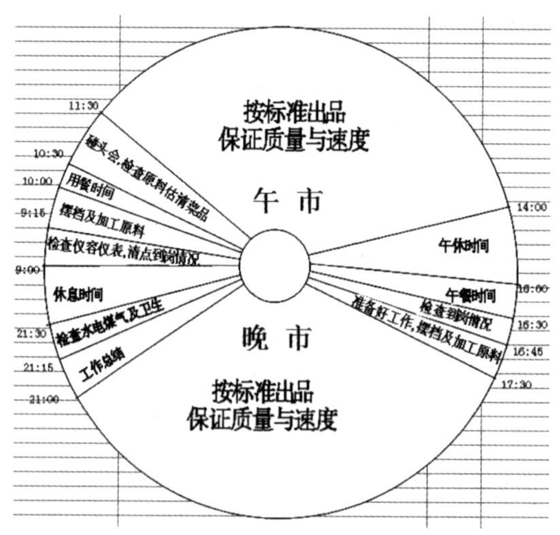

图6－4　湘流行菜组作息时间车轮图

（五）湘钵子档作息时间车轮图

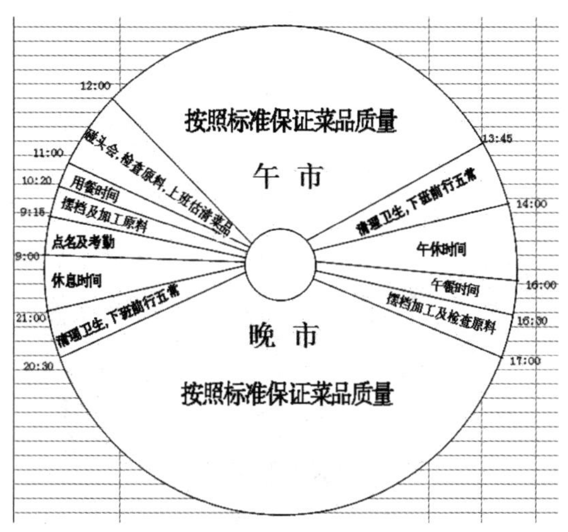

图 6－5　湘钵子档作息时间车轮图

（六）湘明档作息时间车轮图

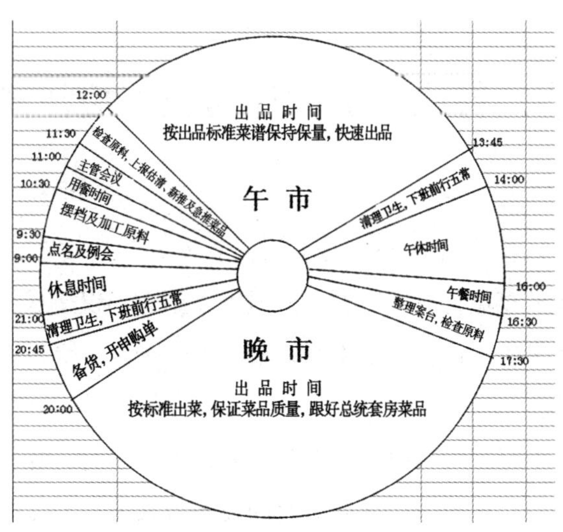

图 6－6　湘明档作息时间车轮图

（七）湘荷台作息时间车轮图

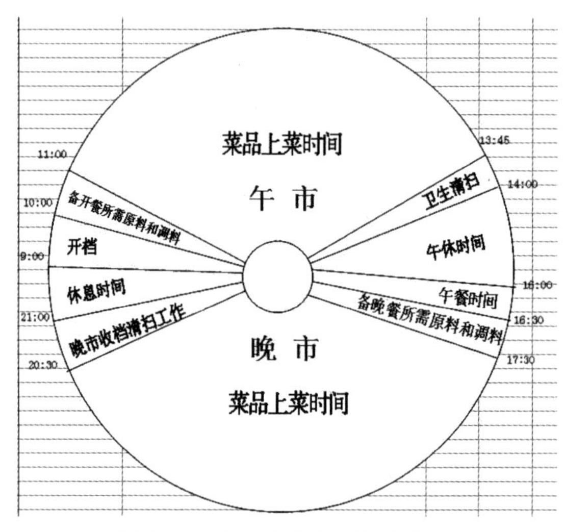

图 6－7　湘荷台作息时间车轮图

第二节　餐饮厨房设计与施工应注意事项

厨房的设计应以流程合理、方便实用、节省劳动、改善厨师工作环境为原则，不必追求设备多多益善。厨房设备多但不实用，不仅造成投资增大，而且占用场地空间，使厨房生产操作施展不开，增加不安全性，更没有必要一味追求气派漂亮，造型花哨。

现在餐饮企业里有三种情况：一是新建或改造厨房时，片面追求设计效果图整齐、买设备看样品只重外表，结果买回的设备板太薄、质太轻，工作台一用就晃，炉灶一烧就瞰，冰箱一不小心就升温。还有些设备看似新颖，功能超前，但真正的实用价值不高。二是不论自家饭店卖什么风味的产品，其设备都选配广式炉灶，认为只有这样的配备，厨房才是先进的。须知广式炉灶是与粤菜的烹调方法、成品特色相配套的。广灶的总体特点是火力猛、易调节、好控制，最适合于旺火速成的粤菜烹制。可现在有许多经营淮扬菜、海派菜或者杭州菜的菜馆，也选配广灶，着实使不少厨师为难。三是只要是提到改善厨师的工作环境，厨房要做到先进整齐，就无节制地扩大面积，拓展空间。不仅如此，还把偌大的一个厨房进行无限分隔，各作业间互相封闭，看不见，叫不应，既增加了厨师搬运货物的距离，又不便互相关照，更容易产生安全隐患。

因此，厨房的设计应紧紧围绕餐饮企业的经营风格，充分考虑实用、耐用和便利的原则。具体地讲，应在以下几个方面特别加以重视。

厨房的通风。不管厨房是选配先进的运水烟罩，甚至是直接采用简捷的排风扇，最重要的是要使厨房，尤其是配菜、烹调区形成负压。所谓负压，即排出去的空气量要大于补充进入厨房的新风量。这样厨房才能保持空气清新。但在抽排厨房主要油烟的同时，也不可忽视烤箱、焗炉、蒸箱、蒸汽锅以及蒸汽消毒柜、洗碗机等产生的浊气、废气，要保证所有烟气都不在厨房区域内弥漫和滞留。

厨房的明厨、明档餐饮企业，是餐饮业发展到一定时期的产物。设计明厨、明档，至少要注意不应因此设计而增加餐厅的油烟、噪声和有碍观瞻的场景。有些只宜将生产的最后阶段做展示性的明厨设计，实在没有必要和盘托出。

厨房地面。厨房的地面设计和选材，切不可盲从，必须审慎定夺。在没有选择到新颖实用的防滑地砖前，使用红钢砖仍不失为有效之举。

厨房的用水和明沟。有许多厨房在设计水槽（水池）时，由于配备的设备太少、太小，使得厨师要跑很远才能找见水池，于是忙起来很难顾及清洗，厨房的卫生很难令人信服。厨房的明沟是厨房污水排放的重要通道。可有些厨房明沟太浅，或太毛糙，或无高低落差，或无有机连接，使得厨房或水地相连，很难做到干爽、清净。因此，在进行厨房设计时要充分考虑原料化冻、冲洗，厨师取用清水和清洁用水的各种需要，尽可能在合适的位置使用单槽或双槽水池，切实保证食品生产环境的整洁卫生。

厨房的灯光。餐厅内的灯光重文化，厨房的灯光重实用。这里的实用，主要指临炉炒菜要有足够的灯光以把握菜肴色泽；案板切配要有明亮的灯光，以有效防止刀伤，追求精细的刀工；出菜打荷的上方要有充足的灯光，切实减少杂草混入并流入餐厅等。厨房灯光不一定要像餐厅一样豪华典雅、布局整齐，但其作用绝不可忽视。

辅助设计是强化完善餐饮功能的必要补充。辅助设计，主要指的是在餐饮功能的划分上，既不算直接服务于顾客用餐、消费的餐厅，也不属于菜品生产制作的厨房。但少了这些设计，餐厅可能会显得粗俗不雅，甚至嘈杂零乱；厨房生产和出品也会变得断断续续，甚至残缺不全。这些辅助设计主要有备餐间和洗碗间的设计。

备餐间是配备开餐用品，创造顺利开餐条件的场所。传统的餐饮管理者大多对此设计和设备配备没有引起足够的重视。因此，也出现了许多餐厅弥漫乌烟浊气，出菜服务丢三落四的现象。备餐间设计要注意以下几个方面。

• 备餐间应处于餐厅、厨房过渡地带。以便于夹、放传菜夹，便于通知划单员，方便起菜、停菜等信息沟通。

• 厨房与餐厅之间采用双门双道。厨房与餐厅之间真正起隔油烟、隔噪声、隔温度作用的是两道门的设置。通向两道门的重叠设置不仅起到“三隔”的作用，还遮挡了顾客直接透视厨房的视线，有效解决了若干饭店陈设屏风的问题。

• 备餐间要有足够空间和设备。

洗碗间的设计与配备，在餐饮经营中，可有效减少餐具破损，保证餐具洗涤及卫生质量，在设计时应处理好以下几方面的问题。

• 洗碗间应靠近餐厅、厨房，并力求与餐厅在同一平面。洗碗间的位置，以紧靠餐厅和厨房，方便传递脏餐具和厨房用具为佳。洗碗间与餐厅保持在同一平面，主要是为了减轻传送餐具员工的劳动强度。当然在大型餐饮活动之后，用餐车推送餐具，这也是前提条件。

• 洗碗间应有可靠的消毒设施。洗碗间不仅仅承担清洗餐具、厨房用具的责任，同时负责所有洗涤餐具的消毒工作。而靠手工洗涤餐具的洗碗间，则必须在洗涤之后，根据本企业的能源及场地条件等具体情况，配置专门的消毒设施。消毒之后，再将餐具用洁布擦干，以供餐厅、厨房使用。

• 洗碗间通、排风效果要好。无论是设置、安装先进的集清洗、消毒于一体的洗碗机的洗碗间，还是手工洗涤、采用蒸汽消毒的洗碗间，在洗涤操作期间，均会产生水汽、热气、蒸汽。这些气体如不及时抽排，不仅会影响洗碗工的操作，而且会使洗净的甚至已经干燥的餐具重新出现水汽，还会向餐厅、厨房倒流，污染附近区域环境。因此，必须采取有效设计，切实解决洗碗间通、排风问题，创造良好的厨房环境。

第三节　菜品管理

一、菜谱标准化管理

标准菜谱内容主要有：菜谱类别、烹调份数、菜品名称、净料成本、毛利率、售价、生产规程、关键工艺、器皿、装盘形式、成品要求、成品彩色照片等，以及主料、辅料、调料名称和数量。

所有新增菜和创新菜都必须先安排试做，并组织品尝、评价，经过改善，填写正式标准菜谱，厨师长、执行总经理或经营副总签字批准后投产。

标准菜谱是企业资产，是企业机密，由总办档案管理员统一管理，厨房按手续领用。

标准菜谱需制作 3 份以上，以需定量。

厨房以标准菜谱指导菜品生产，保证菜品质量，实现标准化管理。

《标准菜谱》样式见表 6－2 所示。

表 6－2　标准菜谱

<table>
<tr><td colspan="2" rowspan="2">配料名称</td><td rowspan="2">用量/g</td><td colspan="2">日期：</td><td>工艺流程</td></tr>
<tr><td>进价（元/500g）</td><td>金额/元</td><td rowspan="4">1.
2.
3.
4.
5.
6.
关键工艺：
1.
2.
3.
4.
5.
6.</td></tr>
<tr><td>主料</td><td></td><td></td><td></td><td></td></tr>
<tr><td>辅料</td><td></td><td></td><td></td><td></td></tr>
<tr><td>调料</td><td></td><td></td><td></td><td></td></tr>
<tr><td colspan="5">成品要求：
色泽：
芡汁：
口味：
质感：
器皿：
装盘及造型要求：
装盘：
围边造型：</td><td>照片</td></tr>
</table>

创作人：　　时间：　　厨师长：　　分管领导：

（一）标准食谱的作用

标准食谱将原料的选择、加工、配伍、烹调及其成品特点有机地集中在一起，可以更好地帮助厨房统一生产标准，保证菜肴质量的稳定性。具体地讲，还有以下作用。

（1）预示产量。

可以根据原料的数量，测算生产菜肴的份数，方便成本控制。

（2）减少督导。

厨师知道每个菜品所需原料及制作方法，只需遵照执行即可。

（3）高效率安排生产。

制作具体菜肴的步骤和质量要求明确以后，安排工作时更加快速高效。

（4）减少劳动成本。

使用标准食谱，可以减少厨师个人的操作技巧和难度，技术性可相对降低，因此有更多的人能担任此项工作，劳动成本因而降低。

（5）可以随时测算每个菜的成本。

菜谱定下以后，无论原料市场行情何时变化，均可随时根据配方核算每个菜品的成本。

（6）程序书面化。

“食谱在头脑中”的厨师，若不来工作或临时通知辞职时，该菜品的制作无疑要发生混乱。将食谱程序书面化，则可避免对个人因素的依赖。

（7）分量标准。

按照标准食谱规定的各项用料进行生产制作，可以保证成品的分量标准化。

（8）减少对存货控制的依靠。

通过售出菜品与标准用料，计算出已用料情况，再扣除部分损耗，便可测出库存原料情况，这更有利于安排生产和进行成本控制。

当然，标准食谱的制定和使用以及使用前的培训，需要消耗一定的时间，增加部分工作量。此外，由于标准食谱强调规范和统一，使部分员工感到工作上没有创造性和独立性，因而可能产生一些消极态度等。这些都需要正面的引导和督导，以使员工正确认识标准食谱的意义，发挥其应有的作用。

（二）标准食谱制定与使用

（1）确定主、配料原料及数量。

这是很关键的一步，它确定了菜肴的基调，决定了该菜品的主要成本。不论菜品规格大小，都应尽力求精确。

（2）规定调味料品种，试验确定每份用量。

调味料品种、牌号要明确，因为不同厂家、不同牌号的质量差别较大，价格差距也较大。调味料只能根据批量分摊的方式测算。

（3）根据主、配、调味料用量，计算成本、毛利及售价。

随着市场行情的变化，单价、总成本会不断变化，因此第一次制定菜品的标准食谱时，必须细致精确，为今后的测算打下良好基础。

（4）规定加工制作步骤。

将必需的、主要的、易产生其他做法的步骤加以统一规定，并可用术语，精练明白即可。

（5）选定盛器，落实盘饰用料及式样。

（6）明确产品特点及质量标准。

标准食谱既是培训、生产制作的依据，又是检查考核的标准，其质量要求更应明确具体才切实可行。

（7）填制标准食谱。

字迹要端正，要使员工都能看懂。

（8）按标准食谱培训员工，统一生产出品标准。

标准食谱一经制定，必须严格执行。在使用过程中，要维持其严肃性和权威性，减少随意投料和乱改程序而导致厨房出品质量的不一致、不稳定，要使标准食谱在规范厨房出品质量方面发挥应有的作用。

二、设计菜品组合

一个餐厅投入生产经营后，如何衡量或评价现有的餐饮产品、公众需求以及市场竞争？如何推出或放弃某些菜式品种，以适应市场的需求和满足顾客的口味呢？这就需要餐厅经营者对餐饮产品进行分析，并对市场与社会环境进行分析，以确定菜式产品的位置，不断改进，突出特色。

（一）切忌菜式与餐厅风格不符

俗话道："没有金刚钻，就别揽瓷器活。"对开餐厅的人而言，就是说如果真的条件不具备或者缺乏一定的实力，就别去逞强，别去做那种打肿脸充胖子的傻事情。试想一下，如果一间大排档式的食肆，出品的尽是一些精美而又高价的菜式，顾客受得了吗？顾客指望价廉实惠，结果却要多花钱。反之，一家装修豪华的高档餐厅，也尽量少采用很一般的菜品。如果菜品的组合和搭配没有与餐厅经营的风格相吻合，那么餐厅和顾客都得不到应有的好处。餐厅有可能赚不到应有的生意利润，顾客也不满意。由此可见，菜品项目一旦与餐厅风格不协调，是吃力不讨好的。所以，选择菜品组合要十分慎重。

经营品种的组合通过菜单反映出来，没有统一的模式，但有一些共同的原则必须遵循。

1. 菜品项目要适合目标顾客的需求

菜品组合要能体现餐厅的经营宗旨，而经营宗旨则要迎合某一目标顾客群的需求，所以组合后的菜品项目要满足目标顾客群的需求。如果餐厅的目标顾客是收入水平中等、喜欢吃广东菜的群体，则应选择一些中档粤菜进行组合，其他杂七杂八的菜品不要选入菜单。

2. 菜品项目与总体就餐过程相协调

选择组合菜品时，应消除菜品越精细越好的错误观念，所组合的品种要与餐厅的风格档次相适应。一家装修豪华的高档餐厅，不能只用普通菜品进行组合；反之，一家简朴的大排档，则不能只出一些高价精美菜品。

3. 品种不宜过多

一家好餐厅，在菜品组合时所选用的品种数量应能保证供应，不应缺货，否则会引起顾客的不满。但是品种数量不宜过多，过多的品种将意味着餐厅需要增加成本。如库存、生产设备、人力技术等。

4. 选择毛利较大的品种

菜品设置的最终目的是扩大销售，获得预期的利润。所以必须考虑每一菜品的成本、销售情况和获利能力。一般说来，我们选择的菜品其销售及获利能力不外乎有 3 种情况。

（1）既畅销利润又高。此类菜品是最好的，必须作为菜品组合的核心。一般包括看家菜、拿手菜、特色菜。

（2）虽畅销但利润低。此类菜品属薄利多销，一般是大众菜品，也是许多中小餐厅菜品组合的基础。但要注意成本与利润之间的对比情况，确保有利润可图，否则就失去了选择的意义。

（3）不畅销但利润高。此类菜品一般是一些名菜、传统菜，代表餐厅的档次，虽然销量较小，但利润可观。

对既不畅销利润又低的菜品一般不列入经营品种行列中，除非有特殊的理由。

5. 品种搭配要力求平衡

为满足顾客的选择，品种组合的面不应太窄，因此要注意下列几种平衡因素。

（1）每类菜品价格平衡：组合后的品种要有高、中、低档之搭配。

（2）原料搭配平衡：处理荤素、面食点心、水果、饮料等的搭配。

（3）烹调方法平衡：组合后的品种中应有不同烹调方法制作的菜品。

（4）营养平衡：选择菜品时要注意各种营养成分的菜搭配合理。

6. 品种要有独特性

所谓独特是指本餐厅特有而其他餐厅没有或者其他同类菜品比不上的某一类、某一个品种、某一种烹调方法、某一种服务方式等。如全聚德的烤鸭、某饭店的童子鸡、蘸水罗非鱼等。独特的菜品能突出餐厅形象，使餐厅具有与众不同之处而创出名气。这需要经营者具有创造性和想象力，但不能太离奇古怪，否则会使顾客产生畏惧心理。

（二）深思熟虑决定菜式品种

时下，丰富多彩的餐饮产品为餐厅经营者选择品种组合及项目提供了广阔的空间。

餐厅的经营目标，决定了餐厅的经营风格和路线。到底是经营某一菜系或地方风味，还是面面俱到？这需要经营者深思熟虑后决定。就目前餐饮行业看，中小餐厅经营品种主要有下列几个种类可供选择。

1. 只经营某一地方风味的菜品，保证该餐厅的“纯洁”“正宗”，突出餐厅鲜明的地域文化特色

餐饮市场竞争越来越激烈，顾客需求过于细分化，选择某一地方风味集中经营的餐厅越来越多，可视为当今餐饮业的一种发展趋势。中餐有八大菜系及各省各地区各民族风味，种类繁多；西餐有意、英、法、俄等风味；还有日本料理、韩国烤肉等，确定哪一类别，则应视市场需求而定。

2. 以经营一种风味菜品为主，兼营另一种受欢迎的风味菜品

如川鲁餐厅，以经营四川菜为主，兼营鲁菜中某些受当地顾客欢迎的菜品。

3. 经营风味不定，什么品种都有

这种餐厅可以适合顾客不同口味的需求，但一般都是档次较低的餐厅，许多大排档餐厅就是属于这种类别。

4. 经营餐厅时尚品种

随着人民生活水平的提高，消费结构、消费观念也发生了巨大变化，饮食时尚已成为城市居民日常生活的一部分。以当代顾客饮食消费心理为基础，经调查发现可供餐厅选择的时尚品种主要有以下几种。

（1）绿色食品走俏市场。厌倦了都市喧嚣和空气污浊的生活环境，现代都市人都在追求大自然的纯真和宁静。返璞归真、回归自然的心理反应在餐饮方面即表现为对绿色食品的极大兴趣。

（2）保健食品大受欢迎。中餐向来在营养搭配上有许多不足之处，现在观

念变了，不但要吃饱吃好，而且要讲究营养。中华民族向来相信“药食同源”的道理，因此，众多带有药膳性质的餐厅颇受人们的青睐，选择经营保健食品不失为一种明智之举。

（三）打造招牌菜以确定优势

品牌是一个工具，一种展示形式，它对经营较好的餐饮企业有很大帮助。我们应该通过强调餐饮企业的品牌特点和优势来指导顾客的消费，从而确定餐饮企业的市场优势。以大打名牌菜来招揽顾客已成为业内人士的共识。

1. 招牌菜是餐厅引导顾客消费的风向标

推出一个品牌的过程，也就是让消费者对品牌识别和认同的过程。当品牌成为消费者心中的产品标志后，消费者便建立了对品牌的忠诚，就会常常根据品牌进行消费选择。餐厅建立了相对稳定的顾客群，并通过口碑效应扩大品牌的影响，从而达到促销的目的。优质美味的菜品既便于顾客重复消费，也便于企业争创名牌和赢得社会信誉。如某酒店推出的“香茅草烤鱼”，一年的营业收入高就达40多万元!

推出某一品牌后，这一品牌就是菜品和企业的象征。企业为了维护品牌和企业信誉，就要尽力保证菜品的风味特色和质量，不能偷工减料，降低质量，倒了自己的“牌子”。品牌具有排他性，经注册登记后，就受到法律的保护，严禁他人使用，从而保护了企业的利益。

由于消费者常常根据品牌选择菜品，这就会使企业更加关心品牌的声誉，加强质量管理，强化创新意识，这些都有助于树立企业的良好形象，丰富菜品的文化内涵，并形成品牌经营的良性循环。

2. 招牌菜是餐厅增强自身竞争力的法宝

品牌的竞争力体现在它的价值上，品牌的知名度越高，品牌的追求者就越多，其价值就越大。品牌的价值增强了企业的竞争力，同时也为竞争对手设置了进入同一市场的障碍。随着市场经济的发展，餐饮企业通过自己的产品品牌，尤其是消费者熟悉认可的名牌产品如北京全聚德烤鸭、东来顺涮羊肉、天津狗不理包子等，争取较高的市场占有率，增强市场竞争能力，有效地占领市场。同时，餐饮企业应推出适应市场需求的高质量的品牌产品，在产品质量高的基础上，形成合理的经营规模；以品牌求发展，使企业成为能影响并带领整个行业发展的龙头企业。

（四）反常规设计与众不同

在当今餐饮业“人有我有，人无我有”的市场竞争中，不少经营者已深谙“特色”两字的分量，不约而同地在餐厅的布局、装修和菜品等方面创造和经营出具有鲜明个性的特色。有的花了心思和资金成功了，有的同样花了心思和资金却并未成功。不成功的原因有很多，但其中最主要的一条就是，没有摸准市场的口味和自己的与众不同之处，并将这两者有机地整合起来。

1. 逆向思维，摸准顾客心理

众所周知，一个餐厅要想赢得回头客获得长久发展，特色菜是必不可少的。凡是到过大连龙海楼的顾客都知道，大连刀鱼、辣拌小赤贝等菜是龙海楼的特色菜，几乎每桌都少不了它。有许多回头客，甚至每次都点该菜，使它成为龙海楼名副其实的“拳头菜品”。也许有的消费者感到不解：大连刀鱼这道菜在东北非常普遍，而且很多家庭都能做、都会做，选它做特色菜是不是恰恰失去了自己的特色?

其实，这正是菜单设计的独特之处。试想，一道大家非常熟悉的菜，如果能做出与众不同的口味，那么大家凭自己的经验就可辨别出这家饭店的经营管理和厨师手艺肯定非同一般。这样，他们会因自己的“亲身体会”而认可、接受并进一步喜欢这个店。经营者是紧紧抓住消费者的这一思维定式，故意将消费者都熟悉而其他饭店经营者不屑一顾的最普通的菜肴，设计成自己的特色菜推出，使其在消费者心目中形成“厨师水平高，最普通的菜肴都能做成美味佳肴，其他菜就更不用提了，所以要吃好菜还是到这家店”的消费意识。从而使消费者对酒店的好感进一步发展成对酒店的忠诚。

2. 精心打造，力求经营独具特色

怎样才能将“大连刀鱼”做出与众不同的口味呢？经营者首先分析了原料的品质，一般酒店和家庭中做这道菜时都采用市场上出售的冻刀鱼，这种鱼虽然价格便宜，成本低，但品质也大打折扣。消费者吃“海鲜”不就是图一个“鲜”

吗？如果原料本身的“鲜”荡然无存，那么厨师水平再高、技术再好，也做不出人们心目中的“好口味”来。因此，龙海楼的经营者认为，要想将“大连刀鱼”做成特色菜，就必须改变一般的低质原料。为此，他们每天派专人到大连海边采购刚刚捕捞上来的新鲜刀鱼。有了这么新鲜的原料，再加上厨师高超的烹调技艺，所以龙海楼的大连刀鱼一经推出，便在消费者中引起强烈反响。其味道之鲜、肉质之嫩、口感之爽，让他们怎么也想象不出厨师水平为什么这么好？自己在家里、在其他酒店吃过无数次，为什么都没有吃到这么好的“大连刀鱼”呢？

3. 奇兵制胜，赢得红火经营

“大连刀鱼”不但味美而且价廉，从表面看，这一道菜似乎是卖得越多赔得越多。但正是这一道颇具特色的招牌菜吸引了顾客，带动了酒楼其他菜品的销售业绩，使整个酒楼的利润一路攀升，效益大幅度提高。这就是经营者以特色意识经营菜品的高明之处。

三、菜品创新管理

随着消费者的口味不断变化，餐饮市场竞争的也日趋激烈，这也促使越来越多的餐饮企业将菜品开发作为增强自身竞争力的重要手段。迫于这种压力，和其他种类企业一样，酒店也必须每隔一定周期就推出若干新菜品以吸引顾客。

往往在一段时间内，大大小小、不同档次的餐厅都推出了各式各样的“创新菜”“新派菜”，虽然其中不乏精品，但鱼龙混杂，不伦不类者不在少数。

“菜品开发”是当前时髦的一句话，但如何正确理解菜品开发、有哪些开发思路、开发过程中应注意哪些问题，却是仁者见仁，智者见智。笔者对开发新菜有自己的心得，希望可以给大家一些启发。

（一）浓香浓味——思路是前提

每次开发新菜时，都应紧紧围绕“研发思路”这一基本前提展开，顾客才是酒店的上帝，只有让他们吃得“口服”，研发的新菜才算成功。

例如，在某城市一家餐厅，除了夏天以外，在其他三个季节里，浓香浓味的菜品颇对顾客的味蕾，但是注重色泽的粤菜和味浓但色泽不太好的川菜好像并不太受欢迎。

经过长期的考察和打探，经营者总结了当地人对菜品的几点挑剔：其一，口味是第一。菜品装盘可以不美观，酒店服务可以稍微怠慢，但是菜品的口味必须浓香，只有这样顾客才会下决心留下来消费。其二，色泽搭配好。本地人尤其在意菜品的红、黄、绿等的色泽搭配，他们认为色泽关系到菜品的营养成分。色泽搭配得越好，菜品的营养价值就越高，顾客就比较倾向于选择这样的菜品用餐以确保自己的饮食健康均衡。于是确定好了近期开发新菜的大思路：以浓香浓味为主，适当搭配清淡菜品。

然而，仅仅了解当地人的口味和就餐心理还远远不够，开发新菜的思路因为太过于广阔而有时无从下手。因为“浓香浓味”的概念太过于模糊，更是因为有太多的选择而显得更加茫然，所以无法确定更进一步的开发计划。下一步要解决的就是这一系列的难题。

（二）以人为本——思想是基础

对于菜品开发人员，首先应要求其具备专业的公正性和客观性，所以，在菜品开发上要一直严格贯彻“以人为本”的思想。这里所指的“人”，着重指的是消费者。因为很多厨师很不自然地将自己的个人口味、消费习惯和审美情趣带入所开发的菜品中，这样就远远偏离了菜品开发创新的根本目的——满足消费者日益提高和改变的消费心理和消费习惯。

在浓香浓味这一大思路的前提下，坚持在“以人为本”的思想下开展工作。为了收集到消费者更直接的信息，同时也为了解决上述难题，专门设计了“菜品销售统计表”，其中包括菜名、当天销售的份数、当天的销售额、占总营业额的比例和厨师姓名等几项内容。每月都在固定的时间将这个表格打印出来分发到各个分店，由分店的厨师、服务员、营销员等有关人员协助销售部门做好登记情况，并于每一天的晚上下班前将所有资料汇总到集团总店，然后由总店统一将销售情况输入电脑，并实现菜品销售排行，制成“餐饮销售查询（按单品）表格”，以方便查询和总结菜品总的销售情况。由电脑实现的这个表格除了必须要填写清楚统计的开始时间和结束时间以外，还要注明类别和店名。然后就根据此表格中体现出来的、排行在前十几位的菜品，更进一步地缩小研发新菜的总体思路。

以“石锅带皮牛肉”为例，最近三个礼拜以来，它在某分店的销售情况一直不错。尽管这份菜价位是 78 元，属于相对比较高的价格，但是每天都有 40 份左右的销量，销售额排在前列。于是在改良的基础上继续推出，并且还另外增加了石锅系列，总体营业额很高。

（三）烧烤和泡菜——季节性是重要因素

季节性是创新开发新菜尤为重要的因素之一。不同的季节，顾客有不同的口味偏爱。比如，夏天天气炎热，偏爱清淡；冬季天气寒冷，钟情浓香等。

除了要考虑顾客的饮食习惯以外，还要考虑到原材料也会随着季节的变化而变化。有的原料适合春天采摘，而有的原料则需要秋天就开始提前准备，以确保全年开发新菜有目的，有保障。

每年的秋季，提前准备好冬天需要的山萝卜、山辣椒、干鱼、干肉以及干豆角等原料备用，并开始设计研发冬天要推出的新菜以及创新菜。如某企业根据餐饮销售排行榜以及考察到的一些可靠有用的信息，决定冬天推出自制烧烤系列和泡菜系列。其中烧烤系列中比较典型的有牦牛肉等，用烤炉烧烤自制的牛肉口味。选用 40 元/斤左右的 10 斤牛肉，烧烤前用自制的酱汁以及鲜辣椒将牛肉腌制，制作过程中边烤边撒自制的辣椒粉、孜然粉。此类菜品口感外焦里嫩，色泽为酱红色，并有浓香的孜然味，还有浓浓的辣椒可以解寒。很适合在冬天推出。而泡菜系列，包括山白菜小炒肉、酸萝卜小炒黄牛肉等多种菜品。它重在体现酸酸甜甜的味道。每年冬天这些菜都很受当地人的欢迎，可以给酒店带来不少的利润。

（四）笋当配料——原料上做文章

要想做到菜品真正的创新，还要在原材料上做文章，要把原材料的思路放开，做好原料创新。某企业在原料使用上一直坚持以本地原料为主，全国各地特色原料为辅的方针。餐厅 1 年 12 个月中每月有 7 天出资研发菜品，并派采购员一起外出考察，边考察边总结，遇到好的原料随时发货回味，开始使用新原料和开发推出新菜。

比如，采购员到某地考察，发现那里的笋特别多，口味特别好，还有一点脆。再加上本地人基本上都没有见过这种东西，所以考察一番后决定将笋作为开发新菜的配料，主要突出它的甘和脆。继而推出了烟笋小炒肥肠等特色笋系列菜，效果非常好。每天都能卖到60份左右，点菜率极高。

笋做配料时，在添加了味精或鸡精之后，尽管菜品会很鲜，但是却少了笋原本的味道。所以，使用老母鸡或者排骨炸焦后煨制的鸡汁或排骨汁做汁以保留笋的原味。就拿烟笋小炒肥肠来说，肥肠干炒后，锅内放入切好的烟笋细丝（提前泡好），加自制鸡汁或排骨汁翻炒即可。笋因为吸收了肥肠里的油而变得更香，肥肠也不再油腻得无法入口。清香、家常口味、呈现酱油色，很符合当地人浓香浓味的偏好。

（五）告别味精——口味上巧算计

人们越来越爱惜自己的身体，提倡不吃味精、鸡精等调料，不放色素。所以某餐厅也启动告别味精的计划，开发菜品和创新菜品时不放味精、鸡精等调料，杜绝色素，重点突出菜品的本味，而非调料的味道，该迎合了当地人的口味。

尽管不用味精、鸡精等原料，但是为了确保菜品的味道，该餐厅从农村采购到土生土长的老母鸡，自己熬制鸡汤或鸡汁来代替市场上销售的鸡精、鸡汁。这样做出来的菜品不仅有增鲜的效果，更重要的是提高了菜品本身的营养价值，很受顾客的青睐。比如，蟹仔豆腐，将红色的蟹仔和白色鲜香的嫩豆腐组合在一起，全部用自制鸡汤煨制，豆腐爽嫩，蟹仔红亮色泽好，价位在46元左右，每天每个分店能够卖到40份左右，点菜率也很高。

除此之外，该酒店还在口味上做出了自己的个性，即开发出来以香椿土灶菜为主的煨罐子系列，不勾芡，不放色素，不放如辣椒酱等酱料，仅仅用酱油调味和调色，全部用炭火焖制。上午上班前就把炭火点好，将菜品准备好，慢慢地焖制2小时左右，顾客点菜时即可直接上桌。菜品是家常菜，价位也定在了中低档，为40元以下，每天每个店能卖到80份以上。

（六）鱼缸上桌——装盘妙设计

菜品开发，是指对构成菜品的各个要素，如原料、制熟方法、调味手段、成形美化、文化包装等其中一个或几个方面进行变革、创新，从而形成一道较有新意的菜品设计制作过程。所以，在做好其他一切准备后，某酒店还在装盘上下了一番功夫。凡是虾类菜品，都会将虾等摆在平盘上，然后将平盘放在鱼缸的上面，菜品连同鱼缸一起上桌。鱼缸内通常都会养上一两条小金鱼，并且养满花草和水藻，充分突出动感，饭桌上也有了不少的情趣。

四、菜品开发的程序

目前许多厨师在菜品开发时，往往不清楚从何处入手。因此，笔者根据自己的经验，向大家介绍一套菜品开发的程序。按程序进行操作，每一个步骤、每一个环节就清清楚楚，这样，菜品开发就容易成功多了。

（1）确定将要开发的对象，如采用新原料、新调味料，以及确定烹调方法、菜品外包装等。

（2）设计出成菜效果（即成菜标准），其内容应包括成菜色泽、质地、味型、刀工形状、盛器、装饰效果以及成菜汁水的多少和是否勾芡等，最好还能增加菜品的营养指标。

（3）按成菜效果制定出工艺流程，并且确定出关键工序。

（4）按制定好的工艺流程操作，要求在初试阶段基本达到预期效果。对关键技术参数，如原料配比、油温等参数尽可能量化，以便为以后的规模化、批量化、标准化生产打好基础。

（5）新菜开发出来后，应在小范围即专业人员范围内征求意见。

（6）将试制好的菜品在小范围内推荐给顾客，并收集意见。

（7）根据收集整理出来的意见，做适当的调整或改进。

（8）最后针对成型菜品的特点，给菜品以准确的命名，并进行恰当的包装。

第四节　生产流程及质量管理标准、考核

一、生产流程及领料流程

（一）厨房生产管理流程图

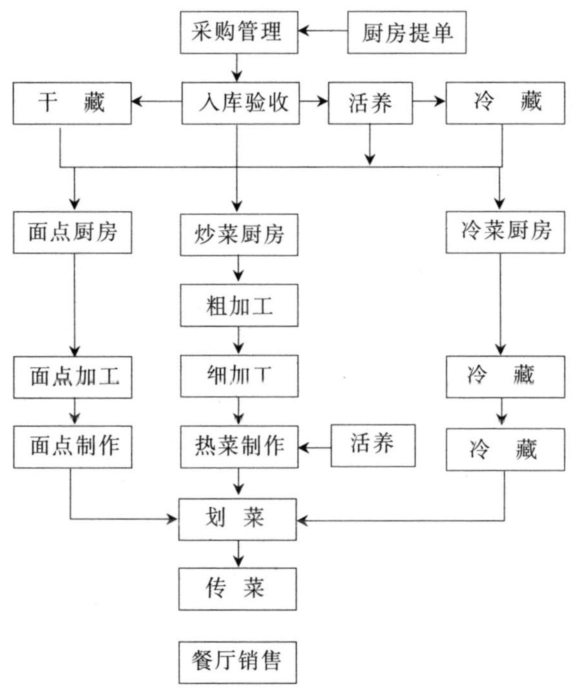

图 6－8　厨房生产管理流程图

（二）厨房原料领用工作程序图

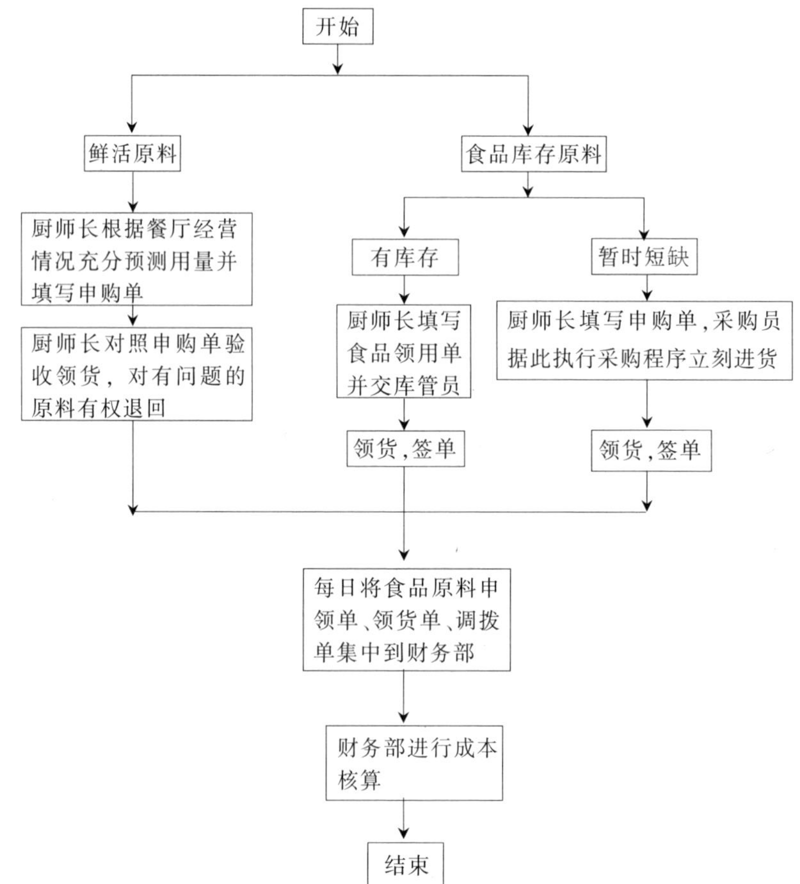

图6－9　厨房原料领用工作程序图

二、质量管理标准

（一）综合质量管理

（1）建立质量管理标准、标准菜谱等标准化管理制度。

（2）菜谱要由专人设计，集众家之长（要经常到其他酒店学习、交流、取经），对每道菜品都要进行认真分析，确保每道菜品都能适合顾客口味，被顾客称赞。

（3）任何菜谱设计后，厨师长要会同有关人员对每道菜进行工艺确定，包括对价格、投料标准、口味、颜色、装盘、容器等提出质量标准。

（4）菜谱最长一季调整一次，菜品更换率在30%以上。宴会菜谱按标准人数和消费金额分类设计打印，在餐前（中餐11点半，晚餐17点半，夜宵上班后15分钟内）做好准备。

（5）所有菜谱都要按照标准菜谱标准模式建立档案，厨师长主持撰写，交总办统一归档管理，厨房使用时借阅。

（6）任何创新菜品都要建立在对市场的深入调研基础上，经试做后，按规定程序报批后方能推出。更换、新创菜谱的审批权限在执行总经理或经营副总手中。新菜品的推出要填写《当日菜品信息通知单》通知餐厅，并对餐厅做好新菜品的培训工作。

（7）厨房每道工序均要求按岗位责任量化出工作标准，由厨师长或其他考评人按标准进行检查考核，结合每人当日工作状况填写《厨房生产质量评价表（日）》，对工作质量进行评价。

（8）所有厨师上岗前，必须经过实际操作考核，由执行总经理或经营副总、厨师长、人事主管共同参与考核。

（9）厨师长及有关人员每周至少一次随采购部考察市场，及时发现挖掘新、奇、特原料和货源，不断更新菜品。

（10）厨房生产要严格按岗位分工，职责明确，责任到人，严禁擅自越岗操作。如学员及非炒菜人员严禁上灶炒菜；蒸品调口要由专职厨师负责等。

（11）设置菜品质检员（厨师长兼），负责菜品质量检验把关工作。

（12）每餐的缺菜不准超过 4 种，否则要申报，填写缺菜记录，并追究责任。每日或每餐缺菜要填写《当日菜品信息通知单》，及时通知餐厅。

（13）厨房人员要严格执行《食品卫生法》，出现食物中毒现象，由责任人和厨师长共同负责，承担因此造成的经济损失。

（14）餐厅派专人，每天每餐到桌征求顾客意见，并填写《顾客评议菜品反馈表》，一式两份，报执行总经理或经营副总一份，并由其签署意见后及时反馈给厨师长。

（15）厨师长及厨师要经常到前厅了解顾客对饭菜质量的反映，并坚持每周有 3 次看台，每次不少于 3 桌，且做好看台记录，填写《饭菜质量评议表（厨房）》，一式两份，每周报执行总经理或经营副总一份。

（16）餐厅经理、厨师长在每天例会上要讲评头一天餐饮部反馈意见和看台情况。

（17）厨师长在每周经营会向执行总经理或经营副总述职时，汇报第 14 项和第 15 项的调查结果。

（18）设立退菜榜和表扬榜。鼓励员工钻研业务，创新菜品，厨房成立“菜品创新小组”，每月进行一次创新菜评选活动，凡多次受到顾客好评的菜品及优秀创新菜品，给予 50～200 元的一次性奖励，并上榜表扬。凡因人为质量责任造成的退菜都要上榜公布，并按菜品售价的 30% 赔偿，由厨师长（质检员）开具单子，执行总经理或经营副总签字后交财务执行。

（19）酒店每月举行“质量标兵”评选活动，召开颁奖大会，发奖、戴花，并展示标兵照片。

（20）酒店每季举行一次技术比武，酒店成立由执行总经理或经营副总、厨师长、人事主管等组成的考评委员会，由人事主管牵头，考评结果作为员工晋级依据。

（二）原料领用、保管质量管理

（1）严把原料进货质量关，厨师长在每日进货一览表上签署原料质量检验意见。

（2）每周经营会上，采购负责人、厨师长、餐饮部经理要就原料问题向执行总经理或经营副总述职，对出现的问题及时处理解决。

（3）厨房原料贮备量要合理，防止变质，从进货到使用原则上不得超过三天。发生存货变质情况，由当事人承担赔偿责任，并将有关情况如实申报，严禁私自处理。

（4）厨房各冰箱管理责任要落实到人，专人负责（兼职），挂牌上岗。食品要分类存放，全部原料要注明进货日期。

（5）存放时间超过 3 天的原料要及时报告厨师长，抓紧出菜，填入《当日菜品信息通知单》，通知餐厅推销。

（6）冰箱每周至少要彻底清洗一次。

（7）保持环境、用具和个人卫生。

（三）水族箱质量管理

1. 开机前的准备工作

（1）水族箱是否渗漏，水族箱内水位是否平衡，滤水槽内水位是否在制冷管上 10cm（钛包不用），潜水泵是否潜在水中。潜水泵在工作时不应露出水面，以免长期无水（无法冷却）造成潜水泵烧坏或漏电，各种过滤材料是否填好，最下层是珊瑚沙，珊瑚沙上层是滤棉，滤棉一定要压紧。

（2）检查电源接点是否牢固，接线头是否遗漏在水中，以免漏电伤人。接通电源后，等待制冷机自动开启，制冷机每次停下后必须等待 3 分钟后方可开启（3 分钟保护，有的压缩机带自动 3 分钟保护），压缩机工作一周后，检查继电器，压紧电线头。

2. 日常水族箱管理

（1）每天检查水位是否平衡，潜水泵是否潜在水中，滤棉脏污情况，每天清洗最上一层，清洗后四边一定要压紧。

（2）检查制冷机开机后运转是否正常，检查电源箱漏电保护器是否有效，将漏电保护开关合上，看潜水泵是否上水，如潜水泵工作正常且不露出水面，制冷管也不露出水面，上下水平衡，则打开充氧泵，检查充氧泵气泡是否正常。

当水温高于所需要的水温时，可调整温控器使制冷机开启。如果已达到需要水温而制冷机仍然工作，可将温控器向左旋转（电子温控器按使用说明调整），使制冷机关闭。温度调好后，不需要经常调整。

（3）经常检查制冷铜管是否锈蚀，发现锈蚀应立即更换，避免损坏压缩机（如用钛管则不必）。

（4）如发现漏电保护器断开，一定要检查是否有漏电的地方，不排除漏电因素不得开机。

（5）充氧机沙头应经常检查更换，如发现气泡不正常，需及时更换。充氧机安装必须高于水面，以免停电水倒流，造成短路烧坏充氧机。

（6）经常检查滤箱内珊瑚沙，发现脏污及时清洗，清洗最长间隔不得超过半年。

（7）新水族箱内因硝化细菌需用20天才能生成，所以在这期间不要换水，待消化细菌生成后，水就会变清。

（8）死鱼死虾等要及时捞出缸，以免滋生细菌，污染水质，并及时报告厨师长，抓紧出菜，填入《当日菜品信息通知单》，通知餐厅推销。

（9）水族箱内不能养殖过多的鱼虾等。

（10）冷暖两用机，必须先开循环水，检查循环水是否正常，正常后才能加温或制冷。如循环水出问题，就会造成冷凝器烧坏或冻裂。

（四）原料粗加工质量管理

（1）粗加工要制定岗位质量管理职责，明确分工，明确工作标准。厨师长要不定期进行检查，落实管理责任。

（2）按提货单提取当日厨房所需的原料食品，注意产地、品种、数量、质量等符合需要。

（3）检查、鉴别原料是否符合质量标准，并有权拒收不合标准的原料。

（4）按涨发程序进行原料涨发，洗净泥沙，去掉杂物和内脏，检查各道工序涨发率。

（5）做好综合利用工作，减少消耗，加工好的原料要及时投入使用，暂时不用的要及时放入冷库储存。

（6）蔬菜类原料要去净杂菜、枯叶、泥沙、杂物，按照不同的要求去皮、筋、籽，并清洗干净。

（7）水产畜禽类原料宰杀时要放血、拔净水、去鳞和内脏、冲洗干净。

（8）需要拆卸的肉类原料，按照各档取料标准和需要，分别采用拆卸、削剔等方法取料。

（9）保证原料营养成分，尽可能先洗后切，减少存放时间，及时送往厨房各需处。

（10）保证工作环境清洁卫生。

（五）划菜质量管理

（1）划菜员分拣前厅下达的点菜单，每天餐前检查桌号夹子，避免放错位。

（2）根据冷菜、热菜、面点分开的原则，向厨房各处传达加工等信息。

（3）划菜员配好桌号（厅名）夹子，分送冷菜、热菜、面点。出菜时，划菜员在对应菜单核对，无误后做好记录，交付传菜生上菜。

（4）掌握上菜顺序、程序及节奏，保证先点先出、催菜优先原则。

（5）监督饭菜质量，不合格饭菜有权退回厨房。

（6）及时向厨师长反馈前厅提供的顾客意见。

（7）监督、整理饭菜外形和装盘效果。

（8）准确清晰地将菜品名称、桌号或宴会厅名称报给传菜生，并解答传菜生不明事项。

（9）准确出菜，不漏菜、错菜和重复上菜。

（10）保持环境、用具和个人卫生。

（六）切配质量管理

（1）切配主管接划菜员传来点菜单夹子后，分配给切配厨师，并组织、指导、监督员工按操作规范操作。

（2）检查原料质量，不允许使用变质和粗加工不合标准的原料。

（3）按顾客点菜顺序和进包房先后安排，催菜情况及时优先处理。

（4）按标准菜谱规格标准切配，使原料投量、品种标准化。

（5）注意检查点菜单上所注顾客吃素或清真等特殊要求，并做出相应处理。

（6）原料细加工要符合整齐、规格、均匀、利落的要求。

（7）密切配合烹调方法，精细加工，保证刀工处理符合标准。

（8）合理下刀，减少下脚料，避免浪费。

（9）合理搭配，物尽其用，提高原料综合利用价值。

（10）把半成品归放整齐，摆放在规定位置上。

（11）查核凭单，杜绝重复、遗漏、错配等失误。

（12）保持环境、用具和个人卫生。

（七）烹调制作质量管理

（1）质量管理要从炒锅厨师的操作规范、制作数量、出菜速度、成菜温度等方面加强控制。

（2）按“标准菜谱”规格标准，明确烹调方法，使产品制作标准化。所有菜品的切配、预制、烹调等过程一定要严格按工艺要求和操作规程操作（如必须使用高汤的菜品不得用自来水代替等）。

（3）调动厨师主观能动性，发挥手工操作的高超技艺。

（4）服从厨师长的指挥、管理，接受有关标准菜谱的培训，熟练掌握厨师长分派的各式菜的制作。

（5）拒绝使用、加工不合要求的原料。

（6）注意配菜传来的顾客的特殊烹饪要求，如忌口等，使菜品符合顾客要求。

（7）接催菜牌后，在打荷的安排下，及时、快速烹制出菜。

（8）严格操作规范，制止任何图方便的违规做法和影响菜肴质量的做法。严格控制每次烹调的生产量，做到少量多次，“单菜单炒”，严禁一锅同时烹制多道“单菜”。

（9）坚持尝汤制度，每菜出勺前都要尝味，做到自我把关。

（10）厨师长每天要坚持抽查饭菜质量，确保每道菜品色、香、味、型俱佳。对不合格菜品一律退回厨房，并做好退菜记录，追查落实责任。

（11）消除剩菜现象。

（12）保持环境、用具和个人卫生。

（八）打荷质量管理

（1）拒绝使用和配菜不合要求的原料。

（2）了解本灶应出菜品的标准菜谱工艺要求，熟悉菜品的基本烹饪方法。

（3）协助热菜及切配组提取当日厨房所需的食品原料。

（4）与配菜和热菜厨师搞好配合，掌握菜肴的上粉、酿、穿、挤及炸制食品的初步调味，使热菜厨师能够随时烹制食品。

（5）掌握各种零点及宴会菜肴的装盘要求和装饰技巧。

（6）检查每日宴会和零点的配菜原料的品种和数量，检查提前装饰的菜盘，并将宴酒店用的餐具全部准备妥当。如与宴会要求不符，及时通知切配厨师调整。

（7）检查餐厅每日供应菜肴所需餐具的规格和数量，并按要求将餐具分类摆放整齐。

（8）负责准备每日所需的汁、酱、汤等，并添加烹饪调味品。

（9）灵活掌握菜肴的出菜顺序，以先到先制、先食先做和催菜优先为原则，接催菜牌后要及时、灵活地分派给热菜厨师进行烹制。

（10）与划菜、传菜生搞好配合，以便能够正确地将菜肴传向正确的地点。

（11）每道菜品装盘时，都要检查有无异物等。

（12）开餐结束后，负责收拾全部所用汁、酱等，将脏餐具、配菜盘等送洗。协助热菜厨师关闭本区域内全部的水、电、气、油等开关。

（13）保持环境、用具和个人卫生。

（九）餐厅销售质量管理

（1）前台服务生（传菜生）有权对菜品质量进行监督，有权拒绝传、上不合格菜品，把“五不端”（量不足不端，质不符不端，盛器不洁不端，热菜不热凉菜不凉不端，原料变质不端）原则落到实处。服务生、传菜生每拒端一个不合格菜品，给予物质和荣誉奖励。

（2）所有顾客退菜由划菜处做好统计，厨师长安排填写《饭菜质量评议表（厨房）》，找出原因，分清责任。如属质量问题，上退菜榜并扣分处理。

（3）顾客催菜，值台服务生及时将催菜牌送出。其催菜程序或催菜牌传递程序为：服务生——划菜员——厨师长（或当日负责人）——切配主管——打荷——炒锅或其他工序。出菜时催菜牌随菜走，直到上桌。

（4）严格按照《当日菜品信息通知单》落实到服务生，与厨房协作共同搞好菜品推销，避免原料浪费。

三、厨房生产质量考核

（1）厨房生产质量考核的方法是：依据“生产质量评价细则（标准）”，每天对每人的生产及工作质量进行评价，填写《厨师工作质量评价表（日）》。

（2）《厨师工作质量评价表（日）》采取扣分制，每条款扣分均为 1 分。一条款中包含若干分项时，每犯一项扣 1 分。

（3）打分时先在“累积扣分”栏划“正”，下班后将累积数填入“扣分”栏。

（4）《厨师工作质量评价表（日）》由厨师长、主管或其他考核人填写。

（5）每月月底时，将每人扣分汇总。

（6）扣分结果作为罚款或奖金的计发依据。

（7）酒店成立质量管理领导小组（常设机构），领导小组常务办公室设在总办。

（8）质量管理领导小组负责对质量管理活动的组织、领导工作，常务办公室组织具体的检查、表彰活动，每周检查一次，每次均要写出检查报告报常务组长，并在下周经营会做出汇报。

注：与奖惩挂钩的考核方法另行规定。

第七章

前厅管理

第一节　创新服务细节流程

一、保安部

保安部是顾客接触的第一个部门，对客主要是：提前通知迎宾组和服务组，做好提前服务的准备；指明入停车场；指引顾客停车位置或者待客泊车；拉车门请顾客下车，帮助顾客拿行李、贴车牌，转介顾客至迎宾组；用餐后摘除挂牌，指引顾客安全离开酒店。

（1）保安部人员的服装设计要有自己的特点，要符合高级酒店的整体形象和营造的氛围。

（2）就餐时间段，保安人员佩戴耳机站在指定岗位，标准站姿，不得随意走动。帮助顾客拉开车门并且遮挡车门上方，以防顾客头部与车顶相碰。

（3）了解顾客车型及车牌号码，提前判断顾客并立刻通知迎宾组和服务组做好迎接准备。

（4）与顾客沟通时要注意礼节礼貌及文明用语，精神抖擞，动作标准有力度；要做到举止大方、不亢不卑，避免与顾客发生争执或冲突，不准向顾客索取小费。

（5）当将顾客转介迎宾组和服务组时，保护顾客车牌号不被窥视。

（6）当值时对车辆安全进行仔细检查，如发现问题，应及时上报。来车时要将车辆指挥到位，检查车辆有无损坏，车门有无上锁，车辆排列是否整齐。

（7）当值时要站到车场较明显的位置，指挥车辆时动作手势要标准、利索、正确。

（8）当值时不得群集闲聊，不得随意离岗、串岗，有事不要大声叫喊，使用对讲机时注意用语。

（9）当值时不得睡觉、看手机、吸烟、吃零食。

（10）指挥车辆泊位时要注意自身安全，防止撞伤、碰伤、擦伤等。

二、迎宾组

迎宾的热情状态和整个的迎接阵势，会让顾客对酒店的整体服务有初步潜在的意识，可以为后期的温馨服务做完美的铺垫。

（1）上班前注意服装的整洁，让自己达到良好的工作状态。列队迎接顾客，当保安组通知顾客到来时，及时上前迎接，帮助顾客拿随身携带的较重物品。

（2）必须了解当餐的预订情况，熟记已经预订房间的主人名字及外貌。当顾客下车后，即刻叫出顾客姓氏，以适当的称谓进行热情接待。

（3）进入大厅门前，迎宾员排列两旁，阵势较好，语言响亮清脆地热情问候，给顾客尊贵的感觉。（语言设计）

（4）进入大厅后，迎宾员根据季节的不同随时递上毛巾（热、冷），并将顾客带入其预订房间。

（5）当服务员紧缺时，帮助用餐服务。

（6）送客，并帮助顾客拿取较重物品，向顾客再见。（语言设计）

三、服务组

餐中服务是酒店服务的重点，对于服务细节的考量和用餐氛围的营造，服务人员都起到至关重要的作用。服务人员应发挥个人特长，做到全员营销的状态，让顾客在就餐过程中对酒店留下深刻而美好的回忆。

第一，服务人员在餐前检查好当餐预订顾客就餐前的一切准备工作及特殊服务所需要的工具等，并提前站位在指定的负责包间门口等待顾客。

第二，当顾客进入包间休息区时，递上餐前免费送的护肝茶等赠送产品。

第三，随身携带打火机，当顾客有抽烟的意向时，能够迅速帮助顾客点烟。

第四，食文化和酒文化的结合，营造现场就餐气氛。

第五，根据细节服务流程标准进行灵活服务。

1. 迎接贵宾

（1）以酒店标准服务站姿站立（女员工脚呈 V 字步，男员工两脚平行与肩同宽，两手在小腹前交叉，右手放左手上，两拇指在手掌心交叉）。

（2）面带微笑，自然、甜美、有亲和力（待客时笑不露齿）。

（3）点头示意使用敬语，用标准的普通话招呼客人，语言亲切（45 度鞠躬亲切问好——欢迎光临______，路遇客人靠左侧站立，鞠躬示意并问好）。

2. 接挂衣物

（1）顾客有脱衣服动作时，服务员应及时站在顾客身后用规范动作右手勾衣领的挂绳，左手随顾客的习惯来帮助顾客并运用语言。不允许换手，为顾客脱衣时避免接触顾客的皮肤。

（2）挂衣服时记住衣服是哪位客人的，衣架上用标签标注。

（3）离店时预先拿出客人的衣物。

3. 上水果、小吃、护肝茶等餐前赠送产品

（1）领位引领服务员自我介绍，并询问顾客温度是否合适。

（2）顾客入座沙发区后，应以“半蹲式”姿势奉上护肝茶、干果、水果等赠品，并示意顾客享用，介绍餐前水果、护肝茶的功效，二次机会介绍自己，向顾客表明如需要帮助请尽管吩咐，“祝愿各位贵宾在____用餐愉快”（餐前赠品应准备好洗手盅、果叉等物品）。

4. 点菜

（1）酒店主要由管理人员点菜或预制菜单（配菜）。

（2）如果是预制菜单，顾客到后即应通知管理人员与顾客确定菜单。

（3）如果是点菜，则应立刻通知管理人员前来为顾客点菜。

（4）服务员应根据菜单情况准备好相应的用具和物品，计划好上菜顺序，对上菜程序应相当了解，方便出菜顺序不对时进行控制。

5. 点酒水，斟倒酒水

（1）接受顾客点酒水、饮料、矿泉水等（顾客有自带酒水情况，根据酒店规定收取适当酒水服务费，向顾客作适当解释）。

（2）斟倒前应示瓶以获顾客确认，斟倒酒水时遵循先宾后主，分清并牢记顾客所喝酒水类别（在值台记录表上做好记录）。

（3）随时关注顾客酒量情况，及时添加。如一瓶酒快斟倒完时应及时询问

主人是否开启下一瓶酒。

（4）为不能喝酒的顾客少倒一点酒表示关心，为即将醉酒的顾客倒一杯浓茶或蜂蜜水。

（5）酒水斟倒前用内线电话通知传菜部走菜，告之人数、特别要求、菜速快慢等，做好接待要求交接，确保接待工作万无一失。

6. 拉椅就座

入座前服务员应站到主位向顾客介绍主人位、主宾位座次，方便主人安排。

（1）两手扶椅背，膝盖顶住椅背，轻提外移，忌发出拖响声。

（2）主宾、主人优先，老人、女宾优先。

（3）让座时，使用敬语“您请坐或请入座”。顾客坐下时，应当按标准姿势缓缓将餐椅移至顾客身下，动作轻稳，只要顾客能感觉到椅子的位置即可。

7. 派送毛巾

（1）毛巾折叠之间可放一粒花瓣，毛巾一定要干净、雪白、无异味。

（2）派毛巾时左手提毛巾篮，右手持专用上毛巾的毛巾夹，从主宾开始送到顾客手中，提醒顾客小心毛巾烫手（使用敬语），派毛巾在顾客的左手边服务。

8. 斟倒香茗

（1）用直升水杯斟至七分满，先宾后主，握水杯底部，使用敬语提醒小心烫。

（2）关注茶水的温度，如时间久了应重新换茶水。

（3）续茶使用茶壶斟倒。

9. 斟倒调料

站在顾客右边斟倒，使用敬语，征求顾客用香醋还是酱油。

10. 开胃菜、冷菜

（1）开胃菜、冷菜一般情况下在顾客入席前上桌，8 人以下 12 冷，8 人以上 16 冷。

（2）顾客可根据自己的喜爱对冷菜进行挑选，员工根据顾客的要求进行调换。

（3）为顾客斟好酒水后，站于副主宾位置转动转盘，每道冷菜移至主宾与主人之间作相应的菜品特点、典故、口味介绍，介绍完毕有一段吉祥祝酒词，最后祝各位贵宾用餐愉快。

11. 上菜、分菜

上菜顺序：虾类——炖盅类——鱼翅辽参类—— 炒（烧）菜类——鱼类——时蔬类——大闸蟹类——点心主食类——餐后酸奶（水果）。

（1）上菜报菜名，根据菜品特点和就餐气氛做菜模演讲和菜品介绍（菜品典故、特点、功效）。

（2）菜品上桌后，50%以上的菜品需要帮顾客分派。

（3）如果是高档菜品（如鱼翅、文化菜），需通知迎宾员来为顾客上菜，使用吉祥祝福语。

（4）菜上至2～3道时应询问顾客菜肴口味咸淡是否合适。

12. 席间服务

（1）细心关注顾客就餐情况，随时为顾客用餐提供服务。

（2）勤换骨碟：换骨碟的手势应有规范的动作，如有打扰应表示歉意。

（3）手机套服务：对放置桌面的手机加手机套。

（4）针对儿童服务：提供宝宝椅、宝宝餐具、宝宝围裙。

（5）针对老人服务：细心关照老年人的进餐过程，特殊菜肴为其切开服务，经常为其派菜等。

（6）针对女士服务：根据其饮酒量适时为其调换酒水。

（7）称谓服务：用心记住顾客的姓氏及职务，并在服务中正确运用。

13. 结账服务

（1）顾客进餐基本结束时，将填写无误的酒水单（菜品增加取消单）交予吧台，预打账单，对预打账单逐一核对，再次确保准确无误。

（2）顾客示意结账时，及时将预打账单交予顾客确认，对消费金额进行简要说明，如总金额、菜品金额、酒水金额、增加取消酒水（菜品）等。

（3）如付现金，应当面迅速点清金额，并向顾客表示感谢。

（4）如遇顾客刷卡消费，应迅速办理刷卡相关手续，让顾客在刷卡账单上签字确认，开具好发票（询问发票抬头，输密码时注意回避）。

（5）征求意见：诚恳征求顾客对菜品及服务提出宝贵的建议和意见，并把征求到的意见和建议记录于值台记录单上。

（6）买单姿势：站于顾客左侧，左手持收银夹，右手可做一些标准的手势语言。

14. 送客服务

（1）顾客有意要走，应立马为主人、主宾拉椅。

（2）协助顾客拿取衣物：根据编号正确为顾客取衣。

（3）友情提醒：提醒带好随身物品，提醒室外天气和气温，提醒不要酒后驾驶。

（4）协助顾客拿取物品（主动为顾客提供高档菜肴打包）。

（5）送客：服务员行走在顾客右前方1米，随时提醒顾客小心台阶等关心的语言，送至停车场。

（6）送客完毕应到指定地点填写送客记录。

15. 检查包厢

（1）检查是否有尚燃烟头和遗留物品。

（2）关闭电源、电器。

16. 恢复台面

拉椅——收棉织品（果盘）——玻璃器皿——餐具。

四、传菜组

（1）服装干净整洁，有特点，精神状态好。当在传菜通道碰到顾客时，必须在距离2米处停下，后撤半步护住菜肴；等待顾客到面前时，微微鞠躬；当顾客离开时，再继续做传菜工作。

（2）菜肴凉菜：顾客到齐后，服务员简短地向顾客介绍凉菜的文化，并同时向顾客传达企业的部分文化。

五、环境营造

1. 室外的背景音乐

无。

2. 室内的气味

每个楼层不同味道香薰。

3. 公共区域环境的营造，含软件（员工的工作状态）和硬件

灯光、绿植、风格工艺品混搭。

4. 包间休息区域的物品摆放

包间茶几摆放：绿植、面纸巾、当地知名报纸、企业简介、实时介绍、水果盘、便笺纸、笔、笔筒、电视机遥控器。

包间餐桌：餐桌中间摆放工艺品或者鲜花。

5. 洗手间的细节摆放

鲜花、绿植、烟灰缸、鱼缸、报刊架、放置筐、梳子（男女）、啫喱、护手霜、面霜、小工艺品挂饰、马桶棉垫、两个纸垃圾桶、三种纸（卫生纸、擦手纸、面巾纸）、镜子、地垫，马桶里放置鲜花瓣。

6. 室内的背景音乐

上班开始音乐（流行乐）；

员工点到音乐（进行曲）；

员工准备工作音乐（轻松欢快）；

开市时间音乐（两天以上循环播放——根据风格播放欧美或钢琴、萨克斯等西洋音乐）；

下班时间音乐（轻松欢快）。

六、细节提示

（1）拉车门及帮助顾客拿取行李。

（2）绿植或者工艺品配上注释，温馨提示。

（3）中英文讲解菜肴。

（4）车牌套。

第二节　前厅服务的细节管理

一、前厅服务细节流程

前厅服务细节流程如表 7－1 所示。

表 7－1　前厅服务细节流程

步骤	行动	语言
1. 候客	预订顾客未到 20 分钟前在包厢门口处等候顾客（如看见顾客进来时友善笑迎顾客）	中午好/晚上好××总！欢迎光临！ 中午好/晚上好！很高兴为您服务！
2. 迎客	面露亲切、友善微笑迎视顾客，借助手势请客内进	这边请！
3. 安顿顾客	替顾客拉椅 助顾客挂衣服 替顾客放好物品 征询顾客意见是否需开电视机 介绍顾客面前的食单	先生/小姐，请坐。 先生/小姐，帮您把衣服挂起来好吗？ 先生/小姐，包帮您放，好吗？ 先生/小姐，电视机帮您打开，好吗？
4. 派开面巾	用手巾盘配合毛巾夹将开面巾恭敬派至顾客手上	先生/小姐，请用开面巾，小心烫。
5. 上茶	由茶艺小姐为顾客介绍茶文化	略……
6. 收脏毛巾	用专用毛巾夹收脏开面巾（注意不可用手收脏毛巾）	略……
7. 上小食、倒调料	按每人每位上小食	这是我们的餐前小食，请慢用。
8. 上第二轮毛巾	第二轮毛巾用毛巾碟承托，放在顾客的左边（毛巾口对内）	略……
9. 铺席巾、点烛台	将席巾对折成长方形，轻轻铺于顾客腿上（忌反手铺席巾）	不好意思，打扰一下，帮您铺一下席巾。
10. 问酒水	征询主人家需备什么酒水 酌情推介酒家供应酒水品种（必须熟记每款酒水特性及好处）	×先生，请问今天喝些什么酒水呢？需要帮你们备些果汁或饮料吗？我们有西瓜汁、橙汁、可乐……

续表

步骤	行动	语言
11. 询问起菜方式	看顾客到齐时，主动询问主家是否需起菜	××总，请问现在可以为您上菜吗?
12. 上酒水	顾客所点的酒水先让其过目才可打开 如顾客不喝饮品可将水杯收走	×先生，这是你点的××酒，请您看一下……
13. 上菜前的准备工作（看菜单，根据菜单准备调整顺序）	看菜单备好相应的家私等及做好其他准备工作（如上鲍鱼准备刀叉、明炉等）	×先生，这是豪皇鲍汁扣，是八头南非鲍，刚出炉的，请品尝。
14. 餐中服务 分菜 加添酒水 更换骨碟 更换烟盅、清理空碗碟 回应顾客需求 简单处理投诉 处理突发事件 更换开面巾	分菜：用事先准备的分更将菜按位分给顾客 加添酒水：加酒水时需手势示意，如顾客所点的酒水将近喝完，要主动询问主人家是否需添加 更换骨碟：留意顾客骨碟里的骨头，超过三件时要帮其更换 顾客身体移动似有所需求或扬手需求时，马上快步上前看顾客有什么需要 弄清楚顾客要投诉的问题，如不属于自己职权解决范围，也应诚恳道歉 在服务过程中，遇到一些突发情况：如顾客自己不小心将饮料倒泻在自己身上，我们也应为工作的疏忽而道歉，并马上做一些相应的补救措施（快速找来干净毛巾给顾客抹干） 在用餐过程中，如发现顾客开面巾凌乱或没有温度时，主动帮顾客换热的开面巾	按照先主人后主宾的顺序把菜分给顾客……这是京葱爆辽参，请品尝。 ×先生，您的菜已经上齐。（走到主人旁边告诉他） 这个是鲍汁扣辽参，帮您在外边分一下好吗? 打扰一下，帮您加点啤酒；×先生，您点的两瓶啤酒已经差不多喝完了，是否需再帮您多备两瓶? 打扰一下，帮您换个碟子。（当顾客在倾谈时，可不用讯问，只需手势示意即可） 请问有什么需要?请问有什么可以帮到您的呢? 今天的菜很淡是吗?我马上找我们主管来跟进。 对不起，我带您去洗手间把衣服吹干好吗? 先生/小姐/女士，不好意思，帮您换一下开面巾。

续表

步骤	行动	语言
15. 清台（顾客用膳完毕）	在服务其间，留意到顾客的进食接近尾声，或感觉到顾客已经吃得差不多时，我们便应询问顾客台面的菜式是否需要，则先收大碟再收位上的小件家私	×先生：请问这些菜式还需要吗？若不需要，我撤走后，帮您上水果好吗？
16. 上水果、换热茶	清台垢，准备一杯新的茶，须用茶杯上。上水果时，用托盘托着按位上（注意主次）	请喝热茶，小心烫。请用水果。
17. 问甜品（问甜品时间可灵活掌握）	留意菜单上有没有甜点，如没有，可热诚推介当天供应甜品品种（问甜品时，应询问请客的主家）	这是我们的甜品单，请随便看看……可以派给您的顾客吗？
18. 上最后一轮开面巾	用毛巾夹配合毛巾盘派最后一轮开面巾给顾客（直接派至顾客手上）	先生/小姐，请用开面巾。
19. 结账、搜集意见	接收到顾客结账讯息之后，应先检查核对账单是否有错漏。核对无误后，将账单拿给顾客，用眼神寻找结账之主家，恭敬递上账单，手指金额轻声报上。找零和递发票时，要再次致谢。递上意见表，诚恳征求顾客的用餐意见	结账是吗？好的，马上来。 谢谢，1988 元，谢谢。 您的发票，谢谢。 ×先生，不知道我们今天晚上的服务和菜式是否令您满意，请多多指教。 谢谢您的意见，希望下次能令您满意。
20. 送客	帮顾客取出物品。协助顾客穿上外套。替顾客拉椅，并送顾客上车，鞠躬致谢。等顾客离开后，方可回房间进行收拾工作	×先生，您的包。 ×先生，我来帮您。 谢谢光临，再见。

二、心领神会与细节服务

（一）心领神会

“心领神会”培训之目的在于锻炼员工的观察力，提高其“悟性”，做到“说者无意，听者有心”，用意想不到的服务和精彩的瞬间，增强服务上的闪光点，提高服务质量，创造口碑，使顾客对企业的印象在这一刻定格而终生难忘。

1. 顾客提到有人过生日，如“又老一岁啦”“ 今天长尾巴啦”等

（1）通知主管，赠送长寿面。“您好，这是我们赠送的长寿面，祝您生日快乐”。

（2）通知营业部做好顾客的信息收集，特别要注意顾客生辰和联络方式，并作登记录入计算机。

2. 顾客感到空调较冷，如“好凉快啊”“ 早知道穿长袖来了”

（1）征求顾客意见，调高空调温度或关闭空调。

（2）为女士准备披肩。

（3）立即奉上热茶。

3. 顾客有感冒症状，如咳嗽、鼻音重、气色较差等

（1）征求顾客意见，控制好室内温度。

（2）可为顾客奉上煲的姜茶，“您好，这是我们特意为您煲的姜茶，请趁热喝。”

（3）席间可提醒顾客少饮酒，少吃辛辣食物。

（4）顾客走时，礼貌用语：“谢谢，请慢走，祝您身体健康。”

4. 顾客提到连续几天喝多了

（1）通知主管赠送醒酒汤，使用语言：“请慢用，第二天会舒服点。”

（2）餐前或餐中让顾客服用，可以回避众人，令其在备餐间服用，事先准备温开水。

（3）餐中斟酒以少为宜，体贴关心。

5. 顾客提到家乡故里

（1）如与自己同乡可以“攀缘”，使用家乡话可增加效果，注意在异地的同省或同乡。

（2）如非同乡可通知同乡的老总或经理，有亲切感，可留客。

6. 顾客席间满面红光，不停擦汗

（1）检查空调温度是否适中，调低温度。

（2）准备冰镇矿泉水一瓶，冰毛巾若干，随时奉上。

7. 顾客不时看表

（1）要想到定有急事或赶场，通知重点跟进出菜速度。

（2）服务要求更加快捷，提高效率。

（3）尽早下单，尽早核单，尽早买单。

8. 顾客对某餐具赞不绝口，爱不释手

（1）可知会经理安排赠送。

（2）在买完单后，用打包袋装好，送给顾客，给其一个惊喜。礼貌用语：“这是我们的心意，希望您喜欢。”

（3）最好以新的或带包装盒的作为赠品。

9. 顾客起身到门口东张西望

（1）此举动90%的情况是为寻找洗手间，应及时指引。

（2）10%的情况是为找某人提出服务要求，应主动上前询问。

10. 看到老人或残疾的顾客

（1）行动不方便，提供更周到的帮助。如备用轮椅或扶其搭乘电梯。

（2）有老年顾客应注意空调温度，忌生冷食物、冰镇饮品或酸奶。

（3）避开上菜。

（4）老人用餐，鲍汁扣类菜式可帮助切好后再上。

11. 小孩用餐

（1）增设一米以下的宝宝椅。

（2）避开上菜位，如在公共区域玩耍要提醒家长注意。

（3）当小孩要睡觉时，主动为顾客提供一个披肩帮忙给小孩盖上，并提醒顾客小心孩子着凉。

（4）如带有小孩的顾客点到竹签类的菜时，可帮小孩把竹签取下来后给小孩。

12. 听到某顾客有糖尿病或见到全单免糖

（1）多数顾客在用餐前要服用降糖药，先备温开水。

（2）推销木瓜汁、玉米汁、莲子汁，忌蜜瓜汁、西瓜汁等糖分较高的饮品。

13. 看到几个顾客相对无言地坐在沙发上

（1）想到顾客之间关系不好或有心事。

（2）准备报纸或打开电视，分散顾客的注意力。

14. 顾客酒量不济，在倒第一杯时就很谨慎

（1）以第一杯的斟酒量为谨慎，铭记在心。

（2）有分工的情况下交接清楚。

（3）切忌一次斟倒失误就可能引起反感。

15. 点到不方便食用的菜时，如鸿运当头、手抓骨、有机鱼头王等

（1）顾客素质都很高、很斯文，要想到可能会因礼节使食物浪费。

（2）主动为顾客分食、不吃或少吃后及时撤走，亦不影响台面美观。

16. 当顾客打电话聊天，提及地址电话时

（1）主动递上名片或圆珠笔，方便顾客记下来。

（2）顾客聊天时为重要的收集信息阶段，在不引起顾客反感的情况下，注意聆听。

17. 顾客注视操作台时

（1）一般情况下要求添加酒水、饮料、茶水。

（2）顾客想知道是否还有菜未上齐。

（3）看一下酒水、饮料使用情况。

18. 顾客用手指凭空画个圈

（1）指一下别人的汤碗看看服务员，要分菜式。

（2）把刀叉或勺子放在碟里看服务员，表示用完可以收走。

19. 当顾客喝醉时

（1）赠送醒酒茶。

（2）主动询问顾客是否需要代驾司机。

（3）主动为顾客叫出租车，招保安协助叫车。

（4）在顾客离开时，服务员应给顾客一些备用的纸巾、矿泉水和一些方便袋，防止顾客在车上呕吐。

20. 顾客听电话后，说还有人到

（1）主动加餐位。

（2）征求顾客意见，是否要加位上菜。

21. 有重要领导的部下示意给领导倒假酒

（1）取温矿泉水，专用白酒壶，由专人负责斟酒。

（2）中途尽量不换人或必须交代清楚，人人周知。

（3）注意稍有失误将引起重大投诉。

22. 顾客不小心将红酒洒在衣服上

（1）马上赠送苏打水一罐，可帮顾客擦拭。

（2）如未能清洁建议及时送出干洗，在征得顾客意见后，可在布草房借衣服替换。

23. 发现顾客使用左手筷子

（1）将筷架、分更、筷子换至左手边。

（2）如上窝翅，器皿的手柄需在右边。

（二）细节服务

“泰山不拒细壤，故能成其高；江海不择细流，故能就其深。”所以，大礼不辞小让，细节决定成败。在我国，想做大事的人很多，但愿意把小事做细的人很少；我们不缺少雄韬伟略的战略家，缺少的是精益求精的执行者；决不缺少各类管理规章制度，缺少的是规章条款不折不扣地执行。我们必须改变心浮气躁、浅尝辄止的毛病，提倡注重细节、把小事做细……

做餐饮也是如此，只有把每个细节做到位，才能真正赢得顾客的心。在为顾客服务的过程中服务人员的一个动作、一个眼神都将影响顾客对酒店的印象。今天，餐饮业已经步入了微利时代，要想维护好自己的客源，就必须学会在细节上下功夫。结合自己的经验，笔者总结了酒店工作中常被忽视的细节，希望能对大家有所帮助。

（1）就餐的顾客中如有外国朋友，要主动询问是否需要刀叉，因为不是所有的外国人都会使用筷子。

（2）上菜要先移出位子然后再上菜，并考虑好下一道菜的上菜位置；上豌豆、豆腐等菜肴时要跟汤匙；带调料的菜肴，应先上调料，后上菜肴，这样做的目的是告诉顾客上来的调料是用在这道菜肴上的；上菜时，要提醒顾客注意，避免将汤汁弄到顾客身上；拿取餐具或饮料时要使用托盘。

（3）随时留意顾客的茶壶、酒水杯内是否有茶水或酒水并及时斟满，这样不但能提高酒店的酒水销售，还能避免顾客干杯时因杯内没有酒水而带来的尴尬。

（4）营业前要仔细检查自己负责区域内的餐前准备工作是否做好，包括卫生、餐具、开水、茶叶、酱醋缸、牙签盅等。这就像做完试题后再仔细检查一下考卷一样。

（5）管理人员在营业时应实行走动式管理，要不断在自己的工作区域巡视，看服务人员的服务是否到位，烟缸、骨碟是否需要更换，菜是否已上齐等。在值台或巡台过程中还要随时留意顾客的表情、动作，如果发现有顾客东张西望时，要主动上去询问是否需要帮助。

（6）在物品使用上应该坚持哪里拿的东西放回哪里，向谁借的东西归还给谁的原则，并且要让员工记住本部门物品用具的摆放位置。

（7）让员工养成每天检查设备设施的习惯，如果发现设施损坏要及时报告主管或工程部。

（8）给顾客倒好饮料酒水后，要收去茶杯；顾客表示不再饮酒时，收去酒杯，并倒上饮料或茶水。这些简单的动作，有时可以给酒店带来更大的酒水饮料销售量。

（9）每日楼面发生的意外事故或投诉要告知部门主管，以便于主管在每天的例会上通报一下，避免员工在同一个错误上“摔”倒两次。

（10）如果顾客所点菜肴估清或已卖完，要在第一时间通知顾客换菜或者帮其退掉，因为拖的时间愈长，发生顾客投诉的概率就越大。在营业中接到估清通知时，及时告知其他同事。

（11）如果发现就餐的顾客中有带小孩的要及时为顾客搬来宝宝椅，点菜时，主动为顾客推荐一至两道适合小朋友的菜肴。

（12）点完菜时要复查台号、位数以及菜肴是否正确，并注明时间和要求，这样不但能减少上错菜和漏掉菜的概率，还能减少厨房、收银、点菜员的麻烦。

（13）上班之前想想是否带好钥匙或工作用具，以免因为自己的疏忽耽误了工作。

（14）看到顾客掏香烟时，马上掏出打火机，第一时间为顾客点烟。这样会让顾客感觉很舒服。

（15）顾客点菜后，应询问顾客是否上菜，如果顾客未到齐，一定要标明；热菜上齐后要告诉顾客并询问是否需要加菜或者是否可以上主食。

（16）如果送上来的菜肴并非顾客所点或者未到上菜时机，如冷菜未上热菜就已上来，要及时退回传菜部妥善处理安排。

（17）上菜前检查菜内是否有异物，如头发、玻璃、虫子、苍蝇等，多把一道关，可以减少一次投诉。

（18）上菜时要清楚响亮地报上菜名并请顾客慢用，让顾客清楚地知道自己吃的是什么菜，让顾客知道并记住自己喜欢吃的菜，这能为酒店赢得更多的客源。

（19）见到顾客和同事，要在 3 米内向他们微笑致意；接听顾客的电话时，要让电话那头的顾客“听”到微笑。微笑不但能给顾客带来喜悦，而且可以化解顾客的不满。

（20）服务过程中要及时撤下空盘，并将所剩不多的菜肴换成小盘。这样不但方便上菜，还能保持桌面的整洁。

（21）顾客的筷子或餐具掉在地上时，服务人员要在第一时间为顾客换上干净的餐具。

（22）如果发现酒店里有苍蝇或飞虫，应该立即想办法消灭。如果让顾客看到这些害虫，不仅会给顾客留下酒店卫生不过关的印象，还容易发生投诉事件。

（23）进入办公室和包间之前先敲门，以表示对顾客的尊重。

（24）随时注意顾客对酒店环境、菜肴、价格的看法，并记录下来转交给经理。

（25）在服务过程中，服务人员如果要暂时离开岗位（如需要买单、催菜、送餐具、拿酒水、饮料或者其他事情），要关照同事代为照看自己的服务区域。

（26）如果发现地上有垃圾，要随手捡起，只有这样才能保持酒店就餐环境的整洁。

（27）上完菜之后，马上提醒顾客菜已上齐。

（28）在买单之前要核对账单，查看是否多单或漏单；给顾客送回发票或找零时，要记得同时给顾客一张酒店的订座卡，这样可以增加顾客光顾酒店的概率。

（29）顾客买单后，要立刻对现场检查。如果发现顾客落下了东西，要及时交还给顾客；如顾客已经离开，要将物品交给主管或经理，以便于及时和顾客联系归还物品。

（30）顾客就餐完毕离开时，要热情向顾客告别并送到门口迎宾处。如果顾客不是自己开车来的，要询问顾客是否需要打车，如果需要，帮顾客叫好车。

（31）顾客用餐完毕后，剩得多的菜肴要送回厨房，请餐饮经理或厨师分析菜肴不受欢迎的原因。

（32）收台时要先收口布、毛巾，再收玻璃器皿，然后是筷架、筷子、汤匙、牙签盅等小件，收台时还要特别注意，不能把烟缸内的垃圾倒在台布内，以免烧坏台布；顾客用过的一次性毛巾要集中回收，用作酒店各部门清洁用具，较为干净的可送给客用卫生间；顾客未使用过的餐巾纸退回吧台。

三、餐厅日常工作检查细节

（一）卫生检查

（1）地面无灰尘、水渍、油渍、垃圾杂物等。

（2）天花板、墙面、墙角无污迹，无剥落，无蜘蛛网，无卫生死角。

（3）地板、地毯干净完好。

（4）门窗干净完好，窗台无灰尘、杂物，窗帘无破洞、无脏迹、无脱钩。

（5）墙面艺术性挂件完好，挂放端正，无灰尘、污迹、破损。

（6）花架、花盆无灰尘；无烟蒂；餐巾纸、盆垫干净清洁，无污水、污迹；

花卉、植物鲜艳美观，无枯黄凋谢，叶面光亮润滑，无灰尘、污迹。

（7）餐厅桌椅完好无损，不变形，不摇摆，无水渍、油渍、污迹。

（8）灯具、灯泡完好有效，明亮无尘。

（9）备餐柜干净整洁，所有物品均按规定摆放。

（10）过道及公共区域的痰桶，清洁干爽，无灰尘、污迹；痰桶上无纸巾等杂物，无裸露垃圾、烟蒂；周围无脏物。

（11）餐厅厅标、灯箱醒目、明亮、清洁、整齐。

（12）餐厅内所有家具、冰箱、电话音响等一切设备完好有效、整洁干净，无灰尘、污迹。

（13）餐具、杯具、玻璃器皿清洁完好，消毒严格，无指纹、水渍、油渍、脏痕、污迹，无裂纹、缺口。

（14）桌面调味盅、酱油壶、水壶等清洁完好，无脏痕、污迹，内装调料不少于2/3，调料不变质、不发霉、不沉淀。

（15）灶具锅圈清洁完好，干净，无污迹、水渍、油渍，转动灵活，无破损。

（16）台布、口布、小毛巾清洁完好，洗涤干净，熨烫平整，无污渍，无皱纹，无破洞。

（17）菜单、酒水单整洁美观，准备充足，无油渍、污迹、破损，无涂改、陈旧。

（18）灭火器材清洁光亮，无灰尘，有效正常。

（19）所有工作人员按规定着装，服装整洁，皮鞋光亮，无灰尘、污渍。

（20）所有员工不留长指甲，指甲内无污渍，不涂指甲油。

（21）空调出风口干净清洁，无灰尘。

（22）吧柜、酒架、样品陈列柜清洁完好，无灰尘、污渍。

（23）餐车、酒水车清洁完好，车轮转向灵活，无灰尘、污渍、杂物、垃圾。

（24）备餐间、工作间、杂物间物品摆放整齐有序，环境清洁，无异味、杂物，无裸露垃圾。

（25）果汁机、鲜啤机、毛巾柜等设备干净清洁，无残留汁液，无污渍。

（二）工作检查

（1）所有员工按规定着装，佩戴整齐。

（2）员工头发梳理整齐，发型美观，男发长不及领，不留胡须，女发不披肩。

（3）除手表外，任何员工不得佩戴首饰，女员工需化淡妆，不用香味怪异或浓烈的香水。

（4）开好班前会，让每位服务员明确当日任务，熟知当日特色菜及当日暂不供应之菜品。

（5）保证开餐时间岗位有人，并能及时主动地为顾客提供优质服务。

（6）厅面各岗员工按规定姿势站立，不可交头接耳、干私活、打闹嬉戏。

（7）见到顾客和领导主动问好，语言规范清晰。

（8）按规范摆台，台面物品摆放齐全，桌椅排列整齐。

（9）检查点菜单、酒单、收银夹是否准备妥当。

（10）开餐时间站立服务，站姿端正，符合规范要求。

（11）主动、热情、耐心、周到，根据顾客需要及时提供各种细微服务。

（12）拿取、递送任何物品（特别是菜肴、酒水）应使用托盘。

（13）按程序出菜，出菜无差错。

（14）上菜必须报菜名。

（15）在条件允许的情况下，应为顾客分汤和菜品。

（16）按规范进行结账服务，使用收银夹，账款无差错，收款后向顾客道谢。

（17）做好餐后结束工作，餐厅环境清洁，桌椅整齐，无残留餐具及垃圾。

（18）每天回收顾客意见，及时处理顾客的投诉和意见。

（19）建立餐厅财产三级账，做好餐具的布件，设备的检查、清点工作，设专人专项负责制度。

（20）不断加强员工纪律意识，要求员工遵守员工手册和各项管理制度，不私收小费和赠品，对顾客遗留物品，处理应及时，不隐瞒，不侵吞。

（21）管理人员应坚持现场的管理和督导，每天有工作检查的书面记录。

（22）所有操作严格按照有关操作规范进行。

（23）做好醉酒顾客的处理工作，有紧急防范措施。

四、服务五字诀

客到主动迎	态度要热情	开口问您好	脸上常挂笑
微笑要自然	面目表情真	走路要稳健	引客在前行
落座先拉椅	动作似娉婷	遇客对话时	双注客表情
待客坐定后	随时递毛巾	席巾铺三角	顺手拆筷套
热茶奉上后	菜单紧跟行	点菜循原则	条条记得清
酸甜苦辣咸	口味各不同	荤素要搭配	冷热要分明
主动加艺术	精品要先行	定菜要重复	价格要讲明
下单要清楚	桌号位数明	酒水要明确	开瓶手要轻
斟倒从右起	商标要展明	冷菜要先上	热菜随后行
叫起应有别	状况要分明	选好上菜位	轻放手端平
菜名报得准	特别介绍明	传菜按顺序	上菜分得清
桌面勤整理	距离要相等	分菜从右起	分量要适中
汤菜上齐后	对客要讲明	顾客谈公务	回避要主动
顾客有要求	未提先悟明	待客停筷后	人手茶一杯
送客巾递上	生果随后行	就餐结束后	账目要结清
盘中有余餐	打包问一声	买单完毕后	虚心征意见
顾客无去意	再晚不催行	顾客起身走	衣物递上行
送客仍施礼	道谢要先行	发现遗留物	及时还失主
撤台要及时	翻台要迅速	按此规范做	功到自然成

五、两张表格看包间和洗手间细节

表 7－2　休息区物品管理表

负责人______房间号

物品名称	管理要求	清洗时间	更换时间	备注
面纸	折角	餐前检查	使用完毕	
绿植	生长茂盛，无死叶	餐前检查清洗	达不到要求	
烟灰缸	干净，加水，鲜花瓣一叶	餐前检查清洗	破坏	
××晚报	无折损，每日更新	餐前检查	每日	
××日报	无折损，每日更新	餐前检查	每日	
企业简介	无折损	餐前检查	每日	
××内刊	无折损，定期更新	餐前检查	每日	
杂志等	无折损，定期更新	餐前检查	每日	
菜谱	干净，无污垢	餐前检查	破坏陈旧	
水果盘	干净，无污垢	餐前检查	每餐	
便笺纸	干净整洁	餐前检查	使用完毕	
笔	使用流畅	餐前检查	破坏	
笔筒	干净，摆放整洁	餐前检查	破坏陈旧	
电视遥控器	使用流畅，摆放整洁	餐前检查	破坏	
台灯	餐前打开，使用无问题	餐前检查	破坏陈旧	
沙发	干净，整洁，摆放整齐	餐前检查	陈旧	

表 7－3　洗手间物品管理表

负责人______房间号

物品名称	管理要求	清洗时间	更换时间	备注
鲜花	新鲜，无死叶、瓣，无飞虫	餐前检查清洗	达不到要求	
绿植	生长茂盛，无死叶	餐前检查清洗	达不到要求	
烟灰缸	干净，加水，鲜花瓣一叶	餐前检查清洗	破坏	
鱼缸	表面干净，水质干净	餐前检查清洗	破坏	
观赏鱼	数量 2 条以上，里无死鱼	餐前检查	死亡	
报刊架	干净整洁，报纸杂志超 4 种	餐前检查清洗	破坏	
放置筐	干净，无污染	餐前检查清洗	破坏	
梳子（男女）	干净，无油垢，摆放整齐	餐前检查清洗	折断	
啫喱	有内容，摆放整齐	餐前检查清洗	使用完毕	
护手霜	有内容，摆放整齐	餐前检查清洗	使用完毕	
面霜	有内容，摆放整齐	餐前检查清洗	使用完毕	
小工艺品挂饰	干净，无灰尘	餐前检查	破坏陈旧	
马桶棉垫	干净	餐前检查	陈旧	
卫生纸垃圾桶	带垃圾袋，干净	餐前检查清洗	破坏	
手纸垃圾桶	带垃圾袋，干净	餐前检查清洗	破坏	
卫生纸	折角	餐前检查	使用完毕	
擦手纸	折角	餐前检查	使用完毕	
面巾纸	折角	餐前检查	使用完毕	
镜子	干净无痕	餐前检查清洗	破坏	
地垫	干净	餐前检查清洗	陈旧	
马桶	清洗无污物	餐前检查清洗	破坏	
马桶鲜花瓣	玫瑰花瓣 3 瓣，新鲜	餐前检查	每餐	
温馨笑话、趣闻	干净，设计美观	餐前检查	每周更新	

第三节　前厅顾客投诉处理

一、处理顾客投诉的程序

接待投诉的顾客无疑是对管理人员素质的一种挑战，要做到顾客满意而归，自己又不过于紧张，就必须掌握处理顾客投诉的一些程序、方法及艺术。

（一）做好心理准备

为了正确、轻松地将顾客的投诉处理完毕，首先，应在心理上做好准备。要确立“顾客是对的，顾客是上帝”的信念。一般顾客是在万不得已的情况下才来投诉的，所以，换一个角度去想，如果你是顾客，对酒店目前的这个问题，你是怎样的感觉？而且，餐饮行业都遵循一个原则：即使是顾客有错，也要当他是对的；反之，会破坏双方的和谐关系。

（二）认真听取顾客的叙述

顾客叙述时，应集中注意力倾听，并适时地提出问题，这样可以在较短的时间内弄清事情的经过，提高办事效率。

（1）要让顾客把话说完，不能胡乱说话、随便打断顾客的讲述。

（2）对顾客讲话时要注意语调、语气、音量的大小。

（3）表情要认真严肃，不能随便发笑，让顾客误会。

（三）记录要点

要在顾客叙述的过程中将有关要点如顾客投诉的内容、顾客的姓名、房号等记录下来，以作下一步解决问题的资料和原始依据。同时，这样做也是向顾客表示自己代表酒店所采取的郑重态度，把顾客的喜怒哀乐放在重要位置，以顾客的利益为重。

（四）对顾客表示同情和理解

在顾客叙述的过程中，要为顾客着想，对顾客的感受、反映表示理解，用温和的语言安慰顾客，但不要急于把问题往自己身上揽，只能以朋友的身份对顾客的遭遇表示同情。

（五）把准备采取的措施告诉顾客，征求顾客的意见

根据所发生事情的性质，迅速确定一个解决的方法，并向顾客提出解决的方法，征询顾客的意见。

（六）向顾客如实说明解决问题所需花费的时间

负责解决问题的员工，根据问题的简易程度估计其解决的时间，最好是一个具体的时间，然后告诉顾客。

（七）对顾客反映的问题及时解决

除了极个别人，顾客投诉最终是为了解决问题。因此，对顾客的投诉应及时着手解决。必要时应请相关人员协助。

（八）对处理结果给予关注

接待投诉的员工，往往不能直接去解决问题；但应对处理结果进行跟踪，给予关注，确定顾客的问题是否给予解决。

（九）问顾客对于投诉处理结果的意见

解决投诉问题以后，应该与其再进行联系。周到的服务与关心会使顾客感到

酒店对其是十分关心的，对其所投诉问题是十分重视的，从而对酒店留下良好的印象。

二、处理顾客投诉

在餐饮服务中，如果顾客消费的实际感受低于他的期望值时，就会引起顾客的不满。大多数的顾客不会将不满表现出来，而是默默离去，这就等于根本不给企业消除他们不满的机会；有些顾客会向酒店诉说问题，如果这些问题得到及时解决，顾客还是会回头的。因此，顾客的抱怨就是一种赠予，餐饮企业须视抱怨为金。

造成顾客不满的因素往往有如下几点。

- 硬件方面原因，如卫生不好、设备故障、设施不足、噪声、设计不当等；
- 员工服务态度的原因，如员工态度不礼貌、不友好，员工服务不主动、不认真，员工行为不雅、不合时宜等；
- 服务提供过程的原因，如没有按照承诺提供服务，服务速度慢、效率低，员工缺乏与顾客的情感交流和沟通，不能设身处地处理顾客的抱怨等；
- 顾客个性化需求不能得到满足的原因，如要求得不到解决，没有针对个人的服务等。

通常顾客是不会轻易投诉的，有研究表明，每 4 次服务交易就有一次顾客不满，但只有 5% 的人可能会去投诉，而其他人则会选择放弃。因此，餐饮企业须善于主动了解顾客的反映，设法通过一些有效的途径来获取顾客不满的信息。例如，杭州外婆家连锁餐饮店承接了许多大型企业的员工餐厅，为了避免职工们会吃腻餐厅的菜肴，他们想方设法提高服务质量。比如，每季召开膳食委员会会议，听取代表们对膳食的改进建议；定期发放意见调查表来获取更为详尽的反馈信息，加以分析和改进；为了真实和迅速地获取反馈意见，他们大胆地在餐厅过道的墙面上设立了两块大白板，一块写着“对我们的工作请提出您好的建议”，另一块写着“您想吃什么请告诉我们”，让职工们在排队等候的过程中随手就可以写上自己的意见和要求。他们称通过这种最为便捷的途径，可以将顾客的不满消杀于萌芽状态，这更可理解为通过白板能迅速地捕捉到近期职工们的口味爱好，有效地缓解职工们可能会产生的不满。他们采用这些有效的方法来获取顾客不满的信息，最终目的是为了不断鞭策自己、创新菜肴，让顾客满意。

当顾客因不满而出现投诉的时候，酒店要用积极的心态来面对。

作为服务行业，投诉不可避免，餐饮企业要把投诉视作改进工作、接触顾客、增进互动的机会。顾客不是我们斗智斗勇的对象，我们永远不会赢得争辩，即使把“理”争回来了，可能也就失去了这个顾客。同时，也不要试图说服顾客，因为任何解释都隐含着“顾客错了”的意思。态度鲜明地接受顾客的投诉，能使顾客的心理得到满足、尽快地把情绪稳定下来，显示出企业对顾客的尊重和对投诉的重视，有助于问题的解决。因此，餐饮企业要做好顾客投诉的管理。比如，如何减少顾客的投诉，如何使因顾客投诉而造成的危害减少到最低程度，最终使顾客对投诉的处理感到满意，甚至通过投诉管理增加顾客对酒店的忠诚度。顾客投诉时的心理状态往往有这几种：求满足、求尊重、求发泄、求补偿。例如，某五星级度假村餐厅的包厢因为冷气不足遭到顾客投诉，服务员却在处理投诉的时候简单说给开窗通风，造成顾客不满而遭到投诉。这是一例因为设施设备原因引起的顾客埋怨和投诉，主要是因为顾客的消费心理得不到满足，这个时候顾客的心理往往会从求满足过渡到求补偿。作为服务人员，当顾客对设施设备提出异议的时候，应该尽快化解顾客的不满。可以建议给顾客调换包厢，或用其他方法来替代设备的欠缺，比如用电冷风扇，并给顾客赠送水果或菜肴或给予一定的优惠折扣。当然，所有这些必须提前向顾客做好解释，并在征得顾客的同意下进行，要让顾客觉得店方是在为他着想，在为他解决问题。

餐饮服务的对象是人，由于人的生活背景、行为方式、性格特点的不同，表现出对服务的需求也不同。同时，由于顾客对服务评价的主观性，导致不同的顾客对同样的服务的评价也各不相同，甚至大相径庭。所以，顾客的各种需求不可能得到完全的满足，酒店服务一方面要不断提高服务品质，另一方面也要随时准备接受顾客的投诉。如何做好投诉处理是一门学问。

第一，要充分了解顾客的心理需要。顾客来消费是来享受的，往往是以自我为中心的，要站在顾客的立场来设身处地为他们考虑。

第二，投诉处理的目的是让不满意的顾客成为满意的顾客。因此，真心实意地帮助顾客解决问题，不要因小失大，要尽快解决投诉，任何拖延都会招致顾客更加不满，快速妥善解决顾客的投诉可以体现酒店的质量和素养，赢得顾客的良好口碑。否则，即使问题到最后解决了，顾客也不会满意。

第三，接到投诉，要马上妥善处理。首先要耐心倾听，表示同情；再以诚恳的态度向顾客表示道歉；然后针对不同的情况，在征得顾客同意后，妥善处理。

处理的过程中有以下几种情况。

- 如果是酒店方错误，要马上道歉，并做出补偿处理。
- 对于复杂的问题，要缓减顾客的过激心态，不马上表态，要通过汇报请示上级领导后再答复顾客。
- 对于不合理的投诉处理要做到有理有节。
- 对于不能马上处理的事情，要向顾客说明，并及时告知顾客处理的进展情况。
- 一定要避免和顾客出现正面的冲突。

第四，要做好顾客投诉的整理分析工作，最好能形成典型案例，运用于日常培训体系中。

笔者曾阅读过《申五的店》，这是写一家小餐厅经营的书。其中讲述有位顾客在菜里吃出一条小虫子而投诉的这样一个情节。后来他们总结出来的经验有：

- 发挥同情心，耐心听人家抱怨；
- 感谢他让我们有改进的机会；
- 别找借口，诚心诚意道歉，否则更让人生气；
- 承诺了就马上兑现；
- 别自己做主，把决定权交给顾客；
- 要把这件事和顾客本人都当回事，再见到一定要像朋友一样对待。

他们认为碰到顾客责难的时候，别把它当成麻烦，要当作改进的机会。从此以后，尽管有些小事不时发生，但是在申五的店里解决得都很好。那些发牢骚吐怨气的顾客最终都成了店里的老主顾。

通常当顾客在非常满意或非常不满意的情况下才会表示他的态度，如果餐饮企业能够预见顾客的不满，主动正视、妥善处理，必然会给酒店带来更好的口碑和效益。

第八章

成本管理

第一节　餐饮整体成本控制

近年来，随着国内餐饮市场竞争日趋激烈，餐饮企业的高利润时代渐渐已成为过去。面对这种形势，餐饮企业在进行资金的再投入和店面扩张的同时，也要苦练内功，加强企业经营各环节的成本控制，通过强化内部管理堵住餐饮企业的各种跑冒滴漏，控制成本达到降本增效的目的。本章以某企业为例，总结出以下几点经验供大家参考。

一、餐企如何进行成本控制

众所周知，餐饮企业的日常经营消耗主要集中在菜品的原材料上，那么如何有效地降低原材料的成本和损耗？

（一）应制定严格规范的采购制度和监督机制，以控制采购成本

在餐饮行业，采购人员往往被员工暗地里称为“肥差”，在一些制度体系不规范的企业，采购人员“吃拿卡要”的现象很多。餐饮企业多为私营企业，面对这些现象，许多老板就安排自己的亲信来担任采购职务，他们认为如果自己人也有问题好歹也是“肥水不流外人田”，而并没有一套现代企业制度和监督管理体制，对于每天到底应该赚多少钱自己也不是很清楚，所以餐饮企业应制订以下采购制度。

1. 建立原材料采购计划和审批流程

厨师长或厨房的负责人每天晚上根据本酒楼的经营收支、物资储备情况确定物资采购量，并填制采购单报送采购部门。采购计划由采购部门制订，报送财务部经理并呈报总经理批准后，以书面方式通知供货商。

2. 建立严格的采购询价报价体系

财务部设立专门的物价员，定期对日常消耗的原辅料进行广泛的市场价格咨

询，坚持货比三家的原则，对物资采购的报价进行分析反馈，发现有差异及时纠正。对于每天使用的蔬菜、肉、禽、蛋、水果等原材料，根据市场行情每半个月公开报价一次，并召开定价例会，定价人员由使用部门负责人、采购员、财务部经理、物价员、库管人员组成，对供应商所提供物品的质量和价格两方面进行公开、公平的选择。对新增物资及大宗物资、零星紧急采购的物资，须附有经批准的采购单才能报账。

3. 建立严格的采购验货制度

库存管理员对物资采购实际执行过程中的数量、质量、标准与计划以及报价，要通过严格的验收制度进行把关。对于不需要的超量进货，质量低劣、规格不符及未经批准采购的物品有权拒收。对于价格和数量与采购单上不一致的及时进行纠正。验货结束后库管员要填制验收凭证，验收合格的货物。活鲜品种入海鲜池，由海鲜池人员二次验货，并做记录。对于外地或当地供货商所供的活鲜品种，当夜或过夜（第一夜）死损，事先与供货商制订好退货或活转死折价收购协议，并由库管及海鲜池双方签字确认并报财务部。

4. 建立严格的报损报丢制度

对于高档海鲜酒楼经常遇到的原材料、烟酒的变质、损坏、丢失应该制订严格的报损报丢制度，并制订合理的报损率，报损由部门主管上报财务库管，按品名、规格，称斤两并填写报损单，报损品种需由采购部经理鉴定分析后，签字报损。报损单汇总后每天报总经理。对于超过规定报损率的要说明原因。

5. 严格控制采购物资的库存量

根据本酒楼的经营情况合理设置库存量的上下限，如果库存实现网络管理，可以由电子设备自动报警，及时补货；对于滞销菜品，通过计算机统计出数据，及时减少采购库存量，或停止长期滞销菜的供应，以避免原材料变质造成的损失。

6. 建立严格的出入库及领用制度

制订严格的库存管理出入库手续，以及各部门原辅料的领用制度，对烟酒、鲜活、肉蛋、调料、杂品等制订不同的领用手续。

（二）利用先进的网络系统，实现工业化、标准化的餐饮成本核算体系

1. 合理制订本酒楼的毛利率

每个酒楼要根据自身的规格档次以及市场行情合理制订毛利率，并分部门制订毛利率以及上下浮动比例（比如，热菜、凉菜、酒水的毛利率是不一样的），制作菜品成本卡，使成本控制与厨师奖金挂钩。餐饮企业可以通过成熟的网络系统实现营业收入的每日见成本，实现成本分解，进销核对，通过销售的菜品数量计算出主辅助料的理论成本，并自动核减库存量，期末与库存管理系统提供的实际盘点成本报表进行比较分析。

2. 定期进行科学而准确的成本分析

财务部每月末要召开成本分析会，分析每一菜品、每一台、每一宴会、每一个厨房的成本率，将各单位的成本与实现的收入进行对比，并分别规定不同的标准成本率，对成本率高的项目进行统计分析，并编制成本日报表和成本分析报告书。

3. 制定切实可行的成本控制和成本核算制度

财务部门要根据原材料的价格，粗加工、半成品的出成率及其价格等建立档案，规定各种菜品原材料的消耗定额，制作出标准成本卡，并要经常地、不定期地对厨房部实际考核定额的执行情况，检查各菜品、主食的定额成本与实际操作有无差异，有无跑冒漏滴及因保管不善而发生原材料残损或变质现象，把厨师的奖金与出品业绩和成本控制挂钩，以提高厨师的节源积极性。有些酒楼在挂钩后，厨师将原来扔掉的辅料（比如萝卜皮）也发明成一道菜，大大提高了酒楼的经济效益。

综上所述，可以看出，一个优秀的餐饮企业都有一套贯穿于所有部门的成本控制流程和制度，这里不仅涉及采购、库房、厨房的原材料管理，也涉及各种部门的日常领货、办公用品消耗等方面，用这些去防范餐饮企业日常管理上的漏洞。作为餐饮企业的管理者，只有管理控制好成本，才能保证利润的最大化，进而有效率地达到经营的目标。

二、餐饮行业降低成本的好方法

每个善于经营的企业家都会认识到，经营创收和降低成本是企业腾飞的两个翅膀，缺了哪一个都飞不起来。而酒店属于投入大、成本高的行业，更要在抓好经营创收的同时，在节约费用和降低成本上狠下功夫。

（一）在降低物资成本上下功夫

酒店资产大，项目多，人员流动大，各种物资的需求量和消耗量比较大，因此，加强物资成本的控制和节约显得尤为重要。酒店管理者必须抓好物资的采购，要坚决执行集团物流配送统一的规定，通过形成物资的采购规模来降低成本；要加强对物资的管理，完善物质进出登记、统计、验收手续，定期不定期地进行清点，确保账物相符；要严格各种物资领取的报批和发放手续；要教育和督促员工自觉养成节约用料的良好习惯，防止大手大脚、铺张浪费。

（二）在降低能源成本上下功夫

随着能源价格不断上涨，作为能耗比较大的酒店一定要做好节能这篇文章。酒店管理者要加大科技开源力度，采用空调余热技改、太阳能和热泵等降低电和油的消耗；要重视提高设施设备的节能效果，将老式锅炉更换成节能型锅炉和热水炉，选用节能型照明器材，使用IC卡锁，顾客离房取卡自动切断电源；要科学使用和操作设施设备，酒店的空调主机最好由2～3台组成，并根据温差增减启动台数，夏天使用空调时间长，夜晚有一定的温差，凌晨4～5时可适当停机。

（三）在降低投入成本上下功夫

酒店各个配套项目和各种设施设备的使用都有一个周期率，到一定的时候就需要更新改造，这种不断地投入是酒店业的一个重要特点。酒店管理者必须控制投资规模，酒店的投入一定要有计划性，要分轻重缓急，量力而行，过多的投入会加重酒店债务负担，增加成本积累，减少利润形成；要坚持产出大于投入的原则，对每项投入的产出情况要进行精打细算，对于产出小于投入的坚决不干；要坚决执行集团工程统一规定，集团各酒店的工程项目都归口集团装饰工程公司负责，坚持投标选队的原则，装饰工程公司与项目建设单位要共同组织投标选队，原则上每个项目不能少于三家施工队投标，从中选择资质、价格、质量最好的队伍负责施工。

（四）在降低财务费用上下功夫

财务费用是酒店经营成本的重要组成部分，减少财务费用是酒店经营中应重视解决的一个重要问题。酒店管理者要科学合理地筹措、调度、使用资金，既不能囤积，又不能流失，要把好钢用在刀刃上；要严格控制资金外借，重大资金的使用和超出营业范围使用资金应报集团审批，对集团内企业之间的资金调剂也应按经济规律办事；要加快还本付息步伐，负债经营是酒店业的一个普遍情况，集团内有负债或负债比较大的酒店，一定要在千方百计增加创收的基础上，尽可能加快还本付息，逐步减少利息支出，使企业轻装前进。

（五）在降低人力资源成本上下功夫

劳动密集型、工资和福利费用支出大，是酒店业一个显著的特征。酒店管理者要根据酒店规模、经营需要和现代酒店管理特点来制订出符合企业实际的岗位、人员编制，做到不设闲岗，不配闲人；要科学合理地使用人力，按照经营需要招聘使用员工，注重使用好“季节工”，在交易会期间可扩招员工，交易会后及时解聘，在岗人员应工作满负荷，防止苦乐不均；要建立科学合理的分配制度，根据不同岗位的特点，采取岗位工资、效益工资、计件计时工资与奖励提成工资等形式，使工资真正成为调动员工积极性的有力杠杆。

（六）在降低行政费用上下功夫

行政费用包括办公、接待、交通、差旅等方面费用，如何把这些费用控制好，对降低酒店经营成本至关重要。酒店管理者要严格控制接待费用，采取指标包干形式，签单权力集中在主管领导身上，接待应严格根据经营和业务需要，既要热情，又要防止铺张浪费；要严格控制办公费用，尽量做到少开会、开短会；

办工用具的领取和使用要实行登记统计制度，打印、复印各种文件材料要注意纸张的节约，提高纸张的重复使用率；要严格控制交通费用，酒店的工作用车要严格审批和登记，私事用车一定要交费，对车辆维修、加油、路桥费等费用要加强监督和检查；要严格控制差旅费用，出差人员应按规定乘坐交通工具，给予出差补贴，报账时应严格把关。

第二节　采购成本控制

一、酒店采购管理制度

为使酒店的采购工作制度化、规范化，成本合理控制，内部工作协调加强和工作效率提高，特制定本采购管理制度。

（一）采购管理部门

酒店设立的专职采购部，隶属酒店财务部管理，受财务总监、成本控制、集团稽查部及其他部门的监督，全面负责酒店的采购工作。

（二）采购部工作基本要求

（1）所有采购项目均需董事会签批授权及酒店财务部批准同意。

（2）所有采购物品均需比较至少三家的价格和品质，月结类物品每月每一类至少有三家供货商提供报价单。

（3）所有采购物品的品质须保持一贯稳定。

（4）采购部工作人员须对自己采购物品的价格和品质负责。

（5）采购部须每半个月一次通过电话、传真、外出调查、接待厂商等方式获取酒店使用的各类物品主要品种的价格信息并整理成价格信息库，以书面形式汇报给酒店财务部及董事会。

（6）所有供应商名片、报价单、合同等资料及样品须采购部登记归档并妥善保管，有人员变动时须全部列入移交。上述资料及采购人员自购物品价格信息每天须录入至采购部价格信息库。

（7）采购时间要求：一般物品采购时间为 3 天；急用物品当天必须采购回来；印刷品、客房一次性用品、布草等使用部门须提前一个月下单采购。

（8）禁止采购部采购任何未下申购单的物品，否则财务部将不予以报销。

（9）禁止使用部门自行采购物品或私自与供应商洽谈采购事宜。

（10）采购部负责跟进各协作厂商的货款及时签批支付事宜。对到期的应付账款，酒店应及时支付，以建立酒店良好形象，维护酒店财务信誉，同时也为日后的采购工作提供便利。

（三）采购审批程序

1. 申购单审批程序

使用部门经理（仓库主管）申请

↓

资产会计复查

↓

董事同意

↓

采购部询价

↓

财务总监审批

↓

稽查部审批

↓

行政办审批

↓

董事会审批

↓

申购单返回采购部

2. 单位价值1000元以上或批量价值在2000元以上的物品采购审批程序

对于单位价值1000元以下或批量价值在2000元以下的由采购部现金自购的物品，采购部须事先货比三家，并在申购单上注明询价结果和选定的供应商，经董事会最后批准后方可采购。酒店财务部和集团稽查部将对价格及品质进行不定期抽查。

采购部寻找至少三家厂商比较价格品质

↓

评定小组确定供货商

↓

采购部与供货商共同草拟合同或采购协议

↓

财务审批

↓

行政办审批

↓

董事会审批盖章或签字

↓

执行合同或协议

（注：评定小组由采购部、使用部门、财务部、主管副总、集团稽查部组成。）

3. 赊购（月结）物品采购审批程序

蔬菜、肉类、冻品、三鸟、海鲜、水果由各厨主厨直接下单至采购部叫货。其他物品按上述程序执行。

月结供应商选定办法：采购部每月每类物品均应邀请至少三家供应商报价，采购部、使用部门、主管副总、财务部和集团稽查部组成供货商评定小组，通力合作，进行价格及质量的比较和讨论，选定供应商。采购部及上述相关部门可分头或联合组织市场调查，根据市场调查的价格，与供应商确定固定的一个月的供应价，在此确认期间内，供应商将按此固定价格提供酒店所需的物料。

（四）采购监督

采购成本的控制由财务部、采购部、使用部门及集团稽查部共同完成，平时各部门应及时到市场上了解价格行情，以促进酒店采购成本的控制与监督。

（五）供应商管理

财务部应定期（每月或每季度）牵头，组织财务部、采购部、使用部门及集团稽查部对供应商进行评估（酒店每类物品须有至少三家供货商），淘汰部分不合格供货商。

选用供应商角度采用“1 +2 + N”原则，所谓“1 +2 + N”是指一类商品一个主供应商、两个辅助供应商、N 个考察供应商。这类商品只有一个主要供应商，大约 70% 的物资从他手中购买。两个辅助供应商提供大约 20% 的物资，一旦主供应商出现问题能有其他供应商立即顶替。数量不限的考察供应商既是辅助供应商的后备力量，也使酒店在采购极其特殊物资时无购买死角。

采购部要做好同供货商的联系和接待等工作，维护酒店形象。

二、餐饮原材料采购

餐饮原材料采购是每天工作的第一步，也是非常重要的一步。俗话说，巧妇难为无米之炊。酒店里有技艺高超的厨师，但没有高质量的精细称手的原料，再高明的厨师也做不出好的菜品。采购工作因其中不确定因素较多，管理难度大，是整个酒店成本控制中的重要环节，直接影响酒店的经济效益。

采购原料的质量和价格直接影响菜品的质量和成本，进而影响酒店的声誉和效益，其重要性是不言而喻的。为此，很多酒店都是老板亲自出马，但效果并不一定会好。

设专人负责采购，兼职亦可。同时建立一套监督制约机制，设置原料质量、数量验收员，可由厨房专业厨师兼任，价格由财务管理人员监督，建立岗位责任制，形成采购原料的质量、数量、价格三要素既相互独立，分工负责，又相互制约，相互监督。

制定一套切实可行、科学合理的采购标准。原料的质量是确保餐饮产品质量的基础，严格按标准采购才能稳定酒店的菜肴质量。根据餐厅的规模、档次、加工设备、市场原料供应情况及菜单内容和品质要求等，由餐饮经理、厨师长等人共同制定标准，并监督采购人员按标准执行。

采购原料的价格是老板让别人采购最不放心的，价格控制是降低餐饮成本、提高企业利润率的最有力手段，也是餐厅增强市场竞争力的一条有效途径。因其市场价格浮动变化大，控制起来难度较大，应着重做好下面几方面工作。

（1）通过比较运费、货源、质量、服务等因素，选择几家供应商来报价，择其质高价低服务好的作为采购伙伴。

（2）尽量采取批量购货，直接从批发商、生产商或种养殖户处采购，尽量摒弃中间环节，获得优惠价格。

（3）考虑采购价格与原料的使用价值的联系，尽量除掉原料成本中那些多余的成本，避免浪费，精选原料，降低损坏率，控制价格。

采购原料的数量应合理控制在满足需要的基础上，尽量减少库存。采购时考虑食品原料的种类、采购地点的远近、采购折扣等。确定采购数量还要根据前一天的库存数量和经营需要，以及原料的鲜、干性质。不易储存、鲜度要求高的应根据需求量采购；可长期储存的，在考虑储存成本的前提下，可以在市场价格低落时增大采购量，以降低成本。

三、餐饮采购方式选择

（一）报价采购

1. 报价采购的含义

报价采购是指餐饮业者拟购置货品时，先寻找理想供应商或货源，再向其询价寄出征购函，请其寄上报价单或正式报价，这种方式的采购称报价采购。通常卖方所寄发的报价单，其内容包括：品名、数量、单位、价格、交易条件、有效期间，有时卖方为求取买方的信任，会主动提出信用调查资料供参考，有时也会寄上“样品”“目录”及“说明书”，如果报价内容买方完全同意，此项报价采购合同即算成立。

2. 报价采购的种类

（1）确定报价。

确定报价是指在某特定期限内才有效的报价。换句话说，此种报价是指在有效期内，卖方所提价格为买方所接受，此种交易行为即告成立，若是逾期对方不寄发接受通知，此买卖交易行为即不存在。但是若对方（买方）在接受此报价时，尚附有条件者，则原有“确定报价”即告失效，形成一种新的要约。

（2）条件式报价。

所谓条件式报价，是指厂商在报价时附有其他条件，由于条件内容不一，因而其形态十分复杂。

①无承诺的报价。此类报价一般仅可作为参考，卖方是按当天市价报价，若遇物价波动，卖方得自行调整其价格，所以这种报价寄发时，务必声明“本报价不受承诺的约束”，或“本报价价格按市价而增减”，或“价格随时适时变更，无须通知”。

②卖方确认的报价。此类报价必须经卖方确认后才算生效，此类报价较无承诺的报价好，它对买方表达出交易的诚意，又可防范风险。不过若遇特殊理由，卖方可说明原因而取消确认。

③可以先销售的报价。这种报价对卖方较有利，即卖方以一批货同时向两家以上客户报价，如果其中有人接受此报价，则其后接受者，对已售的货品即自动失效。

④买方同意后的报价。此类报价又称许可退货的报价，即买方须看到货品满意后才成立的报价方式。这种报价对卖方极不利，因此甚少为人所采用。

（3）还报价。

所谓“还报价”事实上是一种讨价还价的方式。它是指买方对卖方报价单所提交易条件、产品品质规格、付款方式均甚满意，唯嫌价格太高，要求对方减价。但这种还报价与接受是不同的，还报价必须卖方接受后交易行为才告成立，如卖方不同意减价，则交易仍无法成立。

(4) 更新报价。

更新报价是指报价有效期间已过，以同样交易条件重新再报价。

（二）招标采购

1. 招标采购的含义

所谓“招标”又称“公开竞标”，它是现行采购方法常见的一种。这是一种按规定的条件，由卖方投报价格，并择期公开当众开标，公开比价，以符合规定的最低价者得标的一种买卖契约行为。此类型的采购具有自由公平竞争的优点，可以使买者以合理的价格购得理想物料，并可杜绝徇私、防止弊端，不过手续较费时，对于紧急采购与特殊规格的货物无法适用。

2. 招标采购的程序

公开招标采购必须按照规定作业程序来进行，一般而言，招标采购的流程可分下列四大步骤，即发标、开标、决标和签订合约等四阶段。

(1) 发标。

发标前须对采购物品的内容，依其名称、规格、数量及条件等详加审查，若认为没有缺失或疑问，则开始制发标单、刊登公告并开始准备发售标单。

(2) 开标。

开标前须先做好事前准备工作，如准备开标场地、出售标单，然后再将厂商所投的标启封，审查厂商资格，若没问题再予以开标。

(3) 决标。

开标后须对报价单所列各项规格、条款项详加审查是否合乎规定，再举行决标会议公布决标单并发出通知。

(4) 签订合约。

决标通知一经发出，此项买卖即告成立，再依招标规定办理书面合约的签订工作，合约一经签署，招标采购即告完成。

3. 招标采购的技术

(1) 制作理想的标单。

在整个招标采购的过程中，最重要的是标单的拟订，如何拟订出一份理想标单，是标购作业中不可忽视的一项重要基础工作。一份理想的标单，至少须具备下列几项内容。

①能够确定适当的标购方式，不要指定厂牌开标。

②规格要明确，对于主要规格开列须明确，次要规格则可稍富弹性。

③所列条款务必具体、明确、合理，可以公平比较。

④投标须知及合约标准条款能随同标单发出，内容制订得合情合理。

⑤标单格式合理，发标程序制度化。

（2）招标采购须注意的事项。

①品名是否明确？标购物品所列名称是否采用标准名称？品名书写是否有笔误？

②质量、规格是否适合本身营业的需要，并了解主要规格与次要规格的作用。

③注意数量，了解吨、毛重、净重的计算与换算方法，力求准确。

④包装方法及条款是否适宜。

⑤交货日期必须明白订定为宜，避免使用含糊不清的用语，以免届时发生不必要的纠纷与困扰。

（三）议价采购

1. 议价采购的含义

议价采购是针对某项采购物品、品牌物料，以公开方式与厂商分别进行洽购并议定价格的一种采购方法。由于价格的拟定是双方磋商后订定，故此项采购方式又称为双方议价法。

2. 议价采购的优缺点

（1）优点。

①议价采购最适于紧急采购，它可及时取得迫切需要的物品。

②议价采购较其他采购方式更易获取适宜的价格。

③对于特殊性的采购品，议价采购最适宜，且能确保采购质量。

④可选择理想供应商，提高服务质量与交货安全。

⑤有利于政策性或互惠条件的运用。

（2）缺点。

①议价采购是以不公开方式进行磋商议价，容易给采购人员造成舞弊机会。

②秘密议价违反企业公平、自由竞争的原则，易造成价格垄断。

③独家议价易造成厂商哄抬价格的弊端。

3. 议价预估的方法

（1）采购餐饮烹饪设备，若厂商有产品目录或价目表，则可参考，并可参照市场行情预估。

（2）实际从事市场商情调查，可通过同业所提供的采购资料，比较三家以上厂商的价目表，以其平均值作为预估价格。

（3）采购食品原料，可参考以往进价及市场预估。

（4）对于大宗蔬果，除参照以往进价外，并可电询批发市场作为依据。

（5）若所采购物资无以往相同规格资料可参考时，则可以根据性质相似的采购物资价格资料参考，或以政府或同业所订价格来预估。

4. 议价采购的步骤

（1）审查报价单。

审查厂商寄来的报价单，通常必须注意下列几点。

①品名、规格、质量是否符合需求？

②报价是否确定？有无附带不确实价格条款？

③付款条件、报价有效期是否合理？

④交货期与交货方式是否合乎要求？

⑤是否附有特别条款，如索赔、违约罚款、不可抗力等因素，其内容是否合理？

（2）订期议价及签约。

买方接到卖方寄来的报价单后，经过审查后若认为合理，即可由买方择期议价。对于大宗特殊设备有时需要历经多次洽商，分析每项条款后，才可以决定，再由买卖双方正式签署合约。

5. 议价采购应注意的事项

（1）议价采购必须指定厂牌或确定质量、规格，此为第一要件。

（2）议价采购必须要求供应商提供原厂报价单或价目表正本，以防止中间商不实的报价，若是复印件仍应要求对方提出原本核对或电询，以防中间商涂改舞弊。

（3）有些代理商为争取生意，对买方所提条件，如规格、品质、交货期、价格等，往往未经原厂同意即一口承诺。

因此，议价时须详审代理商与原厂商的代理契约关系，若是涉及规格、品质、交货期、价格等条款的修订与变更，必须要求代理商提出原厂的承诺文件才做出决定。

（四）现估价采购

买卖双方当面估价的采购方式，其方法是自数家供应商处取得估价单，然后双方面谈其中的内容，一直到双方认为满意时才签订买卖合约。此种方式因有质量、服务及交货期等问题，所以买方不一定向价格最便宜的供应商采购。但买方一般都已经事先做好品质调查，认为没有问题的供应商才向其索取估价单，所以如果交货期及服务等没有问题时，大部分都向价格较便宜的供应商订购。

1. 现估价采购的优点

（1）因为收集各供应商的估价单在一起比价的关系，所以是仅次于投标方式可获得单价便宜的方式。尤其在不景气时，想要取胜同业间的竞争，此方式在价格上就会很便宜。

（2）可以省略供应商的估价手续及为了估价所需各种资料的准备，手续上比其他方式简单，因为各种费用可以减少。

2. 现估价采购的缺点及其对策

（1）经营状况良好时供应商有许多的订单，所以其单价常有偏高的倾向，因此需适当地选择信息来源以便选择较多的同业或公司而寻求便宜的供应来源。

（2）估价之前，同业供应商常事先商议而协定价格，而将估价提高。要防止这种情况的发生，则分析估价所需的必要资料要齐全，同时采购人员需有正确的价格知识，如果判断估价有异常情形，则应考虑再从其他公司索取估价单。

（3）此方式既然有弹性，那么采购人员的投机取巧也就比较容易。因此，一般都要求采购人员有很强的道德观念，同时规定正当的交际范围，并做有弹性的运用。

第三节　厨房成本控制

一、菜肴成本控制容易忽视的两个重要环节

中餐的成本控制在相关的行业资料中都有详细的解说，一般都是从采购验收、贮存保管、使用这几个环节逐一论述，在此不加赘述。这里，仅谈谈常被忽视的两个重要环节。

（一）菜谱设计环节中的成本控制

成本控制实际上就是从这个环节开始的，而且，这个环节异常重要，它是成本控制的大方向。

1. 这个环节常被忽视的几个原因

（1）对菜谱设计认识不足。

人们常认为菜谱的作用仅为方便顾客点菜或促销，而没有认识到菜谱还有一个重大的作用，那就是引导顾客科学消费（点菜结构合理），同时确保酒店的利益最大化（利润结构合理）。

（2）前后堂工作脱节。

许多酒店认为编制菜谱只是厨房的主要任务，实际上一本优秀的菜谱是一家酒店技术实力和经营思路的综合体现，它需要前后堂共同研究、精心编制。

（3）经验和技术不足。

一本优良的菜谱是前堂销售经验、服务的经验和厨房品质管理、成本管理技术的有机结合，是相关知识和经验的灵活运用。

2. 编制菜谱时，成本控制工作的几个重要方面

（1）根据本店的市场定位，确定高、中、低档菜肴在菜谱中的比重。

实际工作中，所谓高、中、低档菜肴没有什么明确的界限，只能根据所在地的消费水平和习惯来确定。

（2）关于“特色菜”和“主打菜”的利润结构设计。

这里所谓的“特色菜”是指本店的“招牌菜”，一般数量为一至二道。这种菜的利率设计思路在不同性质的酒店完全不同：规模较大，档次较高的酒店一般宜采用低利率或常规利率的方案，以此来吸引和稳定更多的客源，并保护招牌菜不被模仿；小酒店或土菜馆宜用高利率方案，直接依靠招牌菜赢利。

“主打菜”是指一个酒店的具有代表性的菜肴主产品，一般占本店菜谱数量的20%左右，也是平时上点率最高的一批菜肴。这些菜肴的利率设计方案直接影响该酒店的整体利率水平。因为，虽然这类菜数量并不多，但占实际销售量相当大的比例。这类菜肴应按高、偏高、常规三类来制定毛利率，不需设计为低利率。所谓“常规”是指同行业的平均利率水平。这类菜高、中、低利率所占的比例根据酒店的市场定位来确定。但一般高利率菜在“主打菜”中所占的比例在30%～50%为宜。

（3）“固定菜谱”与“变动菜谱”的科学结合。

“变动菜谱”在各酒店的形式多样，有的以桌面插牌的形式，有的以菜谱插页的形式，有的以季节菜的形式等。这类菜谱上的菜可根据季节或新品推出情况经常更新。变动菜谱除了有常规意义上的新菜试推外，还有一种重要功能——调节菜肴利率。方法是：对于本店厨师的新创菜肴或新材料菜肴，在市场尚未出现时，可以通过这种临时菜谱采用高利定价，因为此时市场没有可比性。等到同行同样产品出现时，再调回常规价格，甚至干脆取消。

（4）“80—20”法则的运用。

“80—20”法则在菜谱设计上的运用是指根据菜谱，点菜员能够顺利地组织出一套“以20%的菜肴，获取80%的毛利”的菜单，而且，菜肴结构合理，符合消费者的实际需要。一般情况下，可以通过给常规菜肴、下脚料菜肴定较低的毛利率，而给新、奇、特菜肴制定较高的毛利率来实行这个法则。

（二）用“综合利用”技术控制成本

“综合利用”属于材料使用过程控制。一般酒店在原材料使用过程中，对配份比例和计量能够做到足够的重视，但在材料的综合利用方面却很少有要求，更缺乏刻意、认真的钻研。所谓综合利用就是充分利用材料，做到所有的烹调材料都能物尽其用。具体方法如下。

1. 合理分项，提高品质，增加材料价值

所谓“分项”是对畜、禽类产品的分档使用。可根据材料的特殊价值，首先分为主产品和下脚料，然后进行产品开发和科学定价。如大雁（养殖品），可分为主料：雁肝肫、雁脯、雁翅，下脚料为雁体、雁头、雁爪、雁血、雁肠。主料为大雁这种材料的精华部分，必须要开发精致、高价值的菜品，如“宫廷滋补雁肝”“百灵菇炒雁脯”“极品雁翅”等。一般情况下，这类主料菜的设计售价较高，一般售完主料菜肴，便可以正常回收成本，获取利润；下脚料是综合利用部分，一般设计为低价或特价菜，如“香辣大雁煲”“养颜雁肠锅”等。因为这部分的成本已经在主料菜肴中计算过，此时销售的相当于“无本生利”，可以定为特价菜。

在这项操作中，应注意把握材料的精华，要求厨师或菜品设计人员对原材料认真研究、加深了解，方可作恰当的分项，做到扬长避短、物尽其用。

2. 边角料的开发利用

边角料是指大块材料的边、皮，以及不成形的材料边角。如萝卜皮、香芋边料、里脊肉边皮、鸡杂等。边角料菜的开发也是从菜谱设计时就要开始考虑，在菜谱的低利率菜中就应有相当一部分边角料菜肴。因为边角料没有固定形状，所以在开发时，多使用突出调味、营养功能、作馅料或重新造型等方法。如“白肉汆萝卜皮”“榨菜蒸肉根”“脆皮香芋卷”“滋补鸡宝锅仔”等，这些都是成功的边角料代表作。

3. 建立激励机制

综合利用开发菜肴的效果取决于开发者的专业水平和主动钻研精神。其中主动钻研异常重要。因为，使用边角料做菜毕竟比使用标准材料要麻烦，而且，出菜品质在某些方面相对要差些，所以，许多厨师不愿主动去钻研。为了调动综合利用的积极性，必须要设立相应的激励机制，激发厨师综合利用原料的主动性。

在已经实行厨房管理动态考评的酒店，可以直接在考评项目上加上一条“成本控制”，下设“综合用料”指标。没有实施动态考评的酒店可以直接设立“综合用料奖”。具体设置可以根据各店的实际情况，首先对各级厨师设置不同的“综合利用菜开发指标”，这项指标由“综合利用菜”的数量和销售金额两方面组成。然后，根据完成指标的情况给予相应的奖罚，以此激励厨师主动钻研。

二、怎样降低成本又不影响饭菜质量

每个做老板的都希望自己的店生意兴隆，希望厨师们把成本降得更低。这就给现代厨师们出了个严峻的课题。

那么，成本降到什么程度为好？怎样去降低成本而又不影响饭菜质量？

（1）少买、勤买。有经验的厨师都知道自己饭店正常的客座数。根据这一点，要做到心中有数。每天需要多少原料就采购多少原料。遇到生意特别好的时候，就应多去采购几次。

（2）库存的货尽量用完再进，以免久放变质。

（3）采购部门应随时了解市场信息及菜价的变化，及时通知主厨或厨师长。

（4）对有些因季节或别的原因影响而容易涨价的原料，可以选择那些较耐贮存的提前在低价时多采购一些，但一定要保存好。

（5）所有员工，包括老板及其亲属、家人，上菜必须下菜单，后厨要做到不见菜单不上菜。

（6）饭菜打折并不是做生意的最佳手段，所以不能随意打折或打折幅度太大。

（7）有些老顾客经常会要求店方送两道免费菜肴。在这种情况下，可以送两道成本较低且有一定特色的荤素搭配菜肴。

（8）有些原料价格昂贵，应随时注意调整菜价。

（9）点菜单应注意“精简”。一只鸡可做好几道菜，一条鱼也一样，没有必要把市场上的原料都列上。

（10）对套菜单而言，应注意荤素搭配。个别菜肴的主、辅料搭配也要注意这个问题。有时辅料多一些反而口感更好。

（11）特别贵重的菜可以找些辅料垫底。如菜胆、生菜或炸好的白粉丝等。也可用些异形小餐具如鲍鱼、蛤士蟆造型盅。

（12）设计整桌套菜时，应先想到冰柜里有哪些货。要先把存货用上，不能让冰柜里的原料放得时间太长。

（13）杜绝乱吃、乱拿和偷盗现象。

（14）采购回来的原料要保证质量。如有以劣充优或缺斤少两的情况，验收员要拒绝验收；初加工人员要不予加工；厨师们有权不配菜不烹调；服务员有权不上菜。只有环环相扣，才能保证饭菜的质量和经营成本。

（15）对采购回来的良好原料，后厨应做到物尽其用，能用的都要用上。如大排骨上带有的边肉可以做肉末，也可以做炸酱面用；还可以和五花肉一起做肉馅；脊椎骨可以吊汤等。

（16）固定资产与流动资产应区分开来。

（17）营业额与毛利率应该和员工的薪水挂钩，鼓励员工都参与管理。

（18）员工们应相互监督。对不良现象的检举者应该给予奖励，同时要为他们保守秘密。

三、控制成本技巧

控制成本的技巧主要包括以下一些方面。

1. 取精去糙

如下脚料做泡菜，从而降低成本的最低限度。西兰花根茎可以做凉菜，芥蓝根茎可以炒米饭，这些都是非常好的原材料。

2. 废物利用

原材料拍粉时，往往会剩下许多不能用的半干半湿的淀粉，上浆时，会剩下许多湿淀粉，这些剩下的淀粉大多倒掉了。

3. 明油适当

油多不坏菜的历史早已经过去，因此在做菜的时候明油适当，这也将是一个很大的成本，记得2009年初粮油价格上涨的时候，很多企业已经感受到了油价的压力。

4. 制定完善的原材料采购标准

表8-1　原材料采购标准

原料名称	品牌	产地	规格/包装	供货商	制定人
老抽	海天	佛山	6瓶/箱 500ml	×××	×××
黄瓜	寿光	寿光	带刺 直径3cm	×××	×××
醋	恒美香醋	镇江	6瓶/箱 500ml	×××	×××

例如黄瓜，厨房订货要求长度20厘米、直径3厘米，这样改刀后利用率大，10斤黄瓜利用率在9斤，而直径超过4厘米的那种黄瓜，利用率只有7斤。假如黄瓜每斤为3元钱，就因为采购的原因，直接损失纯利6元钱。

5. 制定原材料的净料率标准及其价格

如鲑鱼18元/斤，净肉率75%，净料价格＝18÷75%＝24（元/斤），这样更能清晰地关注成本，更好地去注意净利率。

6. 制定菜品的投料标准（标准食谱）

已经在厨房管理篇提到并阐述。

7. 统计所有菜品数量（准确把握菜品方向、有效控制成本）

8. 可控费用（调料、油、气的费用）

加大可控费用的监控力度。

9. 矩阵图推销控制成本

成本控制是一个大的课题，除了采购环节、加工环节等，在价格定位、售卖的环节也是至关重要的，例如，在进行顾客消费菜品的时候，同样1000元的消费额，但是一桌可以净利润到200元，而另一桌的净利润却能达到300元。为什么呢？这就是菜品组合的技巧。

根据餐饮软件的统计很容易得到四块区域的菜品分类，根据每个菜品区域的性质，合理地安排菜单，也可以根据上图进行调整菜品整个架构体系。

做到这样，就能在满足顾客口味需求的同时，企业更好地提高获利能力。

10. 进货，有贵的不买贱的

贵的相对净料率货出成率要高，比买便宜的相对划算。

11. 质检，洗菜的检查择菜的

层层把关，环环相扣，将浪费控制在萌芽状态。

12. 特殊档口推销控制成本

13. 做餐饮的最高境界——“零库存”

14. “个吃菜”推销控制成本

15. 根据市场规律购买特殊原料

第九章

财务管理

第一节　餐饮总经理应该知道的数据、误区及重点

一、餐饮总经理每天必看的四个财务数据

餐饮财务数据、报表繁多，专业性强，许多老总如读天书，看不懂报表。笔者在实践中体会到，你只要每天了解四个数据，就基本上掌握了店里的财务情况。

（一）现金流量

现金是餐饮企业的血液。一个企业在账面有盈利数百万，那是有一定风险的，万一欠款大户破产或失踪，百万利润瞬间可能化为乌有，只有手上的现金是真的。所以，现金流是老总首先要关注的财务数据，企业财务必须每天及时向老总更新现金账目，老总根据现金流情况安排现金支出。

（二）应收账款

应收账款是餐饮企业现金流的重要来源，是老总应重点关注的对象。老总应每天观看应收账款的变化，分析客户的动态，布置应收账款的收款工作，保证应收账款无坏账，取保现金流量。

（三）应付账款

应付账款是餐饮企业诚信度的重要指标，是企业和供应商关系的具体写照。老总应根据企业的资金状况和供应商的关系，进行应付账款清还的核准、审批工作。

（四）当日利润

当日利润指标是企业健康发展的重要标志。对当日利润的测算方法有多种，基本方法是按企业年度目标测算出每日利润指标，再测算出企业日盈亏平衡点。如果每日实际盈利超过每日利润指标，就完成了日计划。按当日作为核算单位，能及时了解企业的盈利情况，发现企业盈利方面存在的规律和问题，及时调整盈利指标，能发现每一阶段、每一产品的盈利中存在的问题，进而加以解决，确保盈利指标的实现。

二、四个误区、五大工作重点

100%的餐饮店对这样一个公式都十分熟悉：经营利润 = 营业收入 - 营业成本 - 税金 - 营业费用 - 财务费用。从该公式中我们不难看出，成本费用是酒店经营支出补偿的最低界限，其管理水平的高低会直接影响企业的获利能力。然而，这一简单公式所蕴含的深刻管理哲学并非为每位店总所掌握。我们从工作误区与重点的角度谈谈餐饮企业成本费用控制问题，以期和广大经营管理者进行一次有益的交流。

（一）四个常见误区

有效控制成本和费用对经营目标的实现非常重要，使得绝大多数餐饮决策者都十分注重成本费用管理，甚至还出现了“成本总经理”的说法。而正是由于过分强调成本问题，餐饮管理往往不知不觉地陷入成本费用控制的误区和怪圈之中。

1. 特性顾客合法利益

在控制成本费用时，每个餐饮经营管理者都应该牢记“利润 = 价格 - 成本”和“低成本、低质量”。前者是日本著名企业丰田汽车公司的经营观，其基本含义为在产品价格由市场决定的情况下，减少成本就能增加企业利润；后者则是对第一个公式的约束，对餐饮企业而言，即指降低成本不能以损害顾客的利益为代价。然而，在现实经营过程中，有一些餐饮企业尤其是规模小、档次较低的企业选择了舍本逐末的做法。它们随意取消服务项目甚至减少产品标准配量，采购原材料时以次充好或者在食品加工中减少配料定额等。这些短期行为最终会使餐饮企业失去市场。

2. 降低设备、用品质量

为了迅速减少成本，低档酒店尤其是流动资金不足的酒店往往喜欢在设备、用品上“打主意”。一般而言，主要体现在以下三个方面。

（1）采购时，不是借助科学的市场调查购买物优价廉的商品，而是试图用低价采购一般的设备或用品，以降低成本；

（2）不注重设备的日常维护，致使设施设备提前报废；

（3）某些设备老化或信笺、服务指南等低值易耗品早已过时，却不及时更新，最终影响了酒店的服务质量。

3. 压缩正常营业费用

一个大型餐饮企业的营业费用一般有 20 项之多，其中除了工资、折旧、大修理费、水电费、物料消耗等大额项目外，还包括宣传促销、教育培训、劳动保护等多种费用。在不浪费的前提下，上述费用的支出都是维持酒店的正常运转所必需的，因而不能随意削减。例如，若不对房间、餐厅、车队等部门的设施设备进行定期大修，在短期内的确可以降低经营成本，但从长远来看必将使大量设备提前报损。遗憾的是，不少餐饮企业经营者由于追求短期政绩等原因，偏偏采取了这种不明智的做法。

4. 削减员工福利待遇

在控制成本费用时，餐饮企业还容易步入另一个误区——克扣员工工资或减少正当福利，以降低企业的营业费用。如果餐饮企业经营者抱有这样的想法，那就彻底错了。假日饭店联号的创始人威尔逊先生认为，“有幸福愉快的员工，才有幸福愉快的顾客”。克扣工资福利不仅不能控制费用，还会导致员工把不满的情绪带到工作中，造成一些人为的浪费和额外的支出。更糟糕的是，员工的抵触情绪会明显降低企业的对客服务质量。

（二）五大工作重点

餐饮企业对成本费用控制的方法较多，常用的有预算控制法、标准成本控制法、费用差额分析法及主要指标控制法等。笔者认为，选择适当的方法固然重要，但更为关键的是餐饮企业管理层要明确控制的重点，即主导努力的方向。

1. 节能降耗

一般情况下，一个大型餐饮企业的燃料和水电费要占正常营业额的5%左右，由此可见节能降耗工作的重要性。美国国家标准局的一份调查报告表明，美国有代表性的酒店中一般都有减少15%～30%的能源消耗的空间，这一比例在国内酒店业中可能更高。对餐饮企业而言，节能降耗主要指合理控制燃煤和水电的使用量，具体方法如下。

（1）采购先进的节煤锅炉，并使燃煤的粒度和水分与其设计要求相符合；做好蒸汽管道的保温、维修工作，杜绝跑漏气和散热损失；保证锅炉用水的水质，增强其传热效果；合理调节入炉的过剩空气系数，保持最高的燃烧效率。

（2）按照厨房等部门对用水量的不同要求，分别科学地设计管道口径；加强管道、阀门的日常维护，防止漏水和长流水现象的发生。

（3）采用新型设备，降低变压器的能耗；根据不同的场合及用途，合理地选择各类节能灯源，提高灯源的发光效率；健全日常节电制度，如二线部门尽可能利用自然光等。

（4）制定能源消耗监控比较表，及时分析和调整不合理的能源耗费。

2. 采购水平

采购水平的高低不仅能直接决定餐饮企业的营业费用和固定费用，还会在一定的程度上影响经营过程中的管理费用。实际上，控制采购成本有两层含义，一是以更低的价格（包括货款、运费和磨损费）采购市场上的同类产品，二是确保所购商品或设备的质量。为此，餐饮企业采购部门应把以下几点作为努力的方向。

（1）不断完善采购制度和改进采购程序，做到“任务到人、责任到人、奖惩分明”。

（2）经常开展市场调查，增强自身与供应商的谈判能力。

（3）积极拓宽采购渠道，推行采购招标，尽力实现“物美价廉”。

（4）合理控制采购的时机与数量，以降低购买单价、减少商品库存费用。

3. 项目投资

包房升级、餐厅重装修、锅炉换型等项目的发生虽然间隔周期较长，但往往涉及的资金庞大并且会直接影响餐饮企业未来产品的类型和档次，因而不容半点忽视。鉴于控制成本的目的，当前许多餐饮企业在进行项目投资时都采用了出包的做法，这点值得肯定。但项目出包的程序需要优化，在这里提供一个理想框架，仅供参考。

（1）开展项目价值估算，明确目标成本，并制定可行的筹资方案。

（2）面向社会广泛招标，投标书内容包括设计方案、材料标准、工程报价等。

（3）召开竞标大会，组织专家和使用部门评选最佳方案。

（4）方案实施。

（5）严格验收并投入试运营。

4. 绿色食品

时下，创建绿色餐饮企业在中国餐饮业中呼声很高，这种经营理念无疑值得大力倡导。通过开展创绿活动，餐饮企业既可以帮助顾客树立人本主义的消费观，又能有效节约经营成本。然而，在为顾客提供绿色食品时需要注意三点：一是满足顾客的合理要求，不降低餐饮企业的服务品质；二是提高创绿活动的透明度，让顾客明明白白消费；三是将所节约成本的相当一部分让利于顾客。否则，顾客会觉得店方在借机省钱，进而认为酒店的产品没有“物有所值”。

5. 控制过程

控制过程主要指成本费用控制的制度出台、执行监督和方法改进等活动，实际上，这些内容穿插在上述四个工作重点之中。

（1）实行成本控制责任制。

成本控制责任制是经营目标责任制的一部分，其实质就是餐饮企业在财务预算的基础上实现成本费用的目标管理，使各部门目标明确、责任到人。预测一个部门或某类具体商品的目标成本，常见的做法有标准成本目标法、预测价格倒扣法和计划平衡指标法等，其中，前两者运用得较为普遍。

（2）加强监督、改进缺陷。

为配合成本控制责任制的实行，餐饮企业应成立专门的监督机构。该机构可由财务总监直接领导，或另设独立的审计部门（与财务部分开）负责全面处理成本费用控制事宜，具体来说包括：协助各部门编制科学的成本、费用预算；开展成本差额分析，及时查清成本费用管理中的漏洞；对物料采购、设备维护、菜品制作等环节进行适时监控，发现问题要迅速处理；制定富有人性化的奖惩制度，有效推进节约成本费用的进程。餐饮企业的成本费用控制是一项系统工程，它涉及企业的每项业务、每个部门和每位员工，归根结底都与人有关。因此，控制成本费用的关键仍在于提高经营者的管理水平和增强全体员工的成本意识，只有这样才能标本兼治。

第二节　餐饮财务管理的几个重点

一、餐饮行业筹建费用的估算

资金是开办企业的物资基础。从资金的筹备来说，一般有两种情况：一种是资金总量有限，这时就要在资金限量内对餐饮店的规模、档次以及从筹建到正常运作的周期进行严格的控制，避免资金和时间无谓的浪费，迅速走上经营轨道；另一种是资金雄厚，这样就可以充分考虑餐饮店的经营模式和附加功能，甚至从一开始就可以着手制定较为长远的经营战略，充分地利用资金和时间，为经营打下扎实的基础。

（一）对营业空间（建筑物）费用的估算

无论是租赁、在房产市场现行购买还是新建建筑物，首先要考虑的是营业空间所在的地理位置是否处在餐饮店营业的“黄金地段”。地段不同，租金、房产的售价和造价相差很大，即所谓一分钱一分货，若是开设中小型餐饮店，对此就应作全面权衡，慎重确定，并按照确定的选择以市场行情单价为依据，分别进行估算。

（二）设备、设施费用的估算

中小餐饮店的厨房设备也有档次高低之分，档次较高的厨房设备大部分是不锈钢制的，所需投资较多，一般档次的厨房设备有铁合金、搪瓷、陶瓷等多种设备组合，所需投资相对较少，应以实用、耐用、经济为前提酌情选购。各种档次的厨房设备价格都可从市场报价获取，购买时若是成批购买还可获得优惠。在估算设备、设施费用时，应包括运输费和安装调试费。

（三）家具和器皿费用的估算

应先根据确定的餐饮店的服务方式和桌位数，计算出各种家具和器皿需要的数量，再根据市场价格进行估算。

（四）装饰费用的估算

餐饮店的装饰包括门面、厅面、厨房三个大的方面，若是中小餐饮店，门面和厅面的装饰应以简洁、明亮、卫生、雅致为主。厨房装修应以卫生为主，结合方便厨师及其他工作人员操作，便于油烟、污水排放功能考虑。能节省则节省，避免豪华装饰过多地占用营业前期投入的费用。

（五）劳动力成本的估算

餐饮店劳动力成本由管理人员、服务人员及厨师的工资组成。可按不同人员的工资标准乘以人数来估算。各类人员的工资水平，在各劳动力市场都有平均工资标准可供参考。

贷款利息，可根据银行的贷款利率进行估算。如果经营者都是用自己的资金投资，也可按贷款计算其利息，凭此反映筹建费用的全貌。

二、餐厅合理房租的计算

近两年由于全国各地房价暴涨，商业地产租赁价格大幅提升，租金在餐厅经营费用中所占的比重越来越大，“榨干”了餐饮企业的利润，很多餐厅因此而倒闭，一时间餐饮成了投资风险极大的行业。

尽管经营环境“恶劣”，餐饮企业为了发展，也不得不在高价位上签约。开店的主要目的是赢利，超高的租金又注定要赔钱，赔与赚之间往往只是一念之差。如何在谈判中掌握局面，不至于签下注定赔钱的租赁合同？这需要精确计算租金变动对餐厅利润的影响。

租金是餐厅最主要的支出费用之一，通常情况下租金增加就意味着利润减少，租金减少则利润增加。我们把利润变动幅度与租金变动幅度之比称为租金的利润弹性。简单地说，租金利润弹性的含义就是当租金变动一个百分点，利润会增加（或减少）几个百分点。租金利润弹性可以精确衡量租金变动对餐厅利润的影响程度。

（一）计算方法

下面举例说明租金利润弹性的计算方法。

例如，北京某餐厅租金为16元/（天·平方米），面积为325平方米，日租金为5200元，盈亏平衡点为9000元/日，菜品边际贡献率（毛利率）为70%，预期利润率为5%。如果租金增加10%，即520元，利润变动比例会有多大？下面进行计算。

1. 计算预期利润率为5%时的日营业额

日营业额=盈亏平衡点营业额×［1+预期利润率÷（边际贡献率　预期利润率）］

=9000×［1+5%÷（70%－5%）］

=9692（元）

2. 计算预期利润率5%时的利润额

预期利润=日营业额×预期利润率

=9692×5%=485（元）

3. 计算利润变动率

当日房租增加10%，即520元，利润也会相应减少520元，此时的利润变动率为：

利润变动率=利润变动额÷预期利润=520÷485=107.2%

4. 计算租金利润弹性

租金利润弹性 = 利润变动率 ÷ 租金变动率

= 107.2% ÷ 10% = 10.72

5. 归纳计算公式

租金利润弹性 = 利润变动率 ÷ 租金变动率

=（日利润变动额 ÷ 预期利润额）÷（日租金变动额 ÷ 日租金）

= 日利润变动额 ÷ （日营业额 × 预期利润率） ÷ （日租金变动额 ÷ 日租金）

= 日租金变动额 ÷ ｛盈亏平衡点营业额 × ［1 + 预期利润率 ÷（边际贡献率 – 预期利润率）］ × 预期利润率｝ ÷ （日租金变动额 ÷ 日租金）

= 日租金 × （边际贡献率 – 预期利润率） ÷ （盈亏平衡点营业额 × 边际贡献率 × 预期利润率）

（二） 影响因素

预期利润率是租金利润弹性的重要影响因素之一，我们可按同样方法计算出前例中不同预期利润率下的租金利润弹性，计算结果如表 9 – 1 所示。我们很清楚地看出租金的利润弹性与预期利润率的反比关系，预期利润率趋于零时租金利润弹性最大，当预期利润率趋于边际贡献率时租金利润弹性趋于零。

表 9 – 1　预期利润与租金利润弹性对比

预期利润率	租金利润弹性
0%	–
5%	10.73
10%	4.95
20%	2.06
30%	1.10
40%	0.62
50%	0.33
60%	0.14

前面是北京的案例，由于当地租金较高，租金的利润弹性也较大。在一般地级城市或省会城市租金便宜，租金的利润弹性也较小。例如，西安某餐厅租金为4 元/（天·平方米），面积为200 平方米，盈亏平衡点为2200 元/日，日租金为800 元，边际贡献率（毛利率）为80%。该店铺在不同的预期利润率下租金利润弹性如表9－2 所示（计算过程略）。

表9－2　预期利润与租金利润弹性对比

预期利润率	租金利润弹性
0%	-
5%	6.82
10%	3.18
20%	1.36
30%	0.76
40%	0.45
50%	0.27
60%	0.15
70%	0.06

通过租金的利润弹性分析可以清楚地告诉人们：当租金利润弹性较大时租金变动会对利润有很大影响，这时降低租金会使利润大幅增加。当租金利润弹性较小时租金变动对利润的影响也较小，即使租金降低很多，利润也不会大幅增加。明白这一点对于店铺租赁条件谈判来说非常重要。

1. 租金利润弹性矩阵

影响租金利润弹性的主要因素除预期利润率外还有两个：一是租金水平，租金水平越高租金利润弹性越大；二是毛利率（边际贡献率），毛利率越低租金利润弹性越小。预期利润率与毛利率有一定联系，正常情况下毛利率越高预期利润率会越高，两者变动方向是一致的，而且预期利润率一定不会高于毛利率，大致可以用毛利率来代替利润率。当然，毛利率高并不意味着利润率就高，如果毛利率很高，但预期利润率很低，说明餐厅的经营费用很高，即在房租、工资、管理费用等方面的支出太大。简便起见，我们用租金水平和毛利率两个指标画出租金利润弹性矩阵，在四个象限中，当毛利率低且租金水平高时，租金利润弹性最小；毛利率低但租金水平高时，租金弹性最大；其他两种情况租金利润弹性中等，需要根据具体情况细算。租金利润弹性矩阵如图 9－1 所示。

	租金低	租金高
毛利率高	弹性最小	弹性中等
毛利率低	弹性中等	弹性最大

图 9－1　租金利润弹性矩阵

2. 实践应用

利用租金利润弹性矩阵可以解决很多实际问题。上述第一例中，租金很高，毛利率较低，预期利润率只有 5%，属于“毛利率低—租金高”象限，租金利润弹性非常大。谈判时一定要想方设法压低租金，如果把租金降低 10%，即由 16 元/（天·平方米）降到 14. 4 元/（天·平方米），预期利润将会增加 1. 073 倍，由每天 485 元增长到 970 元，年利润由 17. 7 万元增长到 36. 7 万元，净增近 20 万元，这个成果相当可观，完全值得下一番功夫。

在第二个例子中，租金比较低，毛利率较高，属于“毛利率高—租金低”象限，租金利润弹性很小。假设餐厅预期利润率为 40%，如果把租金降低 10%，即由 4 元/（天·平方米）降到 3. 6 元/（天·平方米），预期利润仅会增加 4. 5%，由每天 1760 元变成 1840 元，年利润由 64. 2 万元变成 67. 2 万元，仅仅增加 3 万元利润，对餐厅来说微不足道，就没必要在租金谈判中过分讨价还价，否则坐失良机，就得不偿失了。

三、特许经营须算清的“三笔账”

有一位投资者王某投资近 50 万元加盟了一个快餐品牌，最初生意还不错，每月扣除支出后都能余下一些现金存入银行，自我感觉良好，但一年以后这家店却准备关张了，这是为什么？笔者与王某交流后发现，他算了一笔“糊涂账”。他的算账方法是：餐厅每天（月）的现金收入减去用于采购、工资、水电费等项目的现金支出，剩下的钱就是当天的利润。可是一年后王某发现虽然餐厅每天都有“利润”，自己也省吃俭用，可是总资产却没有增加，投入的50万元一分也没收回来。他这才恍然大悟：原来餐厅一直在赔钱，也不知道猴年马月才能赚钱，只好忍痛把餐厅卖掉。

有句老话：吃不穷，穿不穷，算计不到要受穷。对特许经营投资者来说不仅要了解加盟项目需投入多少钱，更要关心开业后的运营情况，算清每天最少卖多少钱才会不赔钱，每天最少卖多少钱才能不需要追加资金，每天卖多少钱才能获得满意的利润。只有算清这三笔账，才能做到心里有数，才能在投资和经营中做出正确的决策。下面以王某的餐厅为例介绍特许经营中这三笔账的算法，希望能对投资者有所帮助。

（一）分清两种费用

餐饮企业经营中的各项费用支出通常有房租、人员工资、原材料、水电费、办公费用等，这些可分为固定费用和变动费用两大类，固定费用是与销售量没有直接关系，不随销售量的变化而变动的费用，房租、人员工资、办公费用等都可算作固定成本，无论餐厅收入多少钱，都必须基本固定地支付这些开支。变动费用是指随销售量变化而变动的，如原材料、包装物等，如果一份菜品都没卖出去，理论上说变动费用就是零。一份菜品扣除直接成本后的收益称作边际贡献，亦即每销售一份产品贡献的毛利润。例如，某一菜品售价15元，直接成本（即原料和辅料）为5元，单位产品的边际贡献就是10元。弄清固定费用、变动费用、边际贡献后，就可以进行盈亏平衡测算。

1. 第一笔账：盈亏平衡点

盈亏平衡点是企业不赔不赚时的销售额（或销售量），也就是每天最少卖多少钱才能不赔钱。如果餐厅每月房租、工资等固定费用为5000元，平均每卖一份菜品的毛利润为10元，只需销售500份产品即可弥补固定费用，实现盈亏平衡，店铺不赚钱也不赔钱。这500份菜品销售量就是盈亏平衡点销售量，500份菜品所实现的5000元就是盈亏平衡点销售额。

王某的餐厅加盟费为10万元，保证金为5万元，管理费每年为5万元，装修费为10万元，设备费为15万元（折旧期按5年计算），店铺筹备期所发生的工资、交通、办公等费用都计入开办费，计3万元，以上投资总额为48万元。餐厅每份菜品平均售价为15元，平均变动费用为5元，开业后每月水电费为1万元，工资为2万元，房租为2万元，按月支付。下面计算王某餐厅的盈亏平衡点。

（1）加盟费、开办费要计入待摊费用，一般在开店前一次性付清，可分5年摊完。每个月的摊销额为：

每月加盟费、开办费摊销额＝（加盟费＋开办费）／（摊销年限×12）

＝（100000＋30000）／（5×12）＝2167（元）

（2）加盟管理费一般按年支付，可在一年12个月内摊完。每月摊销额为：

每月管理费摊销额＝管理费/12＝50000/12＝4167（元）

（3）设备费和装修费计入固定资产，一般可按5年计提折旧。每月折旧额为：

每月折旧额＝（设备购置价＋装修费）／（折旧年限×12）

＝（150000＋100000）／（5×12）

＝4167（元）

（4）保证金按规定一般在合同期满后退还，不需要计入损益。

（5）店铺每月需支付的固定费用一般说就是折旧、各项摊销及水电费、工资和房租的总和。每月固定费用总额为：

每月固定费用总额＝折旧＋摊销＋水电费＋工资＋房租

＝4167＋2167＋4167＋10000＋20000＋20000

＝60501（元）

其中前三项费用是在开店时一次性支付的，每月不需要再支付现金，其总额为：每月不需支付现金的固定费用总额＝4167＋2167＋4167＝10501（元）。本例中房租是按月支付的，如果按季付、半年付或年付，则需要进行摊销。

（6）计算菜品的边际贡献。

单位菜品边际贡献（平均毛利）＝平均售价－平均变动成本＝15－5＝10（元）

边际贡献率（毛利率）＝边际贡献/平均售价＝10/15＝67%

（7）计算盈亏平衡点销售量和营业额。

盈亏平衡点销售量＝固定费用总额/（菜品平均毛利×30）＝60501/（10×30）＝202（份/天）

盈亏平衡点营业额＝盈亏平衡点销售量×单位菜品平均售价

＝202×15＝3030（元/天）

通过上面计算可知，王某的餐厅的盈亏平衡点为3030元/月，也就是说如果每天按正常价格卖出3030元就能不赔钱。这样保持下去，5年内可收回全部投资，中途不用再注入资金，但是最终将没有任何利润。

2. 第二笔账：现金平衡点

一般来说，加盟餐厅开业之前需投资以下项目：加盟费（购买特许权）、保证金、培训费与管理费、前厅后厨设备、装修、筹建期人员工资等。餐厅开业后，每天的营业收入会增加现金流，购买原材料、包装物及支付水电费、工资等会减少现金流。现金每天有进有出，如果入不敷出就需要再次注资。什么时候才不必再注入现金呢？这需要计算现金平衡点。

餐厅的工资、水电费、原材料、租金等需要用现金支付，折旧、待摊费用等并不需要用现金支付，它们使每月的费用增加从而使利润减少，但这种变动只体现在账面上，那笔钱并没有花出去，只是记在相关账户上。

餐厅每月现金收入只要能弥补工资、水电、租金、原材料等需要用现金支付的开支，就不需要再投入现金，此时的营业额就是现金平衡点营业额。简单说，盈亏平衡点营业额减去折旧费用、待摊费用、计提费用等不需要现金支付的费用就是现金平衡点。前面的王某餐厅中的盈亏平衡点是3030元/天，每月的折旧和待摊费用总额为10501元，其现金平衡点营业额为：

现金平衡点营业额＝盈亏平衡点营业额－折旧－摊销＝3030－10501/30＝2680（元/天）

王某的餐厅开业后现金平衡点为2695元/月，即卖出2695元，现金就能维持店铺的正常运营，不需要再注入新的资金。当然，保持此数永远也收不回投资，当然更谈不上获取利润了。

3. 第三笔账：利润满意点

投资的最终目的是要获得令人满意的利润，而不是保本经营。王某的餐厅什么时候才算获得了满意的利润呢？不能等到年底或月底才知道，因为那时已经是结果了，无法改变。需要有一个能够实时监控的指标，可以随时了解餐厅的利润是否让人满意。这个指标就是利润满意点，也就是能实现令人满意的利润时的营业额，通常以天为单位。

利润是否满意可以用投资回收周期来界定，投资者可事先设定一个指标，即在多少个月收回投资比较满意。餐饮市场风险很大，通常在一年之内收回投资是可以令人满意的。如果预期一年内收回投资，利润满意点是多少呢？

王某餐厅总投资 48 万元，如果希望在十二个月之内收回投资，此时预期的日营业额的计算方法如下：

利润满意点营业额 = 投资总额/（预期投资回收期 × 30 × 毛利率） + 盈亏平衡点

= 480000/（12 × 30 × 60%） + 3030 = 5252（元）

如果王某的餐厅能一直在利润满意点（每天营业额 5252 元）上运营，第一年就可收回投资，余下四年是盈利期，五年总利润可达 192 万元。这样的利润水平可以令人满意。

（二）错在哪里

投资者王某所犯的错误在于：错把现金平衡点当成盈亏平衡点，每天有现金结余就以为有了利润。而实际上餐厅营业额根本没有达到盈亏平衡点，只是超过了现金平衡点，餐厅一直处于亏损状态。把亏损当成盈利，这个错误够大了，这位投资者也够糊涂的了。

盈亏平衡点、现金平衡点和利润满意点之间存在如下关系：现金平衡点 < 盈亏平衡点 < 利润满意点。现金平衡点是餐厅的生死线，如果餐厅低于现金平衡点运营，就会发生现金流不足的问题，甚至很快就会倒闭。盈亏平衡点是盈亏临界点，低于此点，餐厅就会赔钱。利润满意点是最终追求的目标，只有达到此点，才可能获得满意的利润。投资者一定要记住这三点。

（三）成功者的做法

成功的投资者在加盟之前就做好投资测算、成本分析和营业额预测，算清现金平衡点、盈亏平衡点和利润满意点，加盟店的预期营业额至少能达到盈亏平衡点才值得考虑，能够达到利润满意点才值得投资。自己的账算得清清楚楚，才不会被人“忽悠”。

在餐厅开业之后，成功的投资者会密切关注每天、每月的营业额，紧紧盯住营业报表。如果营业额达不到盈亏平衡点，就赶紧想办法开发客源，提升营业额，争取早日扭亏为盈；如果营业额达不到现金平衡点，就赶紧测算靠现有资金能支撑多久，必要时须筹集资金以应对不时之需；只有营业额达到了利润满意点，才可以略微放松一下紧张的神经，轻松地喝上一杯咖啡。

希望每位投资者都能算清特许经营中的三笔账，都能在月末、年底轻松地喝上一杯咖啡。

四、常见酒店工作人员的41种贪污行为

（1）盗用印鉴。

（2）偷窃商品、工具、存货和其他设备物资。

（3）从库存现金和资金账簿中挪用小额款项。

（4）销售商品时不作记录，并私自保留现金。

（5）通过登记入账时少计金额来私自截流现金。

（6）虚增费用或者挪用预付款用于私人用途。

（7）重复收取客户的款项。

（8）套取客户支付的款项，开具非正式或自制的收据。

（9）隐匿收到的应收款项并将其作为坏账处理，或者收到已作为坏账处理的应收款项但未作报告。

（10）收取客户账款时偷窃现金。

（11）根据虚构的客户索赔或退货签发贷项通知单。

（12）没有每日将款项送存银行，或仅存入部分款项。

（13）改变银行存单的日期，以掩盖偷窃行为。

（14）通过重复计量存款数（或指利用银行借贷反复创造存款）以在月底时掩盖（已存在的问题）。

（15）在工资表中加入虚假的加班，或增加工资、工时。

（16）在员工离职后继续支付工资。

（17）在工资表上虚增支出项目，扣留未领取的工资。

（18）伪造、篡改或作废（撕毁）现金销售单据，截留现金收入。

（19）使用虚假的费用支出来扣减现金销售收入。

（20）记录未实际产生的现金折扣。

（21）增加备用金支付的单据和/或支出项目的汇总金额。

（22）用个人的支出票据为依据制造虚假支出。

（23）使用已使用过的原始单据复印件，或使用更改日期的单据。

（24）支付自己伪造或与供货商勾结取得的虚假发票。

（25）通过勾结供货商，增加发票的金额。

（26）通过滥用供货订单，使公司为个人购货支付款项。

（27）给虚构的账户开账单，以隐藏失窃的商品。

（28）将偷窃的商品运至内部雇员或其亲属家中。

（29）伪造存货盘存表/清单来掩盖偷窃或过失。

（30）扣留本应该给公司或者供应商的支票。

（31）改大作废支票的金额，使之与虚假分录相符。

（32）插入虚构的明细分户账单。

（33）人为地错误汇总现金收据和支付账簿的总额。

（34）故意混淆总账户与明细账户的过账。

（35）出卖金柜、保险箱等的钥匙或密码。

（36）虚构应付账款，并提取现金。

（37）伪造运费单据，并与承运人分享。

（38）取得空白支票并伪造签字。

（39）允（许）诺给予顾客特别优惠的价格或其他优惠项目，或者（保证）给予供应商特殊的利益，以取得回扣。

（40）收了房租不入账。

（41）炒卖房间，赚取高额利润，使酒店受损失。

第三节　如何规避收银环节中的工作漏洞

众所周知，在餐饮企业中，收银岗位担负着企业的收款结算的重要任务，是企业准确反映经营成果和现金流入的神经中枢。同样，作为餐饮企业财务收支管理的一个重要组成部分，它又是一个需要重点监控的岗位，那么，如何在现代市场经营规则中规避收银环节中的工作漏洞和作弊现象呢？根据笔者多年来餐饮企业财务管理的实战经验，从以下几个方面总结，并与大家分享。

一、收银员的岗位职责描述

收银岗位，在餐饮企业中隶属于财务部收银组，其工作性质较为特殊，岗位职责描述如下。

（1）收银员在收银主管的直接领导下，对财务部经理负责、对财务工作负责、对酒店负责。

（2）收银员必须遵守我国财经法规、财经纪律、餐饮企业规章制度和《员工手册》。

（3）收银时小心操作并爱护所使用的电脑、收款机、计算机、POS 机、计算器、现金袋、保险柜等物品设备，并做好清洁工作。

（4）准确、及时地打印各项收费账单，并快捷地收妥顾客应付的费用，结算中做到快、准、稳，唱收唱付，不错收漏收。

（5）对各种钞票、支票等，必须验明真伪，并能正确使用验钞机，认真收款。

（6）能够熟练按照操作规程使用银行 POS 机，辨别信用卡真假，确保授理卡有效结算。

（7）认真做好备用金使用交接，不得私自借用，由收银员自身过失造成的短款，由当事人自己赔偿。

（8）收银员未经许可，不得带任何外人进入收银工作区域，工作时间内不得无故离开岗位。

（9）受理公司签单挂账，应熟练掌握挂账单位有效人，仔细核对确认无误后方可受理。

（10）收银员绝对不能把工作现场内的会计账单等拿出酒店，特别不能向本部门以外的人或外单位的人泄露收款机、电脑、保险柜的密码，以及酒店收入及本岗位的秘密事项。

（11）收银员应随时注意顾客的情况，配合所在部门把好收银关，工作时必须以礼貌、亲切、和蔼的态度待客，认真负责，一丝不苟。

（12）收银员必须有高度的责任心，时刻维护酒店的经济利益。

二、常见的收银环节中的工作漏洞及预防措施

（一）发票的漏洞及管理

在餐饮经营中，发票管理出现漏洞现象较多，顾客有需要发票的，也有不要的，所以规避漏洞必须加强发票的管理。现今随着我国财政税收工作的不断完善，大多服务业中一般有机打发票和定额发票两种，也有部分小城市仍然使用手工开具的发票。在这里，我们重点谈一下存在的漏洞及监控方法。

（1）收银员截留顾客不要的发票：如顾客自行就餐，不需要发票，收银员则根据账单金额，按照相应对等金额私自截留，留作己用。

（2）收银员钻不要发票顾客的漏洞，截留账款。通常在一家财务收银管理混乱的酒店会发生，如果顾客不要发票，收银员可能会销毁收费单据，截流收入。

（3）发票大头小尾：在我国大量使用手工开具发票的时代，此种作弊现象大量发生。如顾客实际消费 180 元，收银员开具发票时，给顾客按实际消费金额开具，而在财务联和存根联则按小于实际消费的金额开具，从而给自己截流收入

创造条件，进行作弊。或是将顾客联发票金额按顾客要求多开具一定金额，而存根和财务联则按实际消费金额开具发票。这些，既给酒店造成一定的经济损失，也使酒店造成管理上的混乱，甚至是担负财经法律责任。当然，随着我国财经法制的不断完善和对机打发票及定额发票的普及使用，此种作弊现象已少有发生。

以上因发票管理使用上的漏洞，在饭店中当引起重视。首先，要求收银员在做账中对已开具发票的账单，加盖发票已开出章，以便于财务进行统计，未要发票账单，也应注明。其次，对于发票的使用应有专人管理，核对发票号码，并进行销号。最后，在发票使用管理上，尽量配合税务机关使用可监控发票系统。

（二）自助早餐重复收费之漏洞

在餐饮饭店中，一般有自助早餐这项服务，往往收费标准又是统一的。因此，在收银工作中，也是极容易作弊的一个环节。曾经在××大酒店，就发生过收银员在收费标准一致的情况，利用同一份收费账单向同样人次就餐的顾客收费，而入账时则减少入账，截流现金收入。虽事后根据员工举报酒店依法进行了处理，但仍暴露出来这一环节如不加强监控管理，会给人留有作弊的漏洞，从而给酒店造成一定的经济损失。

在这里，我们需要明确的是，必须加强管理中的制约关系。比如，每天餐饮开早餐时，收银员和餐饮吧台服务员必须一同上岗，且要求吧台服务员做好早餐就餐人数的统计，对免费和收费早餐做好分类统计，并与收银员进行核实对证，作好记录。发现出入，应及时逐级向主管上级汇报，以便及时处理。

（三）收银备用金及长短款的漏洞及管理

收银点一般会根据结算工作需要，从财务部领取一定备用现金，以便日常收款结算时找零兑换使用。为防止收银私自挪用备用金，餐饮企业相关监控部门必须做到不定期抽查备用金使用情况，尽量减少收银备用金数额。如每班次收银发生现金长短款时，必须要求收银员认真自查，对不明原因的长短款，长款要如实上交财务，短款由责任人赔偿。在餐饮企业中，一般发生长款的原因多是由顾客找零而发生的，所以饭店管理者不要忽视长款的管理，因为日积月累的找零长款，也是极容易滋生漏洞的源头，所以，必须加强管理，认真对待。

（四）账单的使用漏洞及管理

收银管理中，账单的管理也至关重要，曾经发生多例餐饮企业账单管理混乱，收银员趁机私自收费后销毁账单，截流现金收入现象。所以，在日常收银账单的管理上，应当采取以下措施来进行监控管理。

（1）账单使用必须填制账单控制报表，并要求收银不得跳号使用，必须连号使用。

（2）作废账单必须在账单上详细注明作废原因，由两个以上相关工作人员签字，收银主管审核签字确认。

（3）每次收款，账单作为收费单必须连同附单、食品菜单、酒水单一同附上交财务。

（五）变更收费标准，进行作弊

收银对客结账时，将单价更改，多向顾客收费，而按实际单价入账，此种作弊现象不仅给酒店造成经济损失，一旦被顾客发现，更是会给酒店造成极其恶劣的影响。所以，对待此问题，一是要加强日常员工队伍教育，二是一经发现，坚决对当事人予以辞退，从而树立良好的职业氛围。

（六）折扣折让漏洞及管理

收银员利用折扣优惠钻空子进行作弊，在饭店中屡见不鲜，主要表现如下。

（1）收银员给予在酒店无权打折管理人员打折优惠，给予有权打折管理人员越权扩大打折优惠权限。

（2）收银员利用工作之便，给予无权享受折扣优惠的顾客进行打折优惠，如自己的亲朋好友、熟人等。

（3）收银员全额收款后，将账单变更为折扣优惠收款的账单，并将折扣优惠金额据为己有，从而给餐饮企业造成损失。

以上问题，在很多餐饮企业中都发生过，从财务管理角度来讲，根本杜绝是不太可能的，但如何做到减少损失及发生率呢？我们认为，首先，餐饮企业必须明确规定各级管理人员优惠打折的权限，并以文字的形式下发执行。其次，加大夜审账务稽查力度，严格把关，并拒绝口头授权打折，对于折扣优惠的账单，必须由有效人签字后上交，并注明事由。最后，作为餐饮企业的老板和职业经理人，应以身作则，带头执行，财务夜审对于一切违规无效的打折优惠账单，一律退回收银，该让有效人签字的签字，该让收银员补齐折扣金额的补齐。对于打折无效的单据，绝不能开口子，否则，会给日常的经营管理造成混乱，更会使酒店形成经济损失，降低毛利率。

（七）司机佣金提成的漏洞及管理

现今很多餐饮企业为了加大营销力度，采用司机送客提成的销售手段，如有的餐饮企业司机送客来就餐，给予每次 10 元的现金提成，有的则是按送客的人次提取。

这里我们主要讲的是餐饮，我国的综合性星级酒店的司机佣金提成，主要指按司机介绍顾客住店消费的情况给予提成。

曾经在某四星级酒店，发生过出租车司机和酒店工作人员，在未有送客就餐的情况下，作弊冒领送客而领取提成的事件。虽然事后酒店将当事员工进行了严肃处理并辞退，但仍然暴露了司机佣金管理如果不够严谨，极易使人钻空子作弊的问题，对此，饭店必须完善工作制约关系，规范司机佣金提取、审核程序，并实行“三方”签字制度。即由前厅迎宾员（在有的饭店可以是行李员或门童）、餐厅服务员、收银员三方共同填制司机佣金提成表，详细填写送客几位、就餐桌号、出租车号、就餐时间、日期等内容，并由大厅现场经理签字审批后当时发放。班次结束后送交财务审核。

（八）餐饮企业支付的漏洞及管理

餐饮企业支付的漏洞是餐饮业的一个行业特点，又称内部招待，意即餐饮企业自己招待的顾客或由企业免费提供就餐的一种结算方式。它主要存在以下的漏洞。

（1）收银员和酒水员串通，伙同经办人随意提高就餐标准。

（2）收银员串通吧台酒水员将部分酒水、香烟记入酒店支付账，再将实物据为己有。

（3）收银员将个人工作失误引起的跑单、漏单制成酒店支付账单，然后冒充总经理签字上交财务。

以上不难看出，餐饮企业支付，虽是免费的结算方式，但也是收银漏洞之一。因此，我们在日常管理当中，理应制定餐饮企业支付制度和申请支付的审批程序。采用先批准、再用餐、后审核的管理方式，餐饮企业相关业务部门如因业务需要内部招待，必须提前到办公室填写酒店支付通知单，经总经理批准后，方可持通知单到餐厅就餐。对于未持书面通知单的内部招待，餐饮人员不能按支付受理。当然，为了避免类似事件发生，财务部也应加大审核力度，做到熟悉餐饮企业领导人的签字样本，熟悉支付管理制度，才能做到万无一失。

（九）用人失察导致财务信息泄露的重大漏洞

作为餐饮企业的一名收银员，在人员选用和使用时必须严格把关，并在实践工作中培训保密意识、保密制度。要求收银员不得向任何外人泄露餐饮企业的销售收入等财务信息，并杜绝商业财务信息无故泄露，从而造成餐饮企业经营的被动局面和负面影响。曾经在行业中发生过一例同行业派自己员工去竞争对手中应聘收银员，对该店销售收入进行摸底掌握的不正当竞争事件。当然，餐饮企业要想杜绝此类事件发生，在加强用人管理的同时，更重要的是培养一支有着良好职业道德的优秀收银团队。

（十）收银员业务不精而导致因个人过失造成的工作漏洞

（1）收银员接受假钞假币，造成经济损失。

（2）收银员受理了无效信用卡，或发生信用卡透支损失现象。

（3）收银员受理了假支票，或是受理空头支票。

以上几种收银环节中的工作漏洞和种种作弊现象，实践当中还有很多，我们不再一一列举。那么，如何在日常经营管理当中规避收银漏洞，降低并减少收银的作弊事件发生和因工作失误造成的经济损失，将是我们重点所要关注的。

三、加强财务管理，规避减少作弊现象

（一）科学设置财务岗位

收银作为餐饮企业财务部的一个组成部分，对其科学合理的定编定岗尤为重要。

在一般星级酒店中，财务部的组织机构相对要大于一般专营餐饮店。在现代财务管理工作的体系中，财务部岗位设置必须遵循“财务收支两条线”的基本原则而设立。而在饭店业的财务结构中，我们知道，多了一个夜审环节。由此可见，酒店财务管理对收入这条线，属于重点监控的对象。财务管理，要一环扣一环，环环相扣，才能形成良性循环。同样，我们知道了夜审在饭店财务中设置的必要性，也就知道了科学合理岗位的重要性了。

（二）严格认真选用收银员

在餐饮企业中，收银员的选用必须作为重点，俗话说“现代企业的竞争就是人才的竞争”，收银作为一个专业性强、职业道德要求高的重要岗位，在人员选用上，更是应当本着慎重、负责、严格把关的态度认真选用，培养使用。

以下是某餐饮企业收银员的任职要求：

（1）性别：男女不限。

（2）年龄：19~25周岁。

（3）学历要求：财会中专及以上学历。

（4）外语水平：初级及以上。

（5）身体状况：健康、无残疾，形象较好。

（6）熟悉财务基础知识，熟练掌握电脑操作。

（7）普通话流利，语言表达清楚，思路清晰，反应机敏。

（8）有着高度的责任感和良好的职业道德，无不良处分史。

（9）坚持原则，敢于向违反财经纪律和酒店财务制度的一切现象作斗争。

（10）具有吃苦耐劳的精神和认真负责的工作态度。

（三）完善工作制约关系

在餐饮企业中，收银班组是一个敏感的岗位，在实际工作配合当中，它是既独立于一线部门隶属于财务部门的一个班组，其服务工作又要接受现场经理监督管理的岗位。所以它和其他岗位是一个既相互配合又相互制约的关系。下面让我们理顺一下它们相互之间的关系。

1. 收银员与吧台酒水员的关系

酒水员负责给顾客供给酒水香烟，并及时填酒水香烟单，顾客随要随加记，并在顾客结算以前及时汇总报送收银，以便于收银员及时录入收款。

2. 收银员与点菜员（服务员）的关系

收银员不能代替点菜员给顾客点菜，不能填制点菜单，同酒水员一样，点菜员点菜完毕后必须将填写清晰、记录准确的点菜单及时报送收银录入，以便于收银员及时汇总录入结账。

3. 收银与厨房的关系

饭店所使用的菜单，必须是一式三联单，即财务联、餐饮联、厨房联，三部门需各自留存，并定期核对，查看实际点菜金额和收款金额有无出入，发现出入应共同协调，查找原因，找出问题解决问题。

现今，在餐饮业中，部分饭店已采用计算机点菜系统，虽然计算机系统相对手工点菜效率较快，但由于它毕竟由人工操作，所以不能说它是最完美的点菜方法，相对手工，还有易于更改、数据留存风险大的弊端。故在实践当中，使用此系统用户更应重视账务审核，才能做到万无一失。

4. 收银与夜审的关系

收银与夜审同属于财务部，收银对自己的账务负责，对夜审的工作全力配合，夜审对收银的所有账务进行认真稽查，堵塞漏洞，并对酒店负责。

5. 确立账、款、物分开的制约原则

在经营中，负责审核收入的夜审绝不能由收银员兼职，负责酒水记账的吧台人员也不能由收银员代替，负责收缴现金收入的出纳不能由夜审代替（收银员将账交给夜审，将现金实物交给出纳），才能有效做到账款物分开，避免出现任何工作漏洞。

（四）健全账务体系

在财务管理中，杜绝作弊现象发生的重要措施之一，就是建立健全账务体系，且需要做到以下几点。

1. 完善制定财务管理各项制度、规范

如明确制定酒店管理人员折扣权限、酒店支付制度、应收账款挂账制度等，并以书面文件形式下发，组织相关部门员工学习、执行、落实。

2. 理顺健全财务收入工作流程

如制定财务各岗位工作流程、岗位职责，完善账务钩稽关系，规范夜审与收银工作配合流程。

3. 完善表格制度

在财务管理中，收银员在做账时必须要根据财务要求填制相关报表，以便于财务统计和稽查。完善表格制度，必须加强表格实用性，制作有利于财务稽核的表格。根据需要，财务也可随时调整设计财务收银表格，以使其更加完善实用。

4. 规范电脑账与手工账的制约核对体系

在当今时代，应用电脑收款结算在我国大量普及。电脑账与手工账两个账务体系之间的关系必须严格把关，认真稽查。夜审人员在审查账务时必须通过电脑和手工两个渠道对账，如发现问题，应堵塞漏洞，避免问题发生，从而做到账账相符，账实相符，账款相符。

（五）加强财务稽核力度，严格把关

收银员的账务在饭店里主要由财务夜审人员来审查。夜审组作为财务经理直接领导下的一个内部稽核小组，主要负责对各收银点、营业点的账务和收入进行稽核，其主要审核重点如下。

（1）审核当天各收银点及营业点送审的账单、收据及报表是否正确，有无错收、漏收等差错，如发现问题，应查明原因，做出记录，尽力补救。

（2）根据夜审权限，打印夜审所需的电脑报表资料与收银各班次电脑明细报表，手工填制报表核对。并通过电脑和手工两个渠道来查证，核对有无出入。

（3）审核挂账单位账，有无有效人签字，核对留存笔迹。

（4）审核酒店支付、折扣折让账单有无有效人签字，对于无效或超出权限的账单，一律做退回处理，并做好记录。

（5）审核收银账单、发票号码，看有无缺号、跳号使用，对于作废账单发票，查明原因是否属实，有无相应人员签字，如有丢失账单、发票现象，必须查明责任，责令当事人写出书面事实经过，报经理批准处理。

（6）日审根据夜审报表与出纳核对现金实际收到数额，如有出入汇报经理，查明原因，落实处理，保证将要上缴的收入准确上交现金库。

（7）不定期抽查收银各岗位，发现问题，及时落实责任并解决。

（8）日审人员将审核无误的应收账款和有效账单与会计人员做好交接，并如实统计记录。

只有打造培养一支优秀的收银团队，树立良好的职业氛围，加大财务管理力度，才能更大程度地避免收银环节的问题发生。同样，对财务管理中的问题高度重视，并做到不断总结和完善，才是一个饭店良性发展的关键！

编　　著：徐宝良

首席顾问：陈　文　罗　斌

顾问成员：（排名不分先后）

张　莉　张红艳　李祥睿　赵晓川　赵莉敏　李加红

秦桂庆　李景岩　曹齐飞　张彦新　朱永松　柳　勤

李　铃　杨　剑　徒忠新　王永胜　鞠俊华　赵国英

王忠伟　葛宏明　陈　新　贺丽云